ÉTUDES MONTAIGNISTES
sous la direction de Claude Blum
41

Causeries sur Montaigne

Cet ouvrage a été publié pour la première fois en 2003
dans la collection *Études montaignistes* dirigée par Claude Blum.

Charles-Augustin Sainte-Beuve

Causeries sur Montaigne

Édition critique par François Rigolot

PARIS
CLASSIQUES GARNIER

François Rigolot est professeur émérite de littérature à l'université de Princeton, où il a dirigé le Centre des études de la Renaissance. Nous lui devons plusieurs ouvrages de référence sur la littérature du XVIe siècle, dont *Louise Labé Lyonnaise ou la Renaissance au féminin* et *Les métamorphoses de Montaigne*. Il est également l'éditeur scientifique des œuvres de Clément Marot, Marie Stuart et Louise Labé.

Réimpression de l'édition de Paris, 2003.

ISBN 978-2-406-12952-3 (livre broché)
ISBN 978-2-8124-5906-1 (livre relié)
ISSN 0986-492X

INTRODUCTION

SAINTE-BEUVE ET MONTAIGNE : DEUX « CERVEAUX CONGÉNÈRES » ?

Dans les critiques que nous faisons, nous jugeons moins les autres que nous ne nous jugeons nous-mêmes.

Cette citation, placée en épigraphe, pourrait être de Montaigne ; elle est de Sainte-Beuve[1]. Le tête-à-tête entre les deux hommes et les deux écrivains mérite à lui seul toute une étude[2]. Sans doute y a-t-il « du Montaigne en chacun de nous »[3] mais surtout en Sainte-Beuve qui avoue être « presque amené à parler comme lui »[4]. Certes, les affinités entre le lundiste et l'essayiste sont indéniables ; elles s'étendent de l'homme à l'écrivain. Ils partagent les mêmes valeurs : le goût pour la juste mesure, la recherche de l'équilibre intérieur et de la possession de soi. Ils se donnent à autrui sans s'ôter à eux-mêmes, sans se départir de leur moi, ne serait-ce que de « la largeur d'un ongle »[5]. Curieux, prudents, ennemis de tout dogmatisme, ils répugnent à toute vision globale ; ils ont « l'esprit étendu successivement ». Deux natures critiques par excellence. Ce que dit Sainte-Beuve de ses *Critiques et Portraits* semble sortir d'une réflexion sur l'*ordo neglectus*, si typique du style des *Essais* de Montaigne :

---

[1] *Pensées et Maximes*, éd. M. Chapelan (Paris : Grasset 1954), p. 260.

[2] Donald M. Frame a consacré un chapitre de sa thèse à l'influence de Montaigne sur Sainte-Beuve. *Montaigne in France : 1812-1852* (New York : Columbia University Press, 1940), désormais *Frame*, pp. 140-184.

[3] Cette formule, qu'on trouve d'abord dans une note beuvienne sur l'exemplaire personnel des *Essais* (voir « Montaigne annoté par Sainte-Beuve », *infra*, p. 64), sera reprise dans *Port-Royal* (désormais *P-R*, *infra*, p. 100).

[4] *Nouveaux Documents sur Montaigne*, *NDM*, *infra*, p. 149.

[5] *Nouveaux Lundis*, désormais *NL*, VI, p. 251.

> Le véritable ordre est celui dans lequel je les ai écrits, selon mon émotion et mon caprice, et toujours dans la nuance particulière où j'étais moi-même dans le moment[6].

Même conception de la mouvance, du «branle» et du «passage» chez les deux auteurs: «Nous sommes tous mobiles et nous jugeons des êtres mobiles»[7]. Il n'est pas jusqu'à l'usage de la préposition *selon* qui ne soit signé Montaigne. Dès lors, quelle place donner au «pyrrhonien à la narine un peu mince» dans un XVIe siècle naïf et jovial qui avait tant attiré le jeune romantique du Cénacle? Celui-ci se reconnaissait peut-être un peu trop dans l'auteur des *Essais* pour faire de lui son seul modèle.

SAINTE-BEUVE «DÉCOUVREUR» DU XVIe SIÈCLE

Pour Sainte-Beuve, si Montaigne était un esprit à nul autre pareil, il ne pouvait se comprendre en dehors du siècle qui l'avait enfanté où il s'était épanoui:

> Il ne pouvait naître et fleurir que dans cette pleine liberté du XVIe siècle, chez un esprit franc et ingénieux, gaillard et fin, brave et délicat, unique de trempe, qui parut libre et même quelque peu licencieux, même en ce temps-là, et qui s'inspirait lui-même et s'enhardissait, sans s'y enivrer, à l'esprit pur et direct des sources antiques. (*NDM*, *infra*, pp. 149-150)

Il faut donc commencer par rappeler le rôle que joua Sainte-Beuve dans la «redécouverte» du XVIe siècle. En août 1826, l'Académie française avait proposé pour son prix d'éloquence le sujet suivant: «Le progrès de la langue et de la littérature françaises du début du XVIe siècle jusqu'en 1610.» Encouragé par Daunou, son compatriote boulonnais, Sainte-Beuve, alors étudiant en médecine et jeune critique au *Globe*, décida de se présenter au concours. Tandis qu'il était plongé dans ses recherches sur la Renaissance, en février 1827, il fut invité par Hugo à la lecture de sa *Préface de Cromwell* chez Emile Deschamps. Les conséquences de cette soirée furent fatales: le futur lundiste en oublia de se présenter à temps au concours de l'Académie. Cette mésaventure lui permit néanmoins de se consacrer à une œuvre d'importance consi-

---

[6] Lettre à Chaudes-Aigues, *Correspondance générale*, éd. J. Bonnerot (Paris: Stock, 1936), II, p. 384.

[7] Epigraphe placée en tête des *Portraits contemporains* de 1868.

dérable, son fameux *Tableau historique et critique de la poésie française et du théâtre français au XVIe siècle* dont la première édition vit le jour en 1828[8].

Sans doute est-il par trop simpliste de donner à Sainte-Beuve la priorité absolue dans la réhabilitation du XVIe siècle. D'une part, contrairement à une opinion répandue, loin d'avoir oublié la poésie de la Renaissance, le XVIIIe siècle l'avait « défendue et illustrée » à sa façon, dans diverses publications – manuels, histoires ou anthologies – dont l'importance a été trop longtemps sous-estimée[9]. D'autre part, l'histoire même du concours ouvert par l'Académie montre bien que le désir de réhabilitation était largement partagé, comme l'attestent les deux lauréats, Saint-Marc Girardin et Philarète Chasles, dont les mémoires sont, à bien des égards, plus novateurs et plus hardis que le célèbre *Tableau* de Sainte-Beuve[10].

Il ne s'agit pas de revenir ici sur des questions auxquelles nous avons nous-même consacré plusieurs études[11]. Il est certain qu'avec le *Tableau* de 1828 l'histoire littéraire prit soudain les dimensions d'un

---

[8] Dans les pages qui suivent les citations du *Tableau* de Sainte-Beuve seront empruntées, selon le contexte, aux trois principales éditions parisiennes publiées chez Sautelet, en 1828 ; Charpentier, en 1843 ; et Lemerre, en 1876. Sauf avis contraire, nos références se rapporteront à l'édition Troubat publiée chez Lemerre, en 1876. Les tomes I et II seront indiqués, avec leur pagination propre, entre parenthèses dans le texte.

[9] Voir à ce sujet les articles de V.-L. Saulnier, « La Réputation de Ronsard au XVIIIe siècle et le rôle de Sainte-Beuve », *Revue universitaire* (mars-avril 1947), p. 92-97 ; Richard Switzer, « French Renaissance Poetry before Sainte-Beuve », *The French Review*, XXVI,4 (1953), p. 278-284 ; et les divers articles de Claude Pichois sur la Fortune de Ronsard avant Sainte-Beuve dont on trouvera la référence dans « Ronsard au XVIIIe siècle », *Œuvres et critiques* [numéro consacré à Ronsard et préparé par Yvonne Bellenger] VI,2 (hiver 1981-2), p. 65-68. On consultera aussi les travaux du regretté Claude Faisant, en particulier sa thèse dactylographiée, *Mort et Résurrection de la Pléiade* (Paris, Sorbonne, 1974) et les principaux articles suivants : « La 'Résurrection' de la Pléiade. Contribution à l'étude de la réception critique », *Etudes Seiziémistes offertes à V.-L. Saulnier* (Genève, Droz, 1980), p. 257-267 ; « Considérations théoriques. Métamorphoses et signification d'un mythe critique », *Œuvres et critiques*, *op. cit.*, p. 9-16.

[10] Claude Pichois, *Philarète Chasles et la vie littéraire au temps du Romantisme* (Paris, J. Corti, 1965), tome I, p. 267-302. Le « Discours » de Chasles est généralement jugé d'une qualité « bien supérieure aux analyses de Sainte-Beuve lui-même. » Cf. Jean Céard, « Ronsard à l'Académie française, en 1828 », *Œuvres et critiques*, VI,2 (hiver 1981-2), p. 76.

[11] François Rigolot, « Sainte-Beuve et le mythe du XVIe siècle », *L'Esprit Créateur*, XV,1 (1974), p. 35-43 ; « Les Ronsard de Sainte-Beuve », *Œuvres et critiques*, VI,2 (1981-2), p. 81-87 ; *Le Texte de la Renaissance* (Genève, Droz, 1987), « Avant-Propos », p. 11-21 ; « Bridging Literary Generations : Sainte-Beuve's Romantic *Tableau* and the

manifeste. Sainte-Beuve, qui découvrait Ronsard en même temps qu'il découvrait Hugo, choisissait pour lui la position de du Bellay, porte-parole de la Pléiade ; et le *Tableau* devenait la « Défense et Illustration du Cénacle », avec les jeunes romantiques qui montaient à l'assaut du canon classique. La nostalgie pour les œuvres de la Renaissance servait de prétexte à promouvoir l'école nouvelle. Selon l'heureuse formule de Gustave Michaut, Sainte-Beuve « couronnait Hugo sur la tête de Ronsard »[12]. Le lundiste s'en ouvrira d'ailleurs à plusieurs reprises par la suite. Ainsi, en 1842, dans la nouvelle Dédicace du *Tableau*, il écrira : « Jeune et confiant, j'y multipliais les rapprochements avec le temps présent [...]. La poésie française du XIXe siècle et celle du XVIe ont peut-être en cela un rapport de plus pour la destinée : l'espérance y domine » (I,3). Et, dans la dernière édition révisée du *Tableau*, qui paraîtra posthumement en 1876, il déclarera avec encore plus de clarté : « Je n'ai perdu aucune occasion de rattacher ces études du XVIe siècle aux questions littéraires et poétiques qui s'agitaient dans le nôtre » (I, p. 3)[13].

Tels sont les premiers pas du révisionisme : on se réclame du XVIe siècle pour légitimer le XIXe. En fait, le romantisme, veut nous montrer Sainte-Beuve, s'inscrit dans une continuité historique qui avait été interrompue par la négativité du classicisme. Cette nouvelle perspective fait apparaître le Grand Siècle comme un simple épisode, une sorte d'intermède, une parenthèse ouverte à l'intérieur de la tradition nationale. « Cette fête monarchique de Louis XIV, célébrée à Versailles entre la Ligue et la Révolution de 1789, nous fait l'effet de ces courts et capricieux intermèdes qui ne se rattachent point à l'action du drame » (I, p. 281).

Le XVIe siècle apparaît donc d'abord dans la pensée beuvienne comme un instrument polémique. Les premiers lecteurs ne s'y sont pas trompés ; témoin Rémusat qui, dans le *Globe* du 5 novembre 1828, écrivait : « C'est en songeant à son siècle que Sainte-Beuve a entrepris de visiter les ruines du XVIe siècle. » Cependant, au-delà du combat

---

Renaissance », in *Literary Generations : A Festschrift in Honor of Edward D. Sullivan by His Friends, Colleagues, and Former Students*, éd. A. Toumayan (Lexington, Ky : French Forum Publishers, 1992), pp. 117-124 ; « Du Bellay et le mythe personnel de Sainte-Beuve », *Œuvres et critiques* XX,1 (1995), pp. 103-111.

[12] *Sainte-Beuve avant les « Lundis »* (Paris, 1903 ; Genève : Slatkine Reprints, 1968), p. 169.

[13] On trouve les mêmes observations à la fin de *l'Histoire du Théâtre français* – on la désignera par *Théâtre* ci-après – qui fait partie du tome I de l'édition Troubat du *Tableau* (Paris : A. Lemerre, 1876), p. 432, note 1.

d'école, il y a d'autres mobiles moins épisodiques et plus profonds qui poussent le critique à composer son *Tableau*. Pour le nouveau « naturaliste » et « physiologue » de la littérature qu'il se propose d'être, en effet, le mythe du Grand Siècle présuppose une explication historique cohérente[14]. Il ira la chercher là où elle se trouve le plus naturellement : dans le siècle qui précède. La Renaissance devient la cause prochaine du Classicisme : elle a vu naître l'imprimerie ; elle a diffusé les textes et les traditions anciennes ; elle a fourni des matériaux frustes mais indispensables aux futurs chefs-d'œuvre classiques[15].

Un tel postulat est clairement posé, dès 1827, dans l'article sur La Fontaine : « La littérature du siècle de Louis XIV repose sur la littérature française du XVIe »[16]. Et, un an plus tard, dans le *Tableau* : « On a ce nom de La Fontaine sans cesse à la bouche quand on parle de nos vieux poètes, dont il fut, en quelque sorte, le dernier et le plus parfait » (I, p.130). Ou encore : « Lui qui se trouvait partout à l'aise, ne l'eût-il pas été plus qu'ailleurs dans cette vieille France dont il garda les manières et le ton jusque sous Louis XIV ? (I, p.186). L'argument sera repris dans *Port-Royal* : La Fontaine est « un poète du XVIe siècle dans le XVIIe »[17]. Cette préoccupation, on la retrouve dans l'étude sur le théâtre : les cinq périodes envisagées reproduisent le schéma évolutif idéal qui conduit à travers le Moyen Age et la Renaissance aux chefs-d'œuvre « parfaits », c'est-à-dire « français », que sont les pièces de Molière et de Racine. Sainte-Beuve ne trouve « aucune beauté dramatique dans les *Mystères* » (I, p.312) ; *Pathelin* n'est qu'un « éclair » passager du génie comique (337) ; le théâtre néo-classique de la Pléiade manque « complètement d'originalité » (348-9) ; les dramaturges, tout zélés qu'il soient, ne sont que des écoliers (353), « novateurs médiocres en même temps que

---

[14] Les déclarations se succèdent dans ce sens : « Ce que je voudrais constituer, c'est l'histoire naturelle littéraire » (1847) ; « ce que je fais, c'est de l'histoire naturelle littéraire. Être en histoire littéraire, en critique, un disciple de Bacon, ce serait ma gloire » (1850). *Cahier brun*, pp. 33 et 96, cité par Roger Fayolle dans sa thèse, *Sainte-Beuve et le XVIIIe siècle, ou comment les révolutions arrivent* (Paris : Armand Colin, 1972), p. 43. Taine emboîtera le pas : « Il a importé dans l'histoire morale les procédés de l'histoire naturelle. » *Journal des Débats*, 17 octobre 1869, cité par Pierre Moreau dans *La Critique selon Sainte-Beuve* (Paris : SEDES, 1964), p. 68.

[15] Voir à ce sujet la thèse de Pierre Moreau, *Le Classicisme des romantiques* (Paris : Plon, 1932) dont les principaux éléments ont été repris et développés par Raphaël Molho dans la sienne, *L'Ordre et les ténèbres, ou la naissance d'un mythe du XVIIe siècle chez Sainte-Beuve* (Paris : Armand Colin, 1972).

[16] *Œuvres de Sainte-Beuve* (désormais *Œuvres*), éd. Maxime Leroy (Paris : Gallimard, 1951, 1956), tome I, p. 696.

[17] *Port-Royal*, éd. Maxime Leroy (Paris : Gallimard, 1952), tome I, p. 200

copistes serviles» (355); Garnier ne vaut pas mieux: il n'est qu'un piètre «traducteur de Sénèque» (362). En somme, la comédie doit être jugée par rapport à Molière et la tragédie par rapport à Racine, qui restent «incomparables» (433-4).

Il est bien curieux que le porte-parole des romantiques ait prisé le XVIe siècle pour mieux laisser ensuite l'historien de la littérature le rabaisser au nom du «progrès naturel» et de la «perfectibilité chronologique» (I, p.360). Bien des lecteurs, aux siècles suivants emboîteront le pas: le XVIe siècle n'aura pas de véritable valeur en soi; il ne sera que l'esquisse du Romantisme ou le brouillon de Grand Siècle. Sainte-Beuve est responsable en grande partie de cette perception fantaisiste et contradictoire. Sans doute faut-il en trouver l'origine dans le sentiment fortement ambivalent qu'éprouvait le jeune romantique vis-à-vis de son époque aussi bien que du classicisme.

Depuis la thèse de Pierre Moreau on sait que, malgré *Joseph Delorme* et la *Revue de Paris*, seul le XVIIe siècle pouvait offrir à Amaury l'univers mental ordonné où il se sentait à l'aise. Sans se risquer à faire une psychanalyse de Sainte-Beuve[18], on peut néanmoins noter que le XVIe siècle présentait un cadre mythique propre à déclencher le fantasme d'un «retour à l'origine». Chez l'orphelin de Boulogne-sur-mer le détour par l'appréciation des «vieux poètes» simulait une recherche pathétique de paternité. Car lieu de toutes les possibilités la Renaissance comme le Romantisme était aussi le lieu de tous les échecs. Le thème de l'avortement est sans cesse sous-jacent: la langue de Ronsard est «prématurée», «née avant terme»; la Pléiade est «notre première poésie classique avortée»; tout le siècle de la *Primavera* est «un premier printemps trop tôt intercepté» (I, p.125 et Dédicace de 1842, pp.2-3). Mais ce printemps a eu son heure géniale: avec Rabelais.

Nul mieux que l'oncle Beuve n'a parlé de cette «œuvre inouïe» et n'en a souligné l'ambiguïté essentielle: œuvre «qui vous saisit et vous déconcerte, vous enivre et vous dégoûte» (II, p. 6). Ce sont les ripailles du style qui intéressent le savoureur de moelle. Il le dira admirablement en 1850:

---

[18] Diverses tentatives ont été faites pour psychanalyser Sainte-Beuve. Voir par exemple: Richard M. Chadbourne, «Symbolic Landscapes in Sainte-Beuve's Early Criticism», *PMLA* 80,3 (June 1965), 217-230; Jean-Pierre Richard, «Sainte-Beuve, l'objet et la littérature», *Preuves* #194 (avril 1967), 18-29 et #195 (mai 1967), 28-38; «Sainte-Beuve et l'expérience critique», in *Les Chemins actuels de la critique* (Paris: Plon, 1967), 205-219; Claude Pichois, «Sainte-Beuve ou l'eau critique», *Revue des Sciences Humaines* 34 (juillet-septembre 1969), 419-427. Il est remarquable qu'aucun de ces articles ne fasse allusion aux écrits de Sainte-Beuve sur le XVIe siècle.

> La débauche de Rabelais se passait surtout dans son imagination et dans son humeur; c'était une débauche de cabinet. [...] Jamais la langue, jusque là, ne s'était trouvée à pareille fête[19].

Sainte-Beuve trouve dans l'écriture de Rabelais ce « grand festin », cette « orgie » des sens que la vie lui interdit. C'est le « réveillon de Noël » de l'orphelin (II, pp.8-9). Tel Alcofrybas interdisant aux « caffars » l'entrée de Thélème, il maudit les érudits d'envahir le banquet pantagruélique. Avant Leo Spitzer, il mène la guerre aux rabelaisants à loupe vétilleuse: les chorizontes sont les rabat-joie du style; leur crime est d'en rendre la pratique ennuyeuse alors qu'ils devraient « amener le lecteur à s'y plaire » (II, p.9). Plaire est bien en effet la règle des règles. Ce critère classique n'interdit pas en soi l'érudition mais cherche à la faire oublier.

En définitive, Rabelais n'est pas loin de se confondre avec le mythe qu'il a contribué à créer: celui du bon géant, « franc rieur » qui, placé au-dessus de la mêlée, tel Pantagruel lui-même, couvre de sa langue la piétaille des honnêtes lecteurs[20]. « Franc rieur » certes, mais que le goût préférerait moins grossier. Il y a chez le critique un censeur formé à l'école classique, qui n'admet que les sages moments de folie. Les « échappées sans fin » du lyrisme bouffon autorisent pourtant la farce obscène. « Saletés splendides ! » écrit-il dans un moment d'abandon[21]. L'oxymoron stigmatise l'ambivalence d'un jugement finalement très proche de celui qu'avait porté La Bruyère sur l'œuvre du Chinonais: « monstrueux assemblage ». Il est vrai que, plus tard, le lundiste appliquera ce même jugement au « Grand Siècle »: « Il y a deux siècles de Louis XIV... » (*C.L.* I, p. 460). Mais le « charme de la canaille » est plus acceptable au XVIe qu'au XVIIe, parce qu'il est mis sur le compte de la bonne vieille naïveté gauloise alors que le libertinage du « Grand Siècle » fait tache sur sa magnificence[22].

C'est cette « bonne vieille gaieté » qui fait le charme de Marot (I, p.76). Même lorsqu'ils cultivent les Anciens, Marot, Rabelais ou Marguerite de Navarre restent des ingénus (I, p. 59). Ingénuité que le critique admire et qu'il regrette de ne pas toujours trouver chez les poètes de la Pléiade: en tournant le dos au populaire, ils sont allés à contre-courant du génie de leur temps. « *Odi profanum vulgus* était leur devise, et elle contrastait de manière ridicule avec la prétention qu'ils

---

[19] *Causeries du Lundi* (désormais *CL*) (Paris: Garnier, 1857) III, pp 3 et 11.

[20] Cf. *Pantagruel*, éd. Gérard Defaux (Paris: Le Livre de Poche, 1994, chapitre XXVIII).

[21] *NL* II, p. 401.

[22] Voir sur ce point Raphaël Molho, *L'Ordre et les ténèbres, op. cit.*, p. 398.

affichaient de fonder une littérature nationale» (I, p. 95). C'est parce que la langue de Ronsard est trop savante qu'elle est vouée à l'échec. Seule sa poésie intime, celle de la moyenne hauteur est vraiment réussie: c'est Clément Marot perfectionné, La Fontaine annoncé. Et l'on retrouve ici le critère rationaliste de la perfectibilité chronologique[23].

On pourrait dire sans trop forcer que c'est à travers Rabelais – dans la mesure où le Chinonais signifie force vive et naïve – que Sainte-Beuve apprécie le XVIe siècle, qu'il juge des réussites de l'époque. Dans le *Tableau*, les termes qu'il emploie pour désigner les principaux acteurs sont révélateurs: Clément Marot: *il était trop naïvement de son siècle pour n'en être pas goûté* (I, p. 59). Ronsard: on l'apprécie tant qu'il reste *encore naïf* (p. 132). Jean-Antoine de Baïf: comparé à La Fontaine, il a *l'avantage de la naïveté* (p. 155). Remy Belleau réussit moins bien par *manque de simplicité et de fraîcheur* (p. 156) Du Bartas et Desportes? l'*affectation* est le signe de leur échec (pp. 173-181, 217). D'Aubigné résume tout le siècle à lui seul: comme pour Rabelais sa «rudesse grossière» est rachetée par une «sublime énergie» (p. 242).

Il y a donc bien une couleur d'époque. Les mots «franchise», «naturel», «vigueur» reviennent constamment sous la plume du critique. La «bonhomie» générale est marquée par l'emploi fréquent des adjectifs «bon» et «vieux» dont la tonalité affective est renforcée par le possessif de la première personne. «Bon roi», «bons bourgeois» et «bons moines» peuplent les tréteaux de «notre vieux théâtre»; et «nos vieux poètes» s'unissent pour chanter, avec une «vigueur souvent rude», la chanson du roi Henri[24].

Le décor est encore celui du «paradis peint» tel que l'avait rêvé Villon. *Primus inter pares*, «le bon Louis XII y attrape sa chiquenaude comme les autres» et, dans la coulisse, «le bon La Fontaine» prend ses leçons du «bon Gaulois Rabelais» (*Tableau*, II, p. 339; I, pp. 91 & 186). Uni pour rire de l'humaine Folie, tout le siècle apparaît comme une confrérie d'Enfants sans souci (*Tableau*, II, p. 296) car l'esprit satirique, s'il existe, ne se départ jamais d'une robuste jovialité. Audace, certes il y a, mais audace insouciante» (*Tableau*, I, p. 234). Sur ce point, le XVIe siècle se sépare nettement du XVIIIe. Si la Renaissance et les Lumières partagent une certain appétit pour le savoir encyclopédique et pour les

---

[23] Sans grande exagération Raymond Lebègue a pu dire que Sainte-Beuve ramenait Ronsard à «un Béranger supérieur.» *Colloque Sainte-Beuve*, publié par la *Revue d'Histoire littéraire de la France* (Paris: A. Colin, 1970), p. 37.

[24] *Tableau*, II, pp. 299, 310, 291, 374 and 402; I, pp. 106 & 187; II, pp. 114-5; *Œuvres*, I, p. 218; *Tableau*, I, p. 180. La référence à la «chanson du roi Henri» nous rappelle évidemment la déclaration d'Alceste (Molière, *Le Misanthrope*, Acte I, scène II).

idées de réforme, leur tour d'esprit apparaît radicalement différent. La naïveté, chez les philosophes, est toujours affectée. Les Bayle et les Fontenelle s'en servent comme d'un artifice; et l'ironie, absente chez Rabelais, se cache chez Voltaire sous une fausse ingénuité[25]. Les gens de cœur – lisons: ceux du XVIe siècle – s'esclaffent; les gens d'esprit – lisons: ceux du XVIIIe – se limitent à un sourire entendu. Lieu idéal du syncrétisme – avec tout ce que cet assemblage peut avoir de monstrueux et d'imparfait – le XVIe siècle n'est pas encore gâté par le fanatisme et l'esprit de système: il conserve son «âme toute neuve et blanche, *mens novella*[26].

Parmi tous les auteurs de la Renaissance, il en est deux qui ont exercé une véritable fascination sur Sainte-Beuve: Joachim du Bellay et Michel de Montaigne. Tout au long de sa carrière, Sainte-Beuve écrira beaucoup sur le second en ligne de la Pléiade[27]. Cet intérêt soutenu, il le manifestera pendant quarante ans, de 1827 à 1867. Dans ses premiers écrits sur le XVIe siècle, il avait émis un jugement essentiellement négatif sur la Pléiade. C'était selon des critères classiques hérités de Boileau que les articles du *Globe* considéraient des poètes à qui l'on reprochait un goût douteux et une audace excessive. Ces accusations devaient disparaître, lorsque les mêmes articles furent repris dans le *Tableau* de 1828 et que la nouvelle stratégie fut de faire des amis de Ronsard les ancêtres du Cénacle[28]. Or, même dans les premiers articles du *Globe*, du Bellay recevait déjà dans une large mesure une critique favorable. C'est surtout Ronsard qui était visé dans les attaques contre les traits artificiels et ridicules de la Pléiade. Rebuté par les «prétentions pindariques» du Vendômois, Sainte-Beuve s'avouait charmé par telle ou telle pièce du poète angevin, réagissant contre la sévérité excessive de Malherbe et de Boileau[29]. Dans l'article du 1er mars 1827, il déclarait:

---

[25] Bayle, selon Sainte-Beuve, affectionne particulièrement cet «étonnement d'érudit qui joue la naïveté et couvre la malice.» *Tableau*, I, p. 315.

[26] C'est ce qu'admire encore Sainte-Beuve chez Charron (*infra* et *CL*, XI, p. 216).

[27] Nous avons examiné ailleurs les articles du *Globe* de 1827, les versions du *Tableau* de 1828 et 1843, l'étude sur du Bellay parue dans la *Revue des deux mondes* du 15 octobre 1840 et, finalement les trois articles publiés dans le *Journal des Savants* d'avril juin et août 1867. Voir «Du Bellay et le mythe personnel de Sainte-Beuve», *Œuvres et critiques* XX,1 (1995), pp. 103-111.

[28] Nous renvoyons à ce sujet à l'étude de Raphaël Molho, *L'Ordre et les ténèbres, op. cit.*, pp. 125-130.

[29] Dans l'article sur La Fontaine du 15 septembre 1827, Sainte-Beuve opposait pourtant les «prétentions tragiques, épiques et pindariques» de du Bellay, Ronsard et Jodelle à «l'esprit léger, moqueur et grivois» de Marot et Saint-Gelais, qu'il retrouvait chez La Fontaine. *Œuvres* I, p. 700.

> Je pourrais citer de Joachim du Bellay plus d'une chanson agréable dans le goût d'Anacréon[30].

Il reconnaissait à du Bellay des qualités d'élégance et de naïveté qu'il allait souligner encore davantage dans le *Tableau* de 1828. Le critique n'aurait pas de mal à «adoucir un peu sur son compte les jugements rigoureux de Pasquier et de Du Perron»[31]. Tout se passe comme si, dès les articles du *Globe*, Sainte-Beuve s'était permis de faire une exception aux sévères règles de la censure. C'est sur ce parti pris, étrangement favorable dès l'origine, qu'il convient de s'interroger.

Pour les raisons polémiques que l'on connaît l'auteur du *Tableau* se trouve particulièrement bien disposé envers la *Défense et illustration de la langue française*. Parce qu'il y voit un programme injustement critiqué par les législateurs classiques, il s'applique à en résumer les principales idées[32]. Au-delà des bonnes intentions et du «dévouement profond» qui ressort de ce manifeste, ce qui plaît surtout chez «le grand artisan de la réforme poétique» c'est la vigueur du talent et son manque de prétention:

> Il tint en partie les promesses de son *Illustration de la Langue française*, et se garda de la plupart des excès où tombèrent ses contemporains. Des images, de l'énergie, de la dignité, du sentiment, telles sont les qualités jusque là inconnues qu'on distingue en lui quelquefois et dont les vestiges révèlent un poète[33].

L'auteur des *Antiquités de Rome* fait déjà penser à Corneille par l'intérêt qu'il manifeste pour la grandeur romaine[34]. Mais le chantre des *Regrets* est déjà du côté du lyrisme romantique, ayant trouvé à traduire «ce sérieux et parfois amer sentiment d'une âme qui s'ennuie et qui souffre»[35]. Sainte-Beuve apprécie la verve du *Poète courtisan* qui a manié l'alexandrin avec un rare bonheur avant que Malherbe et Boileau

---

[30] Article du 1er mars 1827. *Œuvres* I, p. 218. Voir aussi les articles du 13 octobre et du 8 novembre 1827.

[31] *Tableau*, I p. 108. Dans l'article du 27 octobre 1827, S-B avait cependant jugé «trop rares» les succès de du Bellay pour se permettre de «récuser les jugements peu avantageux de Pasquier et de Duperron.» Cf. R. Molho, *L'Ordre et les ténèbres, op. cit.*, p. 127.

[32] *Tableau*, éd. de 1828, pp. 58-70; éd. de 1843, pp. 47-55.

[33] *Tableau*, éd. de 1828, p. 70; éd. de 1843, p. 55.

[34] «Il y a déjà des expressions qui appartiendront plus tard à la langue de Corneille.» *Tableau*, éd. de 1828, p. 73.

[35] *Tableau.*, éd. de 1828, p. 72.

n'aient tout gâté[36]. C'est pourquoi il regrette qu'on n'ait pas « suffisamment apprécié » un poète aussi prometteur et que sa « réputation » se soit « de bonne heure allée se perdre dans la gloire de Ronsard »:

> Novateur en poésie, il le fut avec autant de talent et plus de mesure qu'aucun de ses contemporains[37].

Une douzaine d'années après la parution du *Tableau*, Sainte-Beuve reviendra sur Du Bellay dans une étude qui devait servir de notice à une nouvelle édition des *Œuvres choisies* du poète[38]. Ce « retour d'attention accordée au vieux poète angevin » (p. 333) veut se justifier en surface par les circonstances: ses nouveaux loisirs de bibliothécaire lui permettent de revenir heureusement au plaisir de l'érudition; mais, en réalité, il sert à renforcer le constat d'échec de la Pléiade pour figurer celui du Romantisme. Or ce qui frappe le lecteur du texte de 1840 c'est la ferveur avec laquelle du Bellay est récupéré et sauvé du désastre. Le critique commence par déclarer que son opinion sur le poète n'a pas changé mais qu'il va s'exprimer différemment. Il abandonnera « la trompette héroïque » des premiers efforts pour emprunter le « ton plus rapaisé » du *sermo pedestris* et parler plus familièrement du « doux-coulant du Bellay » (p. 334).

Le ton s'est singulièrement modifié. Ce qui touche désormais le lundiste ce sont des qualités très montaigniennes: la modération (p. 335) et surtout la modestie (p. 364) d'un écrivain en qui il est prêt à reconnaître une âme sœur. Il y a une sorte de tendresse pour cet être chétif, « beaucoup moins tendu et moins ambitieux » que Ronsard et qui a su s'accommoder du « second rang » (p. 334). Il y a sans doute ici une sorte de projection symbolique. Hugo n'occupe plus la position de Ronsard que pour montrer une ambition et une arrogance intolérables. En 1840, l'alibi de la croisade romantique ne peut plus servir à voiler la dénonciation. La « tendre amitié » entre Ronsard et Du Bellay devient ouvertement suspecte (pp.338-9), à l'image de celle, combien problématique, que connut Sainte-Beuve pour Hugo. Il ne s'agit pas de réduire systématiquement le drame des deux modernes à celui de leurs

---

[36] *Ibid.*, pp. 77-78

[37] *Ibid.*, p. 80.

[38] L'étude en question parut d'abord dans la *Revue des deux mondes* du 15 octobre 1840. Elle sera reprise d'abord en tête de la publication des *Œuvres choisies* par Victor Pavie en 1841, puis dans l'édition du *Tableau* de 1843 où elle occupe les pages 333 à 364. Les pages notées ici entre parenthèses renvoient à cette édition.

prédécesseurs ; mais il faut bien avouer que les rapprochements sont troublants[39].

Une telle identification devait trouver sa pleine expression dans l'étude finale sur Du Bellay, parue en trois livraisons dans le *Journal des Savants* de 1867 et reprise dans les *Nouveaux Lundis*[40]. La *Défense et illustration* devient alors un « brillant programme » animé par de « jeunes intelligences » avec un « esprit de conquête et d'innovation » (p.279), une « éloquente plaidoirie » à la fois « ingénieuse, en grande partie judicieuse et tout à fait généreuse » (p. 281). Il n'y a plus de place pour les réserves d'antan. En recourant au style direct le critique mêle curieusement sa voix à celle polémiste de 1549, comme pour mieux épouser la doctine qu'il admire désormais :

> Pourquoi ne pas les imiter, ces grands modèles, rendus à notre admiration après un si long laps d'oubli ? (p. 280)

La fusion des horizons est maintenant complète[41].

Le processus d'assimilation d'identité va cependant encore plus loin dans le second article, daté de juin 1867, en se doublant d'une vague nostalgie. Car les temps ont changé. Du Bellay était d'une époque où personne ne chicanait sur les textes ; où il suffisait d'aimer la littérature pour pouvoir en parler. Age d'or de la logophilie auquel a succédé notre âge de fer de la philologie[42]. C'est le côté amateur, au sens fort, de l'hu-

---

[39] Notons que la rupture avec le romantisme est beaucoup plus ambiguë qu'on ne le dit parfois. Comme l'a montré R. Molho, la rupture avec Hugo n'a jamais été vraiment complète, Sainte-Beuve gardant toujours le sentiment d'une « solidarité indestructible ». Cf. *L'Ordre et les ténèbres, op. cit.*, p. 211-228.

[40] «Œuvres françoises de Joachim Du Bellay, gentilhomme angevin, avec une notice biographique et des notes par M. Ch. Marty-Laveaux (Paris : A. Lemerre, 1866)», *Journal des Savants*, avril, juin et août 1867. Étude reproduite dans les *Nouveaux Lundis*, 2e éd. (Paris : M. Lévy, 1870) XIII, p. 266-356. Nous donnerons les références à cette édition entre parenthèses dans le texte.

[41] S'étonnant de ce que Dorat ait félicité l'auteur de la *Défense et Illustration* en grec et non en français, le lundiste recourt à nouveau au style direct pour mieux mimer la réplique de du Bellay à Dorat : «Vous me félicitez de parler français, et vous me le dites en grec !» (p. 283). Et de poursuivre par un commentaire sur la solidarité inévitable qui s'établit entre générations : «On ne se débarrasse pas du jour au lendemain des habitudes invétérées, et les générations, quoi qu'elles en aient, demeurent enchevêtrées plus qu'elles ne le voudraient les unes dans les autres.» (p. 283)

[42] Montaigne avait déjà opposé « deux sortes de disciples » de Zénon : les *philologous* « curieux d'apprendre les choses, qui estoyent ses mignons », et les *logophilous* « qui n'avoyent soing que du langage. » *Essais*, éd. p. Villey (Paris, P.U.F., 1978), livre I, ch. 26, p. 173. Sauf indication contraire, toutes les citations de *Essais* se rapportent à cette édition.

maniste renaissant qui séduit le philologue professionnel : au sens fort, car du Bellay a l'énergie de proclamer ses partis pris esthétiques, haut et clair comme le fera l'auteur des *Lundis*. De là toutes ces effusions mal contenues et que l'on pourrait trouver déplacées sous la plume du savant critique :

> En tête de la période qui a cessé et qui est close [celle de l'humanisme], ce qui est certain, c'est que nous retrouvons notre cher Du Bellay comme héraut d'armes et comme annonciateur un peu prophète. (p. 301)

Avec le recul qu'il a pris par rapport au *Tableau* de 1828, le lundiste de 1867 semble s'émouvoir devant ses propres débuts littéraires, lui qui s'était pris aussi pour le « héraut d'armes » du Cénacle et le « prophète » d'une nouvelle esthétique. On peut même conjecturer que l'emploi de l'adverbe restrictif (« un peu ») à propos du don de prophétie marque la trace d'une désillusion, confirmée, à ses yeux, par l'échec de l'école romantique.

Dès lors toutes les « erreurs » esthétiques commises par l'auteur de la *Défense* apparaissent comme rachetées par la pureté des intentions[43]. Ainsi l'« idée fausse » que se faisait celui-ci de l'origine des langues est immédiatement excusée par la théorie de la « perfectibilité chronologique »[44] : « Il ne pouvait deviner une science linguistique qui ne date que du XIXe siècle » (p.302). Par une sorte de récusation implicite, le critique qui publie dans le *Journal des Savants* fait l'éloge paradoxal du non-savant de la Renaissance ; et cet encomium se double, non moins paradoxalement, d'un curieux éloge de l'« inscience ». De là l'importance accordée aux *Regrets*, triomphe artistique de l'authenticité. Sainte-Beuve trouve des formules saisissantes pour dénoter le paradoxe de cet « art sans art » du grand poète :

> Il [du Bellay] n'est jamais plus sincèrement poète que lorsqu'il dit de cet accent pénétré et plaintif qu'il ne l'est plus. (p. 332)[45]

L'éloge culmine avec un immense élan d'admiration empreinte de tendresse (« Toutes nos sympathies restent acquises au cœur du poète » [p.350]) où se dissimule à peine un engagement personnel :

---

[43] Sur la notion d'erreur esthétique à cette époque, voir François Rigolot, *L'Erreur de la Renaissance. Perspectives littéraires* (Paris : Champion, 2002).

[44] Sainte-Beuve expliquait déjà ce concept, issu des Lumières, dans son *Histoire du théâtre français* qui fait partie du tome I de son *Tableau*, éd. de 1876, p. 360.

[45] Ou encore : « C'est, je le répète, au moment où il a le plus l'air de se décourager qu'il entre en pleine possession de lui-même et du genre où il est maître » (p. 334).

> Dussé-je être taxé de partialité pour les poëtes, il m'est impossible, même après la publication de ces dernières pièces, de trouver à Joachim d'autre tort que celui d'avoir été maltraité par la fortune. (p. 350)

Où sont passés le philologue et l'historien de la littérature ? Le lundiste préfère être « partial » – péché mortel aux yeux des savants – et ne pas abandonner une image de lui-même qui lui tient à cœur. Il n'est pas étonnant que les propos finals s'accompagnent d'une ultime comparaison avec Ronsard :

> Il [du Bellay] a laissé une belle réputation, moins haute et par là même plus à l'abri des revers et des chutes que celle de Ronsard. (p. 355)

Remplacez Ronsard par Hugo et vous aurez l'épitaphe que Sainte-Beuve s'écrit pour lui-même[46]. Ainsi, en « inventant » un XVIe siècle à sa propre image, Sainte-Beuve se démasque ; et il le sait. Dans une lettre à Hortense Allart du 6 novembre 1845 il écrivait : « En général, nos jugements nous jugent nous-mêmes bien plus qu'il ne jugent les choses. »[47] Et ailleurs, comme nous l'avons déjà noté en épigraphe : « Dans les critiques que nous faisons, nous jugeons moins les autres que nous ne nous jugeons nous-mêmes. »[48] Montaigne était définitivement à l'horizon.

MONTAIGNE ANNOTÉ PAR SAINTE-BEUVE

Emile Faguet nous dit avoir eu « la bonne fortune » de tenir en mains l'exemplaire des *Essais* que possédait Sainte-Beuve, un in-18 en six volumes, édité par E. Jouhanneau et publié chez le fameux libraire et éditeur J.-J. Lefèvre à Paris en 1818[49]. Les notes de lectures qu'il y a relevées semblent dater, pour la plupart, de 1851, époque à laquelle le lundiste allait faire ses leçons à l'Ecole Normale. Si quelques-unes sont

---

[46] C'est en ce sens que l'on peut parler d'un mythe personnel de du Bellay chez Sainte-Beuve : dans la mesure où, comme tout mythe, le portrait de du Bellay, avec ses partis pris et ses inconséquences, fournit un récit codé qui permet à celui qui l'écrit de résoudre, à son insu, les contradictions d'une destinée dont il cherche désespérément à comprendre la cohérence.

[47] *Correspondance générale*, éd. J. Bonnerot (Paris : Stock, 1949), tome VI, p. 272.

[48] *Pensées et Maximes*, éd. M. Chapelan (Paris : Grasset, 1954), p. 260.

[49] « Montaigne annoté par Sainte-Beuve », *La Revue latine* (1906), tome V, pp. 449-476, partiellement reproduit dans le *Bulletin de la.Société des Amis de Montaigne*, 2e série (1939), n°s 6, pp. 78-79 et 7, p. 117, et intégralement repris ici avec les corrections qui s'imposent (voir *infra*, pp. 49 sq.). Abréviations : *Faguet* ou *RL*.

postérieures, d'autres semblent plus anciennes «étant plus effacées quand elles sont au crayon ou plus pâles quand elles sont à la plume.» Certaines annotations présentent peu d'intérêt ou sont même, comme se plaît à le dire Faguet, «prodigieusement inutiles» – du genre: «bien», «joli», «admirable», etc. D'autres prennent la forme de plus longues «manchettes», de petits résumés en marge du texte («Montaigne ne croit pas à...», «Montaigne se félicite de...»). Parfois on trouve des corrections dictées par la pudeur ou le «bon goût» d'un autre âge. Le critique adoucit une expression qu'il juge trop crue, qui pourrait choquer. Il rature le «pissoir» montaignien pour le remplacer par l'euphémisme «garde-robe». Quand l'essayiste parle de pets et de vents, son censeur ajoute, cachant à peine son dégoût: «il aime ces mots-là.»

Cependant, la plupart des annotations prennent la forme d'un commentaire critique de portée intellectuelle ou stylistique. Les chapitres favoris de Sainte-Beuve, si l'on en juge par la longueur et la qualité des annotations, sont les suivants: «De l'Institution des enfans» (I,26); «Des Livres» (II,10); l'«Apologie de Raimond Sebond» (II,12); «De mesnager sa volonté» (III,10); et enfin «De la Phisionomie» (III, 12). Il faut y ajouter la lettre de Montaigne à son père sur la mort de La Boétie à la fin de laquelle le lundiste, visiblement ému, inscrit une admonestation: *Qu'on ne dise plus, après avoir lu ces pages, que Montaigne était égoïste et insensible.*

Les comparaisons abondent avec les auteurs du XVIe siècle (surtout Rabelais) et les grands esprits d'autres époques (les classiques en tête). Lorsque Montaigne s'émerveille de la majesté de «nostre mere nature», le critique s'exclame: «Pascal ni Bossuet n'ont rien de plus grand. Voilà du Montaigne sublime» (p. 52). Ou encore, en marge d'une belle page de l'«Apologie»: «Ne plaignons pas le temps que nous passons sur Montaigne. C'est, avec Pascal et Bossuet, notre plus grand écrivain.» (p. 61).

Les remarques admiratives fusent de toutes parts, souvent avec une portée généralisatrice: «Chez Montaigne, le bon sens jaillit à chaque mot» (p. 53). Les cascades d'hyperboles ne font pas peur: «[Il] est le plus énergique, le plus naturel, le plus expressif (et je le dirai en ne mettant que Pascal à côté de lui), le plus éloquent de nos moralistes» (p. 62). On sent bien là l'écrivain qui travaille à son *Port-Royal*. A propos de l'éloge de Paris, au chapitre «De la vanité» (III,9), il écrit: «Que l'on ne s'étonne pas après cela que Paris l'ait rendu à Montaigne, que la France et Montaigne se soient aimés à la folie» (p. 64). Sainte-Beuve sait apprécier le don inégalable avec lequel un grand écrivain mise sur le concret et tort la grammaire par souci d'expressivité. Montaigne écrit:

> [b] Il y a tant de mauvais pas que, pour le plus seur, il faut legierement et superficiellement couler ce monde. [c] Il le faut glisser, non pas s'y enfoncer. (III, 10, 1005)[50]

Et le critique de commenter:

> Couler ce monde, le glisser, non l'enfoncer. Voilà proprement des mots de Montaigne que lui seul a pu dire de cette sorte en français. (p. 65)

Dans *Port-Royal*, on retrouve la phrase de Montaigne en note, pour la comparer à celle de Madame de Sévigné. La marquise «avait pour maxime: Glisser sur les pensées» (*infra*, p. 92, n. 40).

Lorsque le lundiste note l'influence déterminante des livres sur la pensée de Montaigne c'est déjà pour établir les bases d'une théorie évolutive qui fera fortune par la suite. Dans une note qui date certainement d'avant 1842[51], il écrit:

> Montaigne commence par s'épandre avec Ovide; puis il se relève, se guinde avec Lucain; puis il se détend et se rabat à la juste mesure avec Virgile. Ce sont les trois âges de son esprit, marqués par ses lectures... (p. 54).

Cette dernière phrase aurait pu être écrite, cinquante ans plus tard, par Fortunat Strowski ou par Pierre Villey. Ces éminents montaignistes plantèrent l'idée, qui sera tenace, d'une évolution ternaire dans la pensée de Montaigne: du stoïcisme au scepticisme, et du scepticisme à l'épicurisme[52]. Sainte-Beuve aimait l'idée du progrès selon un mouvement dialectique. Il en détectera un autre à propos du rapport de Montaigne à l'argent: «d'abord prodigue et dépensier, puis un peu plus

---

[50] Toutes nos références aux *Essais* se rapportent à l'édition qu'en a donnée Pierre Villey (Paris: Presses Universitaires de France, 3e édition, 1978). Nous donnons entre parenthèses le numéro du livre (en chiffres romains), suivi des numéros du chapitre et de la page (en chiffres arabes). Les lettres a, b et c serviront, selon la tradition, à différencier entre les éditions de 1580 (a), 1588 (b) et les additions manuscrites (c) portées par Montaigne sur son exemplaire personnel de l'édition de 1588 (l'exemplaire dit «de Bordeaux»), texte qui diffère parfois de celui procuré par Marie de Gournay dans l'édition posthume de 1595.

[51] La preuve en est qu'il reprend cette idée dans le livre II de *Port-Royal*: «L'âge lui a amené des changements, mais graduels, mais selon l'âge. En fait de goût et de lectures, il a passé d'Ovide à Lucain, de Lucain à Virgile, c'est-à-dire, du premier abandon égayé de l'enfance à une certaine élévation plus enflée et plus stoïque, qui s'est bientôt rabattue elle-même à plus de juste douceur.» (*infra*, p. 99).

[52] Antoine Compagnon fait remonter l'idée de cette fameuse théorie à l'enseignement que dispensait Brunetière à l'Ecole Normale en 1887. Il semble qu'elle ait germé quelques trente-cinq ans plus tôt chez Sainte-Beuve. Voir «Préface» aux *Etudes sur Montaigne (1898-1907)* (Paris: Champion, 1999), p. 20.

serré et contraint, puis un bon démon le retire de cette vie sottement réservée et le remet dans une tierce vie plus plaisante et mieux réglée» (p. 54)[53]. Faguet ne manquera pas de lui reprocher, avec un malin plaisir, ce qu'il appelle sa «petite systématisation»: il n'y trouvera que «pure fantaisie» (p. 54).

A l'admiration succède parfois la désapprobation. C'est le cas de l'opposition entre Plutarque et Sénèque. «Trop d'antithèses !» (p. 460), décrète le styliste dont le goût est resté profondément classique[54]. Au sujet des nombreuses citations d'auteurs: «le voilà parti dans l'érudition !» (p. 60) ; «du latin, toujours du latin... bien lui en a pris de ne pas savoir le grec !» (p. 62)[55]. A propos des redites qui offensent le goût «classique»: «Il récidive ! Ce n'est permis qu'à lui. A tout autre on dirait: c'est assez, c'est trop» (p. 65). On lui pardonnera aisément ses écarts ; cela fait partie des charmes de sa nonchalance. Il ne faut pourtant pas s'y tromper: «sous ses airs d'indolence, son esprit est plein de hardiesse et couve bien des audaces» (p. 55). A plusieurs reprises, on tire le signal d'alarme: «comme c'est peu chrétien» ou «cela prend un faux air religieux...» (p. 70-1). Conclusion: «il ne faut pas prendre au mot le malin» (p. 53). C'est le Montaigne sournois des Lumières qui surgit ici, un Montaigne à la Bayle qui cache son jeu et dont le relativisme est devenu une éthique: «De la vérité de ce qu'il dit il n'en voudrait faire juges que ceux qui l'ont éprouvée» (p. 57). Tel est le Montaigne qu'ont vigoureusement combattu ces Messieurs de Port-Royal.

PORT-ROYAL : MONTAIGNE À LA LUMIÈRE DE PASCAL

En décidant d'écrire *Port-Royal*, Sainte-Beuve avait pour visée d'aller à la rencontre de Pascal et tenter de comprendre son génie. Dans

---

[53] Dans *Port-Royal*, Sainte-Beuve reprendra la même idée: «Ainsi, par rapport à l'argent, d'abord il fut prodigue, dépensier et vivant un peu à l'aide de ses amis ; puis, en un second temps, il a de l'argent, et le soigne, le serre un peu trop ; et puis, après quelques années, un bon démon le tire de cette vie sottement resserrée, et le détend dans une juste mesure, en une sorte de tierce vie plus plaisante et mieux réglée» (p. 99).

[54] A propos du goût «classique» de Sainte-Beuve, voir la thèse de Pierre Moreau, *Le Classicisme des romantiques* (Paris, 1932) dont les principaux éléments ont été repris et développés par Raphaël Molho dans *L'Ordre et les ténèbres, op. cit.*

[55] Ici Sainte-Beuve se trompe. Montaigne a volontairement sous-estimé sa connaissance du grec comme l'a montré Alain Legros. «La Main grecque de Montaigne», *Bibliothèque d'Humanisme et Renaissance* LXI, 2 (1999), pp. 461-478.

cette œuvre maîtresse à laquelle il consacra plus de vingt ans de sa vie, il analyse la conduite admirable des religieuses et des « solitaires », leur « héroïsme chrétien ». Chemin faisant, il se laisse séduire par l'auteur que les jansénistes redoutaient le plus et pour lequel Pascal nourrissait les sentiments à la fois les plus ambigus et les plus passionnés : l'auteur des *Essais*. Il faut saisir cette conversation de Sainte-Beuve avec Montaigne dans le mouvement même où elle se produit, au début du livre III de cet ouvrage[56]. Tout commence, en effet, avec « cet admirable *Entretien sur Epictète et Montaigne* » (p. 77). Le tête-à-tête réel entre Pascal et Saci sert de prétexte à un autre tête-à-tête, fictif mais fondamental, entre Sainte-Beuve et Montaigne :

> Il nous importe, pour notre propre compte, [...] d'envisager nous-même Montaigne face à face, autant que le face-à-face est possible avec un tel homme. (pp. 86-87)

Pour les hommes de Port-Royal, Montaigne est devenu « un abrégé parlant, une prophétie anticipée et redoutable » de ce que sera la philosophie les Lumières. Il a incarné, en tout cas, pour Pascal « le démon de l'incrédulité » :

> Il m'a toujours semblé que la forme sous laquelle le démon de l'incrédulité a dû le plus tenter Pascal, ç'a été celle de Montaigne : et en effet ce diable-là pour lui devait être bien tentant. Esprit, langage, raillerie, hardiesse, tant de choses lui en allaient ! Vite il mit la Croix en travers, pour enrayer le penchant. (p. 81)

Cette fabuleuse répugnance à croire séduit Sainte-Beuve à son tour. Montaigne est le chef de file des Sceptiques (voir Bayle et Hume), des Athées (Hobbes), des Matérialistes (Gassendi), des Naturistes (Diderot, d'Alembert), et de tous les Panthéistes et Spinozistes de l'univers (pp. 85-86). Descartes, non plus, n'était pas bien vu des solitaires ; mais ce qui le sauvait à leurs yeux c'était « sa gravité de ton, son sérieux » ; ce qui le condamnait mais qui le sauve pour l'oncle Beuve « c'est son ton badin, familier, enjoué » (p. 88). Ce vocabulaire de l'enjouement revient sans cesse sous la plume du critique. Montaigne est « insouciant, badin et paresseux » ; « curieux amusé de tout » ; « un amuseur avant tout amusé » (pp. 95-96)[57].

---

[56] C'est pourquoi nous avons reproduit ici, avant les chapitres 2 et 3 proprement consacrés à Montaigne, le chapitre 1 consacré à l'« Entretien avec M. de Saci. »

[57] Sur son exemplaire personnel des *Essais* Sainte-Beuve écrit : « Il s'amuse. Que c'est gai ! Comme il est en train ! » (*infra*, p. 67).

Port-Royal a pris Montaigne en grippe et Sainte-Beuve excelle à camper la sainte horreur des jansénistes devant ce paresseux, ce jouisseur incrédule :

> C'est leur ennemi, leur mauvais génie et comme la bête noire du désert, un Sphinx moqueur. Ils se signent en passant devant lui. (p. 88)

Arnauld et Nicole se sont pourtant trompés de siècle. Croyant juger Michel, ils ont jugé Jean-Jacques. Cette exhibition du « moi », qui choque à la fois le goût et la morale, c'est la postérité qui l'a réalisée, quitte à en rendre rétrospectivement responsable l'auteur des *Essais*: « Depuis Montaigne renouvelé par Rousseau, ce n'a été que confessions de gens avides de se découvrir, affamés de se faire connaître (p. 94, note 47). Idée très beuvienne d'un romantisme qui trouve son origine dans la Renaissance et qu'avait déjà annoncée en 1828 le *Tableau historique et critique du XVIe siècle* :

> Nos Messieurs pressentent et voudraient étouffer d'avance dans les « Essais » les « Confessions » de Jean-Jacques et toute cette série d'ouvrages qui sont les « Confessions » de saint Augustin sécularisées et profanées, des confessions sans conversion, par amusement, par art, par ennui. (p. 94)

L'historien de la littérature tourne le dos au Romantique défroqué. La théorie du « progrès naturel » est mise en échec. Comment croire, en effet, à la « perfectibilité chronologique » quand on voit quels effets désastreux cette lecture anachronique des *Essais* a produits :

> [Ces Messieurs de Port-Royal] ne semblent-ils pas vraiment, dans leur saine droiture, vouloir déraciner déjà toute cette forêt, à l'état de graine encore légère, de branchages encore clairs, riants et flexibles chez Montaigne, mais bientôt et plus tard forêt épaisse et sombre et vénéneuse, mortelle aux Werther et à tous les rêveurs qui s'endormiront sous son ombrage..? (p. 95)

Au livre III de *Port-Royal*, une éthique rivale, fondée sur le « naturel » et « le bon sens des honnêtes gens » finira par s'imposer. De là la fameuse formule :

> Montaigne, c'est tout simplement la nature : la nature pure, et civilisée pourtant [...] – la Nature au complet sans la Grâce. (pp. 97-98)[58]

---

[58] Ampère reprendra la formule en l'approuvant (« la nature au complet sans la grâce ») en rendant compte de *Port-Royal* dans ses *Mélanges d'histoire littéraire* (Paris : Calmann Lévy, 2e édition, 1877), p. 490. Roger Trinquet fait remarquer que Montaigne n'est pas seulement « homme de la nature » mais « homme de sa nature, c'est-à-dire de

Elevé au village, «comme un Émile du seizième siècle», il a grandi «sans aucune combinaison abstraite et sans fatigue» (p. 98). C'est que chez lui le principe de plaisir semble s'accorder parfaitement avec le principe de réalité. Son attitude vis-à-vis de la religion, de l'amour, de l'amitié le prouve; il apparaît comme «un exemplaire complet et tempéré de la nature même» (p. 99):

> Être homme, voilà sa profession; il n'a d'autre métier, n'approfondissant rien de trop particulier, de peur de se perdre, de s'expatrier hors de cette profession humaine et générale. (p. 99)

Contrairement à ce que croyaient ces Messieurs de Port-Royal, ce n'est pas que Montaigne nie la religion; il ne fait que l'ignorer. Mais c'est sans doute pire car cette fausse innocence risque de piéger les naïfs. Le lecteur des *Essais* prend ici conscience de sa propre position vis-à-vis du christianisme, respectueuse en surface mais taraudée en profondeur par l'incrédulité. Comme l'écrit Victor Giraud, «ce qu'on a appelé les pieuses impiétés de Renan sont déjà en germe dans le *Port-Royal* de Sainte-Beuve»[59].

Montaigne respecte, certes, toutes les formes extérieures de la religion. Son conservatisme l'y pousse. Sainte-Beuve, qui a le don de la formule, en conclura: «il peut bien avoir paru très-bon catholique, sauf à n'avoir guère été chrétien» (p. 428)[60]. L'auteur des *Essais* use d'une prudence machiavélique pour cacher son jeu. Dans les «allongeails» qui émaillent les éditions successives, le «suffisant lecteur» ne manque pas de noter «toutes les phrases de précaution qu'il [Montaigne] avait négligées d'abord et qu'il a successivement ajoutées, en même temps que d'autre part il doublait la dose de malice (p. 427, note)[61]. C'est «avec un malin plaisir» que le prétendu apologiste de Raymond Sebond

---

la nature, telle qu'elle est réfractée dans sa personne». «Montaigne ou la nature», *B.S.A.M.*, 2e série, n° 19 (1956), p. 56. Voir aussi Horatio Smith, «Sainte-Beuve, Montaigne: Human Nature» in *American Society of the Legion of Honor Magazine* XVII,3 (1946-7), pp. 267-281. Irving Babbitt avait reproché à Sainte-Beuve de représenter Montaigne comme un «simple naturiste», sans comprendre la filiation humaniste de sa pensée. «Montaigne jugé par Sainte-Beuve», dans *The Masters of French Criticism* (New York: Houghton-Mifflin, 1912), pp. 112-116.

[59] *Port-Royal de Sainte-Beuve. Etude et analyse* (Paris: Editions Mellottée, 1956), p. 250

[60] Sur son exemplaire personnel des *Essais*, Sainte-Beuve note: «Voyez comme Montaigne est peu chrétien selon saint Paul ou selon Vincent de Paul» (*infra*, p. 66).

[61] «Cela prend un faux air religieux», note Sainte-Beuve sur son exemplaire des *Essais* (*infra*, p. 71).

fait le contraire de ce qu'il s'était proposé: «sous air de le défendre.., il va plutôt le réfuter» (p. 116). L'image séduisante du «fourbe» – «d'autant plus fourbe qu'il ne l'est pas toujours» (p. 111) – finit par s'imposer; et, dans l'histoire de la critique montaignienne, elle aura la vie longue.

Cependant, à certains endroits, on croit que Montaigne va se démasquer. Sa franchise semble se déclarer, son éloquence devenir «très-sincère» et même «poignante» (p. 120). Pascal se réjouit alors de pouvoir le louer, l'imiter, le «réinventer»: ce sera tel passage sur le petit grain de sable et le roseau pensant (pp. 119-120). Qu'on ne s'y leurre pourtant pas: Montaigne continue bel et bien à jouer la comédie (p.434). La force de la prosopopée veut nous en convaincre:

> Montaigne, en ce chapitre [«Apologie de Raimond Sebond»] et dans tout son livre, a fait comme un démon malin, un enchanteur maudit, qui, vous prenant par la main et vous introduisant avec mille discours séduisants dans le labyrinthe des opinions, vous dit à chaque pas, à chaque marque que vous voulez faire pour vous retrouver: «Tout ceci n'est qu'erreur ou doute, n'y comptez pas, ne regardez pas trop, en espoir de vous retrouver au retour; la seule chose sûre est cette lampe que voici; jetez le reste: cette lampe sacrée nous suffit.» Et quand il vous a bien promené, égaré et lassé dans les mille dédales, tout d'un coup il souffle, ou d'une chiquenaude il éteint; et l'on n'entend plus qu'un petit rire. (p. 122-123)

Montaigne libertin érudit? Le rapprochement immédiat avec Gabriel Naudé, qu'on nous présente comme «son disciple» parce qu'il est le spécialiste de chiquenaudes autant subversives, tendrait à nous le faire croire (p. 123, note 124). La fameuse fresque des «funérailles de Montaigne» en est le développement naturel. On voit se presser autour du cercueil, à côté des proches, les fantômes de Bayle et de Naudé, de La Fontaine, de Voltaire... mais aussi de tous ceux qui sont venus, Rousseau en tête, pour y parler de soi. Et Sainte-Beuve d'ajouter: «Je le crains, Pascal seul, s'il est du cortége, a prié» (p. 133).

Ce n'est pourtant pas sur la postérité libertine mais sur des considérations esthétiques et formelles que se termine le discours de *Port-Royal* sur les *Essais*. Car, au-delà de sa récupération par les Lumières, Montaigne doit avant tout sa survie à son écriture inégalable. On reconnaît le futur lundiste qui porte une attention obstinée au style des écrivains qu'il fréquente:

> Une des grandes causes du succès de Montaigne, et même la condition essentielle et unique, sans laquelle tout le reste eût été comme non avenu, l'instrument de son charme et sa vraie baguette d'enchantement,

> c'est son style. Le style, quand on l'a au degré de Montaigne, devient la boîte d'indulgence plénière auprès de la postérité. (p. 124)[62]

Si Montaigne n'est pas Shakespeare (il lui manque cette puissance d'imagination qui permet d'enfanter des personnages vibrants de vie), il possède, en revanche, le don de l'image : il livre toujours sa pensée sous forme imagée : « son style est une figure perpétuelle, et à chaque pas renouvelée » (p. 124). C'est à ce titre que les *Essais* deviennent « le livre favori [...] de chaque grand écrivain sérieux et nouveau » (p. 130). Déjà dans les notes de son exemplaire personnel on lisait : « Montaigne est le plus ÉNERGIQUE, le plus NATUREL, le plus EXPRESSIF (et je le dirai en ne mettant que Pascal à côté de lui), le plus ÉLOQUENT de nos moralistes » (*infra*, p. 62). Ce n'est pas le moindre éloge qu'on lui ait décerné.

MONTAIGNE APRÈS *PORT-ROYAL* : LE MAGISTRAT

Port-Royal marquait l'entrée de Montaigne – par un escalier dérobé de l'édifice janséniste – dans l'œuvre de Sainte-Beuve. Or celui-ci ne s'arrêtera pas là. Ayant pris goût à la lecture non seulement du *Journal de voyage* mais de documents nouvellement mis à jour, il publiera trois articles sur d'autres aspects de l'auteur des *Essais* dans le *Constitutionnel*. Le premier, suggéré par la parution des « Nouveaux Documents sur Montaigne » (*N.D.M.*) recueillis par le docteur Jean-François Payen, date de 1851 et sera recueilli au tome IV des *Causeries du Lundi*; le deuxième sur « Montaigne en voyage » (*M.E.V.*) et le troisième sur « Montaigne, maire de Bordeaux » (*M.M.B*), publiés en 1862 et 1863, seront repris aux tomes II et VI des *Nouveaux Lundis*.

En 1851, le conférencier qui relisait les *Essais* en vue de ses leçons à l'Ecole Normale, avait émaillé son exemplaire personnel de diverses annotations. Il venait de lire les « nouveaux documents » sur Montaigne que le docteur Jean-François Payen avait mis l'année précédente à la disposition du public[63]. L'article daté du 28 avril 1851 prend la forme d'un compte rendu de cet ouvrage savant. Mais plusieurs annotations,

[62] Sur le style ou la « manière » de Montaigne, voir les belles pages que lui consacre Sainte-Beuve à la fin de son article sur les « nouveaux documents » du Docteur Payen. *NDM*, pp. 148-150, *infra*.

[63] Toute une série de *Documents inédits ou peu connus sur Montaigne* paraîtront chez P. Jannet, par les soins du docteur Payen entre 1847 et 1856 (4 tomes). Les originaux sont conservés à la BNF.

consignées auparavant en marge des *Essais*, y sont reprises ou développées, ce qui donne un aspect personnel à une recension qui oublie très vite son point de départ[64]. De même, l'article du 9 novembre 1863 prendra appui sur des lettres inédites de Montaigne qu'un autre érudit, Félix Feuillet de Conches, avait communiquées au lundiste avant publication. C'est l'homme politique en Montaigne qui intéresse maintenant Sainte-Beuve, et ces deux articles, fondés en partie sur ces documents inédits, puisent largement dans les *Essais*, en particulier dans les chapitres X (« De mesnager sa volonté ») et XII (« De la Phisionomie ») du livre III.

N'oublions pas qu'en avril 1851 Sainte-Beuve prenait la plume à un moment critique de la vie politique française. Dès la première phrase, une image s'impose : on voit le « vaisseau de la France » qui « gagne les mers inconnues et s'apprête à doubler [...] le Cap des Tempêtes ». L'allusion aux *Lusiades* de Camoëns n'est pas gratuite : le parallèle est esquissé avec l'époque non moins troublée que fut la fin du XVIe siècle et qu'a connue le maire de Bordeaux. La nef nationale est-elle condamnée encore une fois à voguer sans pilote, « à l'aventure » (*infra*, p. 135)? La métaphore filée est dans le style de Ronsard, le poète officiel qui se croyait investi d'une mission sacrée et invitait Catherine de Médicis à rétablir l'ordre public :

> Las ! ma Dame, en ce temps que le cruel orage
> Menace les François d'un si piteux naufrage,
> [...]
> Prenez le gouvernail de ce pauvre navire :
> Et maugré la tempeste et le cruel effort
> De la mer et des vents, conduisez-l' à bon port[65].

Il ne s'agit plus désormais d'observer le penseur, l'écrivain au travail dans sa tour, mais de juger le maire de Bordeaux face à ce qu'il a lui-même appelé les « troubles » de son temps. En fait, sa correspondance révèle un personnage beaucoup plus actif qu'on ne l'avait cru. « Ce soi-disant paresseux » (*infra*, p. 136) n'a pas eu peur de s'engager dans les affaires publiques au risque de sa tranquillité et de sa sécurité. Sainte-Beuve corrige le Montaigne détaché et moqueur qu'il avait si brillamment campé dans *Port-Royal*. Il le replonge dans les tumultes politiques de son temps, sans effacer pour autant l'« arrière-boutique » de l'humaniste à qui

---

[64] Par exemple au sujet de Daunou (*infra*, p. 52) et de la lettre au Maréchal de Matignon (*infra*, pp. 67-68).

[65] « Discours à la Royne » [1562] in *Œuvres complètes*, éd. J. Céard, D. Ménager et M. Simonin (Paris: Gallimard, 1994), tome II, p. 992, vv.43-4, 48-50.

les chemins de repli sont devenus plus que jamais nécessaires. Le parallèle avec l'actualité s'impose. Il est bon de relire «chaque soir une page de Montaigne»: pour prendre ses distances vis-à-vis de ce qui nous inquiète et garder «un peu de lucidité et de mesure» (*infra*, p. 141).

La liberté que Montaigne se ménage si jalousement ne l'empêche pas de participer à la vie de la cité:

> Il continuera de juger les choses à sa guise et avec impartialité, même en agissant loyalement pour la cause qui lui est confiée. (*infra*, p. 142)

En 1851, le bilan de sa magistrature est entièrement positif. Il a su mettre à profit ses «dons d'ouverture et de conciliation», aller droit aux faits «sans rien accorder à l'éclat et à la montre» (*infra*, p. 143). Il a accompli «ce qu'il s'était promis, ayant beaucoup plus fait qu'il n'en avait promis aux autres» (p. 144). Et Sainte-Beuve de citer une des lettres à Matignon que l'on vient de recouvrer. En avril 1585, le Maire et le Maréchal avaient réussi à empêcher que Bordeaux ne tombât aux mains des Ligueurs. Un mois plus tard, le Magistrat s'inquiète à nouveau pour la sécurité de sa ville et s'adresse à Matignon pour l'engager à venir y rétablir l'ordre[66]. En 1863 Sainte-Beuve reparlera de cette lettre ainsi que de celle, écrite cinq jours plus tard au même Maréchal, qui nous font revivre la «crise d'inquiétude et de vigilance» que traversa le magistrat à cette époque-là (*infra*, p. 229).

Sainte-Beuve note les observations «stoïques» de son auteur devant une situation qu'il compare, implicitement, à celle qu'il a sous les yeux. Montaigne a connu le désordre des partis et la complaisance de leurs chefs. Devant le spectacle de l'ambition et de la corruption, il s'apitoie sur la misère des «pauvres gens», exemples de «constance», eux qui n'ont étudié ni Aristote ni Caton. Tout cela est émouvant mais l'auteur de *Port-Royal* fait remarquer qu'il y manque toute mention d'espérance religieuse:

> La consolation que se donne Montaigne, à lui et aux autres, est aussi haute et aussi belle que peut l'être une consolation humaine sans la prière. (*infra*, p. 147)

Il y manque aussi tout esprit de sacrifice. Montaigne se donne à autrui sans «s'ôter à soi.» C'est bien ce qu'il dira au chapitre «De mesnager sa volonté»:

---

[66] Lettre XXVI du 22 mai 1585, *Œuvres complètes* [*OC*] de Montaigne, éd. A. Thibaudet et M. Rat (Paris: Gallimard, 1962), pp. 1390-2. Sur la collaboration entre Montaigne et Matignon, voir Donald Frame, *Montaigne: une vie, une œuvre 1533-1592*, trad. J.-C. Arnould et al. (Paris: Champion, 1994), pp. 249-258.

> [b] J'ay peu me mesler des charges publiques sans me despartir de moy de la largeur d'un ongle, [c] et me donner à autruy sans m'oster à moy. (III, 10, 1007)

Il joue bien son rôle mais il reste toujours conscient de jouer un rôle. Se maquiller le visage ? oui, mais le visage seulement. Ici la voix du lundiste se confond avec celle de l'essayiste. Ils parlent tous les deux sur le même ton :

> Sachons distinguer la peau de la chemise [1011b]; « c'est assez de s'enfariner le visage, sans s'enfariner la poitrine [1011c]. (*infra*, pp. 224-5)

Le maire a pourtant su prendre parti et montrer de l'audace. Ainsi en mai 1585 lorsque, chargé de maintenir l'ordre public dans des circonstances difficiles, il enjoignit aux magistrats municipaux de garder « la tête droite et le visage ouvert »: « la prudence ici, note le lundiste, consistait à se montrer hardiment » (*infra*, p. 229).

Le « beau rôle » de Montaigne a pourtant ses limites. Ici encore Sainte-Beuve refuse d'idéaliser celui qui refusait d'idéaliser même Caton et Socrate. L'attitude du maire de Bordeaux quand la peste se déclare dans sa ville en juin 1585 a fait couler beaucoup d'encre. Montaigne a-t-il été démissionnaire ? a-t-il fait preuve de lâcheté en refusant de rentrer à Bordeaux pour assumer ses responsabilités et prendre la situation en main ? Le critique se montre moins sévère que les montaigniens de son temps, en particulier Grün et Feuillet de Conches. « Il est simplement absent quand la peste éclate » (*infra*, pp. 230-1), se contente-t-il de noter. On aurait tort d'aller demander de l'héroïsme à Montaigne. Sollicité de revenir par les jurats (et l'on cite sa réponse du 30 juillet 1585 qui l'incrimine), il n'ose pas se hasarder. Il faut le comprendre : en ces temps calamiteux, il a préféré sa famille à sa ville. N'allons pas chercher chez lui « de la flamme et du dévouement » (*infra*, p. 232) ; de la prudence et de la modération, certes. Montaigne n'est pas un saint. Sa grandeur est ailleurs : dans sa pensée et son esprit (*infra*, p. 232).

MONTAIGNE APRÈS *PORT-ROYAL* : LE VOYAGEUR

Pour Sainte-Beuve, Montaigne est aussi le modèle du voyageur : « curieux, ouvert à tout, détaché de soi et du chez-soi, déniaisé, guéri de toute sottise, purgé de toute prévention » (*infra*, p. 216). Des générations de commentateurs lui emboîteront le pas. Le 22 juin 1580, en effet, le châtelain, âgé de quarante-sept ans, quittait sa Guyenne pour se rendre à Paris. La première édition des *Essais* venait de paraître à Bordeaux et il en emportait dans ses bagages deux exemplaires : il remettrait le premier quelques jours plus tard au roi Henri III et le second resterait dans ses malles pendant plus de cinq mois avant de parvenir à son destinataire, le pape Grégoire XIII. Montaigne s'était mis en route pour un voyage de dix-huit mois qui devait le conduire, à travers la France, la Suisse, l'Allemagne, l'Autriche et l'Italie, jusqu'à la Ville Eternelle.

Outre le désir de prendre des vacances après la parution des *Essais*, Montaigne avait d'autres raisons de s'éloigner de chez lui. Dans le chapitre « De la Vanité » (III, 9) il nous dira son peu de goût à gouverner sa maison, son impatience devant les « servitudes domestiques » et sa tiédeur pour les « devoirs de l'amitié maritale ». En se rendant en pays inconnu il espérait trouver une « diversité de mœurs » qui le changerait de l'ennui et de la banalité quotidienne. Il irait chercher ailleurs cette « exercitation de l'âme » qui lui faisait cruellement défaut depuis la mort de son ami, Etienne de La Boétie. Mettant ses propres préceptes en pratique, Montaigne allait donc se transformer en *homo viator*, entreprenant de traverser l'Europe pour vérifier sur le terrain ce dont il n'avait qu'une connaissance livresque. Comme la plupart de ses contemporains il voulait voir de ses propres yeux ce qui restait d'une ville qui avait occupé une si large place dans sa formation classique.

Il faut dire que le voyage en Italie était à la mode. Depuis le traité de Cateau-Cambrésis (1559) et la *pax hispanica* qui l'avait suivi, la sécurité des routes s'était améliorée et l'on redoutait moins les vicissitudes du voyage. Rome, capitale d'un empire défunt et siège d'une papauté chancelante, était devenue un pôle d'attraction non seulement pour les humanistes en quête de sources mais pour tout honnête homme désireux de se faire une opinion personnelle en cette période de troubles religieux : Rome était-elle vraiment la Bête de l'Apocalypse que dénonçaient les Protestants ? Ou n'avait-elle pas retrouvé sa force morale sous l'impulsion de la Contre-Réforme ? Son itinéraire nous montre aussi qu'atteint de la « maladie de la pierre », il voulait visiter les principales stations thermales de Lorraine, de Suisse et d'Italie. En Toscane il séjournera près de trois mois aux Bains de la Villa à proximité de Lucques[67].

Sainte-Beuve est l'un des premiers à s'intéresser, en tant que critique littéraire, au *Journal de voyage*, redécouvert seulement en 1770 et

[67] Pour plus de détails, on consultera l'Introduction à l'édition critique que nous avons donnée du *Journal de voyage* (Paris : Presses Universitaires de France, 1992), pp. v-xxxvi. C'est à cette édition que se rapportent toutes les références que nous faisons ici au *Journal de voyage*

publié quatre ans plus tard par Meunier de Querlon. Il cite longuement les pages qui lui semblent éclairer le mieux l'attitude du voyageur, sa curiosité, son manque de préjugés, son désir de se plier aux coutumes du pays qu'il visite :

> Il ne ressemblait pas à ceux qui portent partout avec eux les lunettes de leur village ; il prenait celles de chaque endroit où il passait, sauf à n'en croire en définitive que ses propres yeux. (p. 205)

Quand il cite, le lundiste se permet, sans rien dire, de supprimer les mots de Montaigne ou d'ajouter les siens, sans doute par souci de préserver la fluidité de sa propre prose. Quant il ne cite pas, il paraphrase et, en paraphrant, il oublie souvent les guillemets. C'est dire à quel point le critique épouse non seulement les vues mais le langage de son auteur.

On admire le voyageur parce qu'il prend toujours en bonne part l'attitude des étrangers qu'il rencontre (p. 206). Il observe les us et coutumes du pays qu'il traverse et essaie de les faire siennes : « c'était sa religion à lui » (p. 207). Les coliques néphrétiques qui le font souffrir n'affectent guère son humeur : il reste « toujours courageux et de bonne composition » (p. 208). Loin de s'en tenir à un itinéraire déterminé, il est toujours prêt à modifier son parcours : il prend « le chemin des écoliers » et faire « l'école buissonnière » (p. 210). Ses compagnons de route n'avaient qu'un but : arriver à Rome au plus vite. Lui ne s'en soucie guère : il veut jouir des menus plaisirs de la route, en prenant son temps et en refusant de s'astreindre à un itinéraire tyrannique. Flânerie insouciante, calquée sur le portrait de l'homme « divers et ondoyant » (I, 1, 9a), et qui rappelle l'« alleure poëtique » des *Essais*, « à sauts et à gambades » (III, 9, 994c). Le dessein du voyage se veut, au sens étymologique, « extravagant » (II, 8, 385a). Rome était sans doute l'ultime destination ; mais, comme nous en informe le secrétaire, Montaigne aurait volontiers changé de cap, s'il n'en avait tenu qu'à lui, pour suivre son humeur vagabonde :

> Je crois à la verité que, s'il eust esté seul avec les siens, il fust allé plutost à Cracovie ou vers la Grèce par terre que de prendre le tour vers l'Italie ; mais le *plaisir* qu'il prenoit à visiter les pays inconnus, lequel il trouvoit si doux que d'en oublier la foiblesse de son aage et de sa santé, il ne le pouvoit imprimer à nul de la troppe, chascun ne demandant que la retraite[68].

[68] *Journal de voyage, éd. cit.*, p. 61 ; cité par Sainte-Beuve, en orthographe modernisée, *infra*, p. 209.

Pour finir, rien ne mettra mieux en évidence le contraste entre une bonne et une mauvaise manière de voyager que le parallèle avec un contemporain de marque, Chateaubriand. Par rapport à l'essayiste, « amusé de la vie et qui dépense la sienne sans compter », le vicomte pâlit singulièrement. Parti pour Jérusalem, il est impatient d'en finir et de rentrer chez lui pour « écrire et décrire » ce qu'il a vu et « en tirer gloire » (*infra*, p. 211). Coup de patte mérité mais que motive sans doute une part de jalousie morose.

Avant et mieux que les Romantiques, Montaigne a su méditer sur le spectacle des ruines. La page célèbre où il évoque le sépulcre lui-même « enseveli » de la Rome antique atteint le sublime (*Journal*, p.100). Les noms de Sénèque, de Lucain, d'Horace et aussi de Bossuet sont cités : « Rome inspire Montaigne et l'élève jusqu'à elle. Quel langage auguste et magnifique ! quelle haute idée !» (*infra*, p. 214). Ce n'est pas que Montaigne soit totalement idéalisé. L'article se termine par une allusion à un « grave enfantillage »: son ambition de devenir citoyen romain (*Journal*, p.127). Mais, finalement, cette faiblesse, ce péché mignon se retourne à son profit puisqu'il en reconnaît la futilité. Le vaniteux qui se sait et se dit vaniteux n'en devient que plus humain :

> « C'est un titre vain », dit-il ; [et pourtant] j'ai reçu beaucoup de plaisir de l'avoir obtenu.» Voilà un aimable philosophe qui paye ouvertement son tribut à l'illusion et à la vanité humaine. (*infra*, p. 215)

Montaigne en voyage, Montaigne magistrat : pour Sainte-Beuve, c'est le même homme qui se révèle au gré des diverses facettes de son miroir. Car il montre toujours des « qualités de bon sens, de modération et d'humanité » (*M.M.B.*, *infra*, p. 220). On retrouvera ces traits de caractère chez son ami, Etienne de La Boétie, chez sa « fille d'alliance », Marie de Gournay, et chez son disciple, Pierre Charron.

L'AMI, LA « FILLE D'ALLIANCE » ET LE DISCIPLE

Dès 1854 Sainte-Beuve associe Etienne de La Boétie, Marie de Gournay et Pierre Charron dans le premier article qu'il publie dans le *Moniteur universel*[69] :

---

[69] Paul Bonnefon fera de même, à la fin du siècle, dans *Montaigne et ses amis. La Boétie, Charron, Mademoiselle de Gournay* (Paris : A. Colin, 1898 ; réimpr. Genève : Slatkine, 1969). 2 vol.

> Montaigne se présente volontiers à nous, donnant la main à son ami Etienne de La Boétie, suivi de sa fille d'alliance mademoiselle de Gournay, et accompagné de son second et disciple Charron. (*C.L.* X, p. 236)

Si le critique consacre un article à La Boétie, en 1853, et deux autres à Charron en 1856 (ils seront tous recueillis aux tomes IX et XI des *Causeries du Lundi*), il ne fera que de brèves allusions à Marie de Gournay, sans la prendre vraiment au sérieux, se moquant même ouvertement d'elle dans la scène des funérailles de Montaigne, en la faisant «pleurer tout haut par cérémonie» (*P-R*, *infra*, p. 133). Ces divers articles et commentaires méritent qu'on s'y arrête, parce qu'ils éclairent le face à face entre Sainte-Beuve et Montaigne.

Les dernières annotations de Sainte-Beuve sur son exemplaire personnel des *Essais* étaient consacrées à la lettre de Montaigne à son père sur la mort de La Boétie (*infra*, pp. 71-73). A plusieurs reprises, le critique notait la part d'imitation des anciens qui entrait dans cette «fabuleuse amitié»:

- *c'était une amitié qui sentait le classique de la Renaissance.*
- *cela montre combien il y avait de littérature et de philosophie (de Sénèque et de Cicéron) dans leur amitié*
- *du Pindare, jusqu'aux approches de l'agonie.*

Mais il était aussi sensible aux manifestations de foi profonde qui caractérisaient ces derniers moments. En lisant les paroles pieuses que prononçait le moribond («ainsi veux-je mourir soubs la foy et religion que Moyse planta premierement en Ægypte, que les Pères receurent depuis en Judée et qui, de main en main par succession de temps, a esté apportée en France»[70]) l'auteur de *Port-Royal* notait: «La Boétie parle presque comme Pascal» (*infra*, p. 73). Bien curieuse prémonition: en face d'un Montaigne «sans la grâce» (*P-R*, p. 98) La Boétie aurait préfiguré, mais sans succès, le Pascal de l'*Entretien avec Monsieur de Sacy*. Heureusement pour Montaigne! *felix culpa*! Si La Boétie avait réussi à corriger son jeune ami, nous n'aurions pas les splendides diatribes pascaliennes contre lui...

Dans l'article de 1853, le lundiste se montre d'abord sévère pour l'auteur du *Discours de la Servitude volontaire*, traité contre la tyrannie encore appelé le *Contr'Un* et que le jeune Etienne avait composé, nous dit Montaigne, «par maniere d'essay» (I,28,183-4a). A la fin du chapitre «De l'amitié» Montaigne avait écrit:

---

[70] Montaigne, *OC*, p. 1358.

> Ce subject fut traicté par luy en son enfance par maniere d'exercitation seulement, comme sujet vulgaire et tracassé en mille endroits des livres» (I, 28, 194a)

Sur son exemplaire des *Essais*, Sainte-Beuve avait noté en marge de ce passage: «Quoi! Montaigne fait de cet écrit un simple exercice de rhétorique!» (*infra*, p. 57). Dans l'article sur La Boétie, il va renchérir: cet exercice d'écolier, il le qualifie, non sans ironie, de «chef-d'œuvre de seconde année de rhétorique» (*infra*, p. 154). Que ceux qui ont cru y trouver des traces de subversion politique se détrompent: «ce n'est autre chose qu'un des mille forfaits classiques qui se commettent au sortir de Tite-Live et de Plutarque (*infra*, p. 158). On peut s'étonner d'un tel jugement. Car si la *Servitude volontaire* n'est qu'un ramassis de lieux communs, comment expliquer que Montaigne y ait vu «un tableau riche, poly et formé selon l'art»? pourquoi avait-il d'abord voulu le placer au «plus bel endroit et milieu» de son premier livre d'*Essais* (I, 28, 183a)? De plus, si ce traité est si «inoffensif», pourquoi les Protestants s'en sont-ils servi pour attaquer le pouvoir royal et faire avancer leur cause?

Sainte-Beuve sera resté insensible à la duplicité de Montaigne au sujet du traité de son ami. Si l'auteur des *Essais* a ramené la *Servitude volontaire* à un pur «exercice de potache» après l'avoir porté aux nues c'est qu'il avait ses raisons[71]. Sainte-Beuve relève d'ailleurs dans le traité quelques «fortes pages» où se trouvent «des mouvements vigoureux» et «d'éloquentes poussées d'indignation» (*infra,* p. 158). Mais le discours du prosateur souffre par rapport aux vers latins du poète. Sainte-Beuve nous en donne pour preuve une traduction en prose d'un poème de La Boétie où celui-ci fait état de son découragement devant les «troubles» politico-religieux du moment et promet de fuir l'Europe corrompue pour aller s'exiler au Nouveau Monde[72]. Ce rêveur aux mœurs graves connaît le «penchant au libertinage» de son jeune ami et l'engage à poursuivre sa lutte courageuse sur le chemin de la vertu (*infra,* p. 161-2). Il a la conscience morale d'un Vauvenargues (la comparaison est reprise trois fois: pp. 156, 162 et 168). Voilà qui pourra fonder une amitié profonde et durable, l'«amitié-passion» qui nous est présentée dans l'«admirable chapitre» (I, 28) des *Essais*.

---

[71] Sur ces raisons, voir F. Rigolot, «Avatars de l'amitié», dans *Les Métamorphoses de Montaigne* (Paris: Presses Universitaires de France, 1988), pp. 61-78.

[72] «Ad Belotium et Montanum», in *Poemata*, éd. James S. Hirstein & Robert D. Cottrell, *Montaigne Studies* III,1 (septembre 1991), pp. 16-19.

Prodigieuse amitié, en effet, mais qui ne pouvait provenir que d'un commerce masculin. Sainte-Beuve déplore cette restriction et corrige Montaigne en citant La Bruyère, la marquise de Lambert et d'autres témoins qui ont prouvé que ce noble sentiment pouvait être partagé par les deux sexes[73]. Il ajoute de belles pages de son cru sur les amitiés entre hommes et femmes « dans l'extrême automne » de la vie (*infra,* p. 166). Le silence sur les rapports entre Montaigne et Marie de Gournay étonne d'autant plus dans ce contexte. Certes, on trouve plusieurs allusions, dans les autres écrits sur Montaigne, à la « fille d'alliance [...] qui s'était vouée solennellement à lui » (*infra,* p. 135). Dans *Port-Royal,* on lira deux mentions de sa préface à l'édition posthume des *Essais.* Son « père » y apparaît « comme un excellent Catholique et puissant pilier de la foi des simples » (*infra*, p. 101, n. 59 et p. 111, n. 92). Elle fait un splendide éloge du langage des *Essais* (*infra,* p. 129) et proclame admirablement sa foi en l'immortalité de leur auteur :

> Son crédit s'élèvera chaque jour, empêchant que de temps en temps on ne trouve suranné ce que nous disons aujourd'hui, parce qu'il persévérera de le dire ; et le faisant juger bon, d'autant qu'il sera sien. (*infra*, p. 131)[74]

Si, dans la célèbre scène des « funérailles de Montaigne », l'auteur de *Port-Royal* se moque de la demoiselle de Gournay en la faisant pleurer « tout haut par cérémonie » (*infra*, p. 133), par la suite, dans une étude sur « Madame de Verdelin », il mélange le miel et le fiel dans un portrait-charge dont il faut bien reconnaître la misogynie gratuite :

> Pour Montaigne [...] il mérita de trouver sa fille d'alliance, une personne de mérite, une intelligence ferme, cette demoiselle de Gournay qui se voua à lui, fut sa digne héritière littéraire, son éditeur éclairé, mais qui elle-même, d'une trop forte complexion et d'une trop verte allure, finit par prendre du poil au menton en vieillissant et par devenir comme le gendarme rébarbatif et suranné de la vieille école et de toute la vieille littérature, – un grotesque, une antique[75].

---

[73] Sur son exemplaire personnel des *Essais*, Sainte-Beuve note à propos du même passage sur l'incapacité des femmes à éprouver de forts sentiments d'amitié : « Il n'est peut-être pas juste pour les femmes. Il y a Porcie ; il y a la femme de Coligny. Il y en a d'autres encore, Mme Roland. » Voir *infra*, p. 56.

[74] Édition de 1595, « Préface », éd. F. Rigolot, *Montaigne Studies* I (1989), p. 31.

[75] Études du 27 février et du 6 mars 1865 sur la marquise de Verdelin, « une des amies les plus fidèles » de Jean-Jacques Rousseau, parues dans le *Constitutionnel*, légèrement retouchées et recueillies au tome IX des *Nouveaux Lundis* (Paris : Michel Lévy, 1874), 2e édition, pp. 393-4.

Ainsi il est curieux qu'après avoir cité de beaux exemples d'amitié entre hommes et femmes Sainte-Beuve n'ait pas voulu montrer que les sentiments d'un Montaigne âgé pour sa fille d'alliance démentaient ce que l'essayiste avait dit, à ses débuts, sur l'impossibilité de tels sentiments. Pour Sainte-Beuve, comme il le consigne brièvement sur son exemplaire des *Essais*, l'amitié pour la « fille d'alliance » ne peut être qu'une faible « imitation » de l'autre (*infra*, p. 72).

On s'étonnera aussi que, dans l'article sur La Boétie, Sainte-Beuve ait gardé le silence sur les sonnets français du poète alors que Montaigne les prisait au plus haut point, leur donnant la place d'honneur au centre de son premier livre (I, 29, 196a)[76]. Il est vrai qu'en lisant les *Essais*, Sainte-Beuve s'était arrêté sur le sonnet XI (« Toy qui oys mes souspirs...» *OC*, p. 1484; *infra*, p. 58) et que, plus tard, en 1868, il y fera encore allusion dans un article sur Louise Labé. Il en admirera les vers et adoucira son jugement sur le traité de l'écolier contre la tyrannie. Cette page mérite qu'on la cite en entier car elle complète le jugement esthétique ambigu que portait l'Oncle Beuve sur l'ami de Montaigne :

> Louise poëte a beau faire, elle se ressent un peu de son maître lyonnais, Maurice Scève, le plus obscur et le plus âpre des doctes rimeurs du temps. Il en était ainsi d'Etienne de La Boétie, à sa manière, et les sonnets de Louise me remettent directement en mémoire le meilleur de ceux que Montaigne nous a transmis et conservés de son ami, au nombre de vingt-neuf. La Boétie, dans sa première et sa plus verte jeunesse, tout échauffé d'une belle et noble ardeur, et voulant avertir celui qui le lira qu'il n'emprunte à personne, ni à Pétrarque, ni à Properce, ni à d'autres, l'expression de ses soupirs, s'écriait de la sorte, avec plus de vigueur et d'âme que d'harmonie :
>
> Toi qui oys mes soupirs, ne me sois rigoureux
> Si mes larmes à part toutes miennes je verse,
> Si mon amour ne suit en sa douleur diverse
> Du Florentin[77] transi les regrets langoureux,
>
> Ni de Catulle aussi, le folâtre amoureux,
> Qui le cœur de sa dame en chatouillant lui perce,
> Ni le savant amour du migrégeois[78] Properce :

[76] Il les supprimera ensuite sur l'exemplaire de Bordeaux en écrivant à leur place : « Ces vers se voient ailleurs » (I,29,196c).

[77] Il s'agit évidemment de Pétrarque, « amoureux transi » de Laure.

[78] Sainte-Beuve écrit en note : « Mi-grégeois, c'est-à-dire à demi grec » (*infra*, p. 58, note 28).

> Ils n'aiment pas pour moi, je n'aime pas pour eux.
> Qui pourra sur autrui ses douleurs limiter,
> Celui pourra d'autrui les plaintes imiter :
> Chacun sent son tourment et sait ce qu'il endure,
>
> Chacun parla d'amour ainsi qu'il l'entendit.
> Je dis ce que mon cœur, ce que mon mal me dit.
> Que celui aime peu, qui aime à la mesure ![79]
>
> J'ai souligné exprès trois vers très-beaux. Ce sonnet de La Boétie est digne d'être mis à côté des deux ou trois sonnets de Louise Labé, pour la dureté des sons et aussi pour la flamme. Mais, bon Dieu ? que la prose de La Boétie est elle-même plus coulante que ses meilleurs vers ![80]

*

* *

Quel jugement Sainte-Beuve portera-t-il sur Pierre Charron (1541-1603), « disciple » de Montaigne et vulgarisateur de ses idées ? Le livre de la *Sagesse*, eut un immense succès (une cinquantaine d'éditions en France, de 1601, date de sa parution, jusqu'en 1672). Dès l'article de 1851 à propos des « Nouveaux Documents » du docteur Payen, la position beuvienne est claire. Le « disciple » et la « fille d'alliance » rejoignent le clan des « dévots », sans grand génie, mais « honnêtes » et bien intentionnés :

> De son vivant, il avait eu sa fille d'alliance, Mlle de Gournay, qui s'était vouée solennellement à lui, et son disciple Charron, de plus près, le suivait pas à pas, ne faisant guère que ranger avec plus d'ordre et de méthode ses pensées. (*Causeries du Lundi*, IV, p. 77 et *infra*, pp. 135-6)

Le mot est lancé. Charron n'a pas une seule idée à lui ; mais il se donne pour mission de ranger proprement les « pièces » d'un écivain qu'il admire énormément. Montaigne disait n'avoir que la fortune pour « ser-

---

[79] Sonnet XI. Sainte-Beuve en modernise ici l'orthographe et en modifie la ponctuation. Les soulignements sont de lui. Voir le texte original de ce sonnet dans *OC*, pp. 1484-5 et *infra*, p. 58.

[80] « Œuvres de Louise Labé, la Belle Cordière » [lundi 23 février 1868], article recueilli au tome IV des *Nouveaux Lundis* (Paris : Michel Lévy, 1872), 2e édition revue, pp. 308-9. Sur son exemplaire personnel des *Essais*, Sainte-Beuve note : « Un beau sonnet » ; puis, citant un mot de Jean-Baptiste Rousseau sur Lamotte : « Ce n'est pas harmonieux. Mes vers sont durs, d'accord, mais forts de choses » ; en face du second et du treizième vers : « Bien » ; pour le huitième : « Beau ». Il conclut : « Digne d'être mis à côté des deux ou trois sonnets de Louise Labé pour la dureté des sons et aussi pour la flamme. » *Infra*, p. 58.

gent de bande» (II, 10, 409a). Il a maintenant un secrétaire savant et méticuleux pour remettre de l'ordre dans ses écrits. Tel est le sens des deux articles sur Charron publiés les 25 décembre 1854 et 2 janvier 1855, et recueillis à la suite l'un de l'autre dans les *Causeries du Lundi* (XI, pp.236-270).

Charron excelle à «abréger», «coordonner» et «enchaîner» les expressions de son maître (*infra*, p. 181). Du coup, la «vivacité charmante» de Montaigne tourne à la «gravité»: l'on s'y ennuie[81]: Charron taquine l'homme et lui fait échec sur tous les points, mais sans rire comme Montaigne, avec gravité, en s'appesantissant (*infra*, p. 186). Déjà, sur son exemplaire personnel des *Essais*, Sainte-Beuve avait noté les imitations du disciple (*infra*, pp. 52, 53, 60, 62). Il revient longuement sur ces plagiats en 1854. Charron est un as du copiage (il plagie non seulement Montaigne mais aussi d'autres moralistes comme Du Vair et Juste Lipse), et de simples parallèles montrent à quel point l'imitateur a suivi sa source.

Cela ne veut pas dire que Charron soit un tricheur. Pour le comprendre, il faut le replacer à son époque. Il était urgent, «au sortir des disputes et des guerres religieuses» (*infra*, p. 180), de revenir aux préceptes d'une saine *Sagesse*, pour mieux servir la cause de «la restauration royale et de l'autorité rétablie» (*infra*, p. 175):

> Qu'on se reporte, en effet, à ce lendemain des guerres civiles et des fanatismes sanglants, à ces horreurs récentes exercées des deux parts au nom de la religion et d'une fausse piété, et l'on concevra tout le sens de sa [démarche...]: établir qu'il y a des vertus respectables qui peuvent subsister à côté et indépendamment de la croyance. (*infra*, pp. 189-190)

Cette leçon de tolérance «contre les dogmatismes opiniâtres» allait «droit à ses contemporains» (p. 190).

En même temps, en replaçant le message chrétien au centre de la vision sceptique de Montaigne, Charron enlevait au pyrrhonisme son dangereux pouvoir corrosif. Etait-ce du Pascal avant la lettre? Hélas, non. Car l'écriture de Charron n'atteint jamais la force des *Pensées*. Il lui manque le «cœur», «le feu, la flamme» (p. 178). A Port-Royal, Sainte-Beuve était allé chercher Pascal et avait trouvé l'auteur des *Essais*. Voici maintenant qu'à la lecture de Charron il redécouvre le sublime auteur des *Pensées*. Car, pour le lundiste, il n'y a que la force et l'originalité du «style» qui sacre le grand écrivain. Charron s'en tient aux règles de l'art; il oublie, pour parler comme Montaigne, que «la

---

[81] C'est ce qu'écrivait déjà Sainte-Beuve, un an plus tôt, dans l'article du 10 janvier 1853 sur Grimm (*Causeries du Lundi* VII, pp. 315).

divine [création littéraire] est au-dessus des regles et de la raison [...]; elle ne pratique point nostre jugement, elle le ravit et le ravage» (I, 37231-2c)[82].

Méfions-nous, d'ailleurs, lorsque, par hasard, telle tournure de Charron peut nous plaire: c'est qu'il aura imité son modèle de trop près ! (*infra*, p. 187)[83]. L'exemple le plus étonnant est celui de la métaphore apienne. Le passage de la *Sagesse* sur les abeilles (Livre III, chapitre 14, p.101) est une copie textuelle des *Essais* (I,26,152a): un «très bon et doux miel qui est tout leur: ce n'est plus thym, ny marjolaine.» Et Sainte-Beuve d'user de son ironie:

> Le jour où Charron a ainsi emprunté à Montaigne, et en propres termes, cette délicieuse et inoubliable image pour la mettre couramment au beau milieu de son texte, il a été bien modeste, et il a donné pour jamais, devant le monde et devant la postérité, sa mesure comme écrivain, sa démission comme auteur original. (CL XI, p. 263, *infra*, p. 193)

Sainte-Beuve admet quand même qu'on trouve parfois chez lui des expressions «fraîches ou fortes, et presque toujours vives» (p. 261) surtout lorsqu'il parle de l'éducation des enfants. Mais elles existaient «primitivement» dans les *Essais* et le copieur n'a eu que «le talent de les poursuivre et de les continuer» (p. 192). Le lundiste est peut-être injuste. Il semble faire sien le bon mot de Diderot: «Vous aimez mieux encore une erreur de Montaigne qu'une vérité de Charron.»[84] Il n'a pas compris que Charron concevait la création littéraire en des termes différents des siens. L'emprunt n'était pas alors considéré comme un larcin; c'était le *furtum* des esprits distingués qui savaient briller en alignant des centons. Si la *Sagesse* reprend les *Essais* c'est qu'un *aggiornamento* est devenu nécessaire. En faisant triompher la raison, Charron veut «assurer la permanence d'une pensée qu'il admire»[85]. Charron s'était choisi une devise qu'il croyait calquée sur celle de Montaigne. C'était: «Je ne sais.» En

---

[82] Quelques années après, Paul Bonnefon renchérira: «Orateur mâtiné de logicien, il [Charron] a l'ordre qui fait la clarté; mais il n'a pas la souplesse qui fait le charme, ni l'onction qui fait la grâce.» *Op. cit.*, tome II, p. 273.

[83] Sur «Charron, plagiaire de Montaigne» on lira les articles d'A. Delboulle dans la *Revue d'histoire littéraire de la France* VII (1900), pp. 284-296, J.-D. Charron, «Did Charron plagiarize Montaigne?» *French Review* XXXIV (1961), F. Gray, «Reflexions on Charron's Debt to Montaigne», *French Review* XXXV (1962), pp. 377-82, et M. Adam, «Charron a-t-il copié Montaigne de façon délibérée? Réflexions sur le problème des sources», *Revue française d'histoire du livre* 62-63 (1989), pp. 41-54.

[84] «Lettre sur les aveugles», *Œuvres* (Paris: Gallimard, 1962), p. 855.

[85] M. Adam, *art. cit.*, p. 44.

somme, la différence avec le fameux « Que sais-je ?» sert à caractériser, selon Sainte-Beuve, l'attitude d'un écrivain « affirmatif et méthodique jusque dans le doute » (*CL* XI, p. 240, *infra*, p. 174).

*

* *

Telles sont les déformations que fait subir Charron à la « manière » de Montaigne. Le pyrrhonien à la narine « un peu mince » renverra de plus en plus au lundiste une image de lui-même qu'il méprise et dont il cherche sans doute à nier l'existence par l'admiration sublimante d'un XVIe siècle qu'il voulait naïf et jovial. Avec Montaigne c'est déjà le Siècle des Lumières, avec l'ambiguïté de son ironie et de sa fausse ingénuité, qui se profile à l'horizon.

Montaigne n'est donc pas vraiment un homme de son temps. Son « nonchaloir sceptique », sa « malice », sa « ruse un peu taquine » jurent avec la tonalité ambiante du XVIe siècle, caractérisée par les luttes, les combats et les contrastes :

> Tout s'y entre-choque, s'y heurte ; rien ne s'y fond encore et ne s'y nuance. Tout y fermente, il y a chaos ; chaque coup de soleil y fait orage. (*CL* IV, p. 81, *infra*, p. 138)

Pour être au diapason de son temps, il manque au Gascon la force « barbare » de la Renaissance : « La grande singularité de Montaigne, et ce qui fait de lui un phénomène, c'est d'avoir été la modération, le ménagement et le tempérament même en un tel siècle » (*infra*, pp. 138-9)[86]. La force vive et naïve, qui colore le mythe beuvien du XVIe siècle, lui fait défaut. Son repli sur soi est jugé « maniaque »; son imitation, « singeresse ».[87] Son nom n'avait pas été inscrit en 1828 au Tableau d'Honneur de la Renaissance. Il reste pourtant sous-jacent à l'ensemble des « causeries » – puisqu'« il y a du Montaigne en chacun de nous » (*infra*, pp. 64 et 100).

---

[86] Sur son exemplaire personnel des *Essais*, Sainte-Beuve citait Daunou qui faisait du XVIe siècle « le siècle le plus tragique de l'histoire » et il ajoutait : « Montaigne, quoiqu'il y vive, est plus modéré » (*infra*, p. 52). Plus loin, il ajoutait : « La modération de Montaigne le désigne à l'animosité des violents des deux bords. Modéré, suspect de modérantisme... » (*infra*, p. 70).

[87] Le mot « singeresse » est repris à Montaigne même qui déclare lui-même, dans le chapitre « Sur des vers de Virgile »: « Or j'ay une condition singeresse et imitatrice... » (III, 5, 875b).

NOTE SUR CETTE ÉDITION

Le nom de Montaigne revient très souvent sous la plume d'un Sainte-Beuve qui parsème ses œuvres de références à l'auteur des *Essais*. Nous avons cru bon de reproduire ci-après le répertoire constitué par Donald M. Frame dans son ouvrage, *Montaigne in France 1812-1852* (New York : Columbia University Press, 1940), avec les additions, corrections et traductions appropriées. Dès les années trente, Sainte-Beuve avait commencé à annoter son exemplaire personnel des *Essais*. Nous avons republié le relevé qu'avait donné Emile Faguet de ces annotations dans la *Revue Latine* qu'il dirigeait au début du XXe siècle. Nous les avons fait suivre des trois premiers chapitres du livre III de *Port-Royal* qui reprennent certaines de ces annotations et dans lesquels, parti à la recherche de Pascal, le critique se laisse séduire par une philosophie de « la nature sans la grâce » et approfondit sa découverte de Montaigne. Viennent ensuite les trois grands articles consacrés à Montaigne, tous publiés dans le *Constitutionnel* en 1851, 1862 et 1866, et repris plus tard dans les *Lundis*. Nous avons finalement ajouté les articles sur Etienne de La Boétie et Pierre Charron, qui apportent un supplément d'information nécessaire à la connaissance de l'ami et du maître.

Dans le études que nous reproduisons ici, le lundiste modernise l'orthographe des textes qu'il cite mais sans principe de cohérence. Nous n'avons pas cru bon de restituer la graphie originale, sauf dans les citations de ces mêmes textes que nous avons ajoutées en notes. De même, nous avons conservé les habitudes d'écriture de Sainte-Beuve, à savoir l'accent aigu sur des mots comme *piége, privilége,* etc., et le trait d'union pour les superlatifs (*très-instruit*) et quelques autres expressions (*non-seulement*). Sainte-Beuve se permet aussi de modifier les textes qu'il cite sans prévenir le lecteur. Il n'hésite pas, par exemple, à ajouter quelques mots d'explication ou à biffer des termes vieillis ou qui lui semblent de mauvais goût : tout cela au nom du *principe de lisibilité* que lui réclament les journaux pour lesquels il écrit. Nous avons employé les crochets carrés [ ] pour restituer les mots biffés du texte original, et les accolades { } pour signaler les mots ajoutés par Sainte-Beuve et qui ne figuraient pas dans l'original. Enfin Sainte-Beuve s'approprie des citations sans recourir à l'emploi des guillemets. C'est surtout le cas dans « Montaigne en voyage », où il reprend sans vergogne des pans entiers du *Journal* sans signaler ses emprunts. Nous avons introduit des guillemets entre crochets carrés [«] [»] pour signaler la pratique de l'innocent plagiaire.

*

* *

ETUDES DE SAINTE-BEUVE SUR MONTAIGNE

On ne peut rendre compte totalement ici de la présence de Montaigne dans la pensée et l'écriture du lundiste ; mais les annotations, articles et chapitres suivants représentent ses écrits les plus substantiels sur l'auteur des *Essais*, des *Lettres*, du *Journal de voyage* et sur le traducteur de la *Théologie naturelle*.

1) «Montaigne annoté par Sainte-Beuve.» Article publié par Émile Faguet dans *La Revue Latine* N°8, 25 Août 1906, pp. 449-476.

2) *Port-Royal* (Paris : Hachette, 1842), tome II, livre III, chapitres I, II et III, pp. 378-453.

3) «Nouveaux documents sur Montaigne, recueillis et publiés par le docteur Payen [1850].» *Le Constitutionnel*, 28 avril 1851 ; repris dans les *Causeries du Lundi* (Paris : Garnier, 1853) tome IV, pp. 76-96.

4) «Etienne de La Boétie, l'ami de Montaigne.» *Le Moniteur universel*, 14 novembre 1853 ; recueilli dans les *Causeries du Lundi* (Paris : Garnier, 1854) tome IX, pp. 140-161.

5) «Charron.» *Le Moniteur universel*, deux articles des 14 novembre 1853 et 2 janvier 1855 ; recueillis dans les *Causeries du Lundi* (Paris : Garnier, 1856) tome XI, pp. 236-270.

6) «Montaigne en voyage.» *Le Constitutionnel*, lundi 24 mars 1862 ; recueilli dans les *Nouveaux Lundis* (Paris : Michel Lévy, 1864) tome II, pp. 156-177.

7) «Lettres inédites de Michel de Montaigne et de quelques autres personnages du XVIe siècle, publiées par M. Feuillet de Conches.» *Le Constitutionnel*, lundi 9 novembre 1863 ; repris dans les *Nouveaux Lundis* (Paris : Michel Lévy, 1866) tome VI, pp.239-264.

RÉPERTOIRE DES ALLUSIONS À MONTAIGNE CHEZ SAINTE-BEUVE

Sainte-Beuve a fait de nombreuses allusions à Montaigne dans ses portraits d'écrivains. Il a esquissé de vigoureux parallèles, en particulier avec Rabelais, Molière et La Fontaine. Ses écrits sont émaillés de citations ou de paraphrases des *Essais*. Ce répertoire s'inspire de la bibliographie et de l'index constitués par Donald M. Frame dans son ouvrage, *Montaigne in France 1812-1852* (New York: Columbia University Press, 1940), avec additions et corrections appropriées.

- *Port-Royal.* 8e et 9e éd., 7 volumes. Paris, Hachette, s. d. I, 7, 46, 62, 68, 71, 83, 208, 215-216, 239-241, 274, 358, (396); II, 53, 78, 91, 340, 379, 382-454, 457, 461, 482, 500, 509, 515, 518; III, 47, 66, 70, 101, 104, 111, 202, 251, 259, 271-276, 309, 312, 329-334, 336, 341, 384, (393), 422, 426, 430, 433, 437, 440, 458, 460, 489, 512, 517, 543-545, 550, 584, 612; IV, 8, (23), 496, (549, 599); V, 14, 70, 358, 390, 392, 396, (593); VI, 127.
- *Port-Royal, le cours de Lausanne.* 1 volume inachevé. Paris-Genève: Droz, 1937. I, (xix), 4, 54, 57-82, 286, 341, 344, 479, 525-526, 610, 645.
- *Portraits de femmes.* 1 volume. Paris: Garnier, s.d., pp. 16-17, 20, (196, 207), 271, 449.
- *Portraits contemporains.* 5 volumes. Paris: C. Lévy, 1889-1891. I, 116, 134, 228, 358, (418-419); II, 65, 108, (363-365, 367, 371), 372, (373), 442, 454; III, 223, 244, 353, 356, 377, 416; IV, (1-2), 18, 65, (66), 325, 344; V, 23, 136, (145, 152, 161, 164-165), 212, 217.
- *Chateaubriand et son groupe littéraire sous l'Empire.* 2 volumes. Paris: C. Lévy, 1878. I, 14, 29, 50, 63, 81, 148, 170, 320-321, 327, 404; II, 114, (121, 404).
- *Premiers Lundis.* 3 volumes. Paris: C. Lévy, 1886-1894. I, 47, (62), 74, 239-240; II, 85, (152), 253; III, 377.
- *Causeries du lundi.* 16 volumes. (I-XV plus Table). Paris: Garnier, s.d. I, 26, 49, 56, 93, 155, (168), 170, 241-242, 279, 330, 362, 405, 426; II, 6o, 68, 181-182, (238), 311, (449); III, 2-3, 8-9, 12-13, 15, 49, 52, (81), 174-175, 250, 257, 267, (318); IV, 76-96 («Nouveaux Documents sur Montaigne»), 144, 148-149, 170, 175, 190, 406, 451-452, 462, 464-466, 468-469, 487; V, 26, 282, 292, 526; VI, 352-355, (457), 506; VII, 5, 24, 43, 80, 275, 283, 312, 314-316, 345, 395, 443-444, 525; VIII, (93), 99, (116, 265), 298, 424, 496-497; IX, 93, 140-148, 150-151, 153-157, 159-161 («Etienne de La Boëtie, l'ami de Montaigne», 140-161), 305, 354, (427), 478, 523; X, 201, 203; XI, 58, 60, (129), 130, 186-187, 236-240, 242, 245-247, 249-256, 260, 262-265, 267-270 («Charron», 236-270), 274, 374, 411, 515; XII, 78-79, (95), 148, 389, (451); XIII, 246, 254, 306, 456; XIV, 12, (31, 97-98, 216), 282, 366; XV, 57, (78), 94, 103-104, 114, 227, 366; Table générale, 45.

- *Etude sur Virgile.* 1 volume. Paris: C. Lévy, 1891, pp. 89, 166, 298, 433, 436.
- *Nouveaux Lundis.* 13 volumes. Paris: M & C. Lévy, 1870-1883. I, I7-18, 35, 57, 174, 190-191, 247; II, 87-88, 91, 123, 156-177 (« Montaigne en voyage »), (223), 364; III, 29, 53, 203, 238, 333, 438; IV, 119, 295, 308, (329), 359, 404; V, 237, 426, (430); VI, (129, 165), 171, 239-264 (« Montaigne, maire de Bordeaux »), 355, 387; VIII, 110, 153; IX, 25, 32, 80, 107, 393; X, (20), 25, 162, 326; XI, 432; XII, (410); XIII, 230, 243, 245, 271, 306, 310, (361), 427, 441.
- *Poésies complètes.* 2 volumes. Paris: Lemerre, 1879. I, 13, 249.
- *Les Cahiers de Sainte-Beuve.* 1 volume. Paris: Lemerre, 1876, pp. 71, 107.
- *Lettres à la Princesse.* 1 volume. Paris: M. Lévy, 1873, pp. 44, 59.
- *Correspondance.* 2 volumes. Paris: C. Lévy, 1877-1899. I, 136, (334, 357); II, 157, 215.
- *Nouvelle Correspondance.* 1 volume. Paris: C. Lévy, 1880, p. 131.
- *Correspondance générale.* 3 volumes (inachevée). Paris: Stock, 1935-1938. I, 83, (459); II, 84, (85, 133), 195, 332-333, (334), 336, (337), 341, 367, (373, 435); III, 179, (406).
- *Cahiers intimes inédits* (*Mes Poisons*). In: *Œuvres représentatives.* 1 volume. Paris: La Connaissance, 1926, p. 218.
- in Charly Guyot, *Notes inédites de Sainte-Beuve.* 1 volume. Neuchâtel, Secrétariat de l'Université, 1931, pp. (29, 33), 104, 117, 122, 124, 132, 137-138.
- in Jules Marsan, « Sainte-Beuve à Lausanne », *Revue de Paris,* 1927, VI, pp. 611, 616.
- *Globe,* II (21 mai 1825), 556; (16 juillet), 685; (1er sept.)· 787; V (14 avril 1827), 25-26; (26 juin), 192; (4 oct.), 419; VI (30 avril 1828), 374-375.
- *Revue de Paris,* II (Mai 1829), 13, 17; V (Août), 132; 3e série, XXV (Janv. 1841), 143; 4e série, X (oct. 1842), 150, 152, 162.
- *Revue des Deux Mondes,* 1831, IV (15 déc.), 649; 1832, VIII (1er déc.), 556; 4e série, IV (15 oct. 1835), 219; (1er déc.), 552-553; V (1er janv. 1836), 59-60, 64-65; VIII (1er nov.), 285; XII (15 déc. 1837), 701; XVI (1er déc. 1838), 675, 677, 681; XVII (1er fév. 1839), 362;

XVIII (1er avril), 73 ; XXII (1er mai 1840), 398-399 ; XXIV (15 nov), 563 ; XXV (15 mars 1841), 846, 858 ; XXIX (15 fév. 1842), 533, 566, 569 ; XXXI (1er juillet), 87 ; 5th series, II (15 mai 1843), 660 ; III (1er juillet), 6 ; IV (1er déc.), 756-757, 761, 766, 771, 779 ; VI (15 avril 1844), 212 ; VII (1er juillet), 119, 122 ; (1er août), 375 ; IX (15 janv. 1845), 211 ; (15 mars), 1061 ; XX (1er oct 1847), 16 ; XXI (1er janv. 1848), 20.

– *Journal des Savants*, Mai 1847, pp. 274, 282.

BIBLIOGRAPHIE ET ABRÉVIATIONS

Allem: *Les Grands Ecrivains Français par Sainte-Beuve.* Etudes des Lundis et des Portraits, classées selon un ordre nouveau et annotées par Maurice Allem. *XVIe siècle. Les Prosateurs.* Paris : Garnier, 1926.

B.S.A.M. : *Bulletin de la Société des Amis de Montaigne.*

Bonnet: Pierre Bonnet, *Bibliographie méthodique et analytique des ouvrages et documents relatifs à Montaigne* [jusqu'à juin 1975]. Genève-Paris : Editions Slatkine, 1983.

Charron: Articles du 25 décembre 1854 et du 2 janvier 1855 sur Pierre Charron, publiés dans le *Moniteur universel* et recueillis au tome XI des *Causeries du Lundi* (Paris : Garnier, 1856), pp.236-270.

CL: *Causeries du Lundi* (Paris : Garnier, 1853, 1854, 1856).

Clive: H. Peter Clive, *Bibliographie annotée des ouvrages relatifs à Montaigne* [publiés entre 1976 et 1985]. Paris : Librairie Honoré Champion, 1990.

Essais : *Les Essais de Montaigne.* Edition conforme au texte de l'exemplaire de Bordeaux, préparée par Pierre Villey (Paris : Presses Universitaires de France, 1965). Les lettres a, b, et c renvoient aux textes de 1580, 1588 et aux additions sur l'exemplaire personnel de Montaigne (exemplaire de Bordeaux).

Faguet: Emile Faguet, « Montaigne annoté par Sainte-Beuve », *La Revue Latine*, N°8, 25 août 1906, pp.449-476.

Frame: Donald Murdoch Frame, *Montaigne in France 1812-1852* (New York : Columbia University Press, 1940). Ch. VIII : « Influence of Montaigne's Thought : Sainte-Beuve », pp.140-184.

Journal : *Journal de voyage de Montaigne.* Edition présentée, établie et annotée par François Rigolot. Paris : Presses Universitaires de France, 1992.

Labé: « Œuvres de Louise Labé, la Belle Cordière. » Article du 23 février 1868 dans le *Constitutionnel*, recueilli au tome IV des *Nouveaux Lundis* (Paris : Michel Lévy, 1872), pp.156-177.

La Boétie: « Etienne de La Boétie. » Article du 14 novembre 1853 dans le *Moniteur universel*, recueilli au tome IX des *Causeries du Lundi* (Paris : Garnier, 1854), pp. 140-161.

MEV: « Montaigne en voyage.» Article du 24 mars 1862 dans le *Constitutionnel*, recueilli au tome II des *Nouveaux Lundis* (Paris : Michel Lévy, 1864), pp. 156-177.

MMB: « Lettres inédites de Michel de Montaigne et de quelques autres personnages du XVIe siècle, publiées par M. Feuillet de Conches. Montaigne Maire de Bordeaux » Article du 9 novembre 1863 dans le *Constitutionnel*, recueilli au tome VI des *Nouveaux Lundis* (Paris : Michel Lévy, 1866), pp. 156-177.

NDM: « Nouveaux documents sur Montaigne, recueillis et publiés par le Docteur Payen (1850).» Article du 28 avril 1851 dans le *Constitutionnel*, recueilli au tome IV des *Causeries du Lundi* (Paris : Garnier, 1853), pp. 76-96.

NL: *Nouveaux Lundis* (Paris : Michel Lévy, 1864, 1866).

OC: Montaigne, *Œuvres complètes*, éd. A. Thibaudet et M. Rat (Paris : Gallimard, 1962).

Œuvres: Sainte-Beuve, *Œuvres*, éd. Maxime Leroy (Paris : Gallimard, 1951).

P-R: *Port-Royal* (Paris : Hachette, 1842).

RL : Revue Latine, n° 8, 25 août 1906, pp. 449-476.

Sagesse : De la Sagesse. Trois livres par Pierre Charron. Nouvelle édition publiée par Amaury Duval (Paris : 1824; Genève : Slatkine Reprint, 1968). 3 tomes.

Tableau : Tableau historique et critique de la poésie française et du théâtre français au XVIe siècle (Paris : Sautelet, 1828 ; Charpentier, 1843 ; Lemerre, 1876).

REMERCIEMENTS

Cette édition n'aurait pu voir le jour sans les encouragements de Claude Blum que je tiens à remercier encore une fois ici. L'aide matérielle qui m'a été offerte par l'Université de Princeton m'a permis de mener cette entreprise dans les meilleures conditions. Ma reconnaissance va aussi à Jacqueline Leahy qui a transcrit les textes originaux, facilitant ainsi considérablement ma tâche.

Princeton, octobre 2002

ÉMILE FAGUET

MONTAIGNE ANNOTÉ PAR SAINTE-BEUVE[1]

J'ai cette bonne fortune de tenir en mains l'exemplaire de Montaigne qui a appartenu à Sainte-Beuve et avec lequel Sainte-Beuve allait faire ses leçons, en 1851, aux élèves de l'École Normale. Cet exemplaire a été donné par M. Troubat à M. Massis[2], celui-là même qui vient de publier un si intéressant travail sur « la méthode de travail de Zola », et M. Massis, de quoi je le remercie très vivement, l'a mis à ma disposition.

C'est un in-18 en six volumes, édité à Paris chez Lefèvre, en 1818[3]. C'est évidemment « le premier Montaigne » possédé par Sainte-Beuve, celui auquel il était accoutumé, où il avait ses signes et références et avec lequel il aimait à travailler. La plupart des notes semblent être de 1851 et ont tout à fait le caractère de notes prises en vue d'un cours ou d'une lecture, comme nous le verrons plus loin ; mais il y a des notes qui semblent plus anciennes, étant plus effacées quand elles sont au crayon ou plus pâles quand elles sont à la plume, et il y en a aussi, – très peu je crois, mais quelques-unes – qui sont postérieures. Quand par exemple on voit, à la suite d'une note contenant une allusion politique : « Je pensais ainsi en 1851 » (ces mots tracés, du reste, d'un crayon visiblement plus frais), on est bien évidemment en présence d'une note postérieure à 1851. On peut supposer que cet exemplaire est celui que Sainte-Beuve a pratiqué toute sa vie et sur lequel il a toute sa vie jeté quelques notes

---

[1] Article publié dans *La Revue Latine* N° 8 du 25 Août 1906, pp. 449-476. Faguet (1847-1916) était le directeur de la *Revue Latine*. Ses écrits sur Montaigne ont été regroupés dans *Autour de Montaigne*, avec une préface d'Antoine Compagnon (Paris : Champion ; Genève : Slatkine, 1999).

[2] Jules Troubat (1836-1914), secrétaire de Sainte-Beuve. Il écrivit ses *Souvenirs* (Paris : C. Lévy, 1890). Henri Massis (1886-1970), futur académicien, venait de publier *Comment Emile Zola composait ses romans. D'après ses notes personnelles et inédites* (Paris : Bibliothèque Charpentier, 1906).

[3] *Essais de Michel de Montaigne*. Nouvelle édition (Paris : Lefèvre, 1818), 6 vol.

ou quelques signes ; – que, cependant, l'immense majorité des notes restées visibles ici était destinée au cours de Sainte-Beuve à l'École Normale en 1851[4].

Ces notes sont tantôt en marges latérales, tantôt en marge du haut ou du bas des pages, et les notes marginales sont presque toujours au crayon, tantôt sur des feuillets de papier très blanc intercalés entre les feuilles du livre, et les notes sur feuillets intercalés sont presque toujours à la plume, avec, très rarement, un mot ou deux joutés au crayon.

Quelques-unes de ces notes sont prodigieusement inutiles et l'on s'étonne que Sainte-Beuve ait pris la peine de les écrire. Ce sont des : « Bien. » – « Bien. » – « Joli. « « Joli. » – « Admirable. » Il n'y faut voir, à mon sens, qu'une marque de cette manie d'écrire et de lire en écrivant, de lire crayon en main, qui est très répandue chez les critiques de profession.

D'autres notes, plus utiles et qui sont particulièrement à destination de « cours » ou de « lecture expliquée » sont des «*manchettes*». Je veux dire qu'elles sont de petits résumés ou sommaires de ce qui est dans le texte : « Montaigne ne croit pas à... » – « Montaigne se félicite d'avoir été élevé de telle façon. » – « La Boëtie demande qu'on fasse venir sa femme. » Ces manchettes sont extrêmement nombreuses dans certaines parties de cet exemplaire. On croit voir par là que Sainte-Beuve n'abandonnait absolument rien à l'improvisation. Ceci est prouvé par d'autres particularités. Assez souvent une note pour exposition d'idées contient un « MM. » [« Messieurs »] par lequel Sainte-Beuve s'avertissait de ne pas oublier la forme de politesse à l'adresse de ses auditeurs : « Montaigne, MM., dans ce passage. » On ne saurait être plus minutieux dans une note marginale, ni plus circonspect.

Une fois même ou deux, il y a *texte corrigé*, atténué ; pour qu'il puisse être lu à haute voix sans scandale[5]. Sainte-Beuve ne se fie pas à l'inspiration du moment pour falsifier honnêtement son texte. Au livre III, chapitre x, en marge du texte : « s'étant retiré au pissoir du Palais », Sainte-Beuve a écrit : « dans une garde-robe. »

Enfin, et Dieu merci, il y a beaucoup de notes critiques et de notes pour exposition d'idées, et ici nous sommes en présence à la fois d'un instrument de travail et d'un véritable commentaire, quelquefois continu, qui a tout l'intérêt d'une leçon professée par Sainte-Beuve ou d'une édition procurée par Sainte-Beuve.

---

[4] Voir notre introduction, *supra*.

[5] Cette pratique de correction et d'atténuation se retrouve dans tous les écrits de Sainte-Beuve sur Montaigne.

Dans les pages qui suivent je négligerai les notes sommairement admiratives, les « Bien » et les « Joli »; je négligerai aussi les notes qui ne sont que des « manchettes »; *toutes les autres* (à l'exception de celles, qui sont extrêmement rares, que je n'ai pas pu lire et qui ne vont pas à plus de deux ou trois), je les reproduirai très scrupuleusement, et même avec dévotion, si vous me permettez de parler ainsi.

*
* *

PRÉFACE DES *ESSAIS*, par Mlle de Gournay[6]. *Ad finem*: « Quiconque dit de Scipion que c'est un gentil capitaine... » – Sainte-Beuve: « C'est comme celui qui disait de M. de Turenne[7]: *c'est un joli homme*. »

*
* *

Livre I, chapitre xx.[8] Au-dessus du titre, Sainte-Beuve: « C'est un des plus beaux chapitres et qui tient le mieux ce qu'il promet. »

Même chapitre, Montaigne: « ...si que nous ne sentons aucune secousse quand la jeunesse meurt en nous, qui est, en essence et en vérité, une mort plus dure que n'est la mort entière... »[9] – Sainte-Beuve: « Mimnerme »[10].

*
* *

Livre I, chapitre xxiii[11]. Montaigne: « La majesté royale s'avalle plus difficilement du sommet au milieu qu'elle ne se précipite du milieu à fond. » (I, 23, 119c) – Sainte-Beuve: « Louis XVI. »

*
* *

---

[6] Paris: Abel L'Angelier, 1595. Edition F. Rigolot, *Montaigne Studies* I (1989), p. 43.

[7] Henri de La Tour d'Auvergne (1611-1675), vicomte de Turenne, l'illustre maréchal de France.

[8] « Que philosopher c'est apprendre à mourir. » Faguet note par erreur: « Livre I, chapitre xix. »

[9] *Essais*, Livre I, chapitre 20, éd. P. Villey, p. 91b. Rappelons que les lettres a, b et c indiquent les trois principaux états du texte: a (1580); b (1588); c (apres 1588). Les références aux livres, chapitres et pages seront mises désormais entre parenthèses dans le texte.

[10] Poète et musicien grec, créateur de l'élégie sentimentale (fin VIe siècle av. J.-C).

[11] « De la coutusme. » Faguet note par erreur: « Livre I, ch. xxii. »

Livre I, chapitre xxvi[12]. En tête du chapitre, Sainte-Beuve: «30 ans après Rabelais.» – Montaigne: «Je ne veux pas qu'il invente et parle seul; je veux qu'il écoute son disciple parler à son tour.» (I, 26, 150a) – Sainte-Beuve: «*Port-Royal*.»

Montaigne: «Il est bon qu'il le fasse aussi trotter devant lui.» (I, 26, 150c) – Sainte-Beuve: «Ainsi *Ponocrates*.»[13]

Montaigne: «Notre âme ne branle qu'à crédit...» (I, 26, 151b) – Sainte-Beuve: «Trop d'images dans le goût de Sénèque.»

Montaigne: «Les abeilles pillotent de ci de là les fleurs...» (I, 26, 152a) – Sainte-Beuve: «Charron, *Sagesse*.»[14]

Montaigne: «J'ai vu des hommes, des femmes et des enfants ainsi nés qu'une bastonnade leur est moins qu'à moi une chiquenaude...» (I, 26, 153c)[15] – Sainte-Beuve: «Lui qui en manque, il apprécie la santé, ce qu'elle vaut au mortel» (? mot difficile à lire). Mot de Voltaire sur Buffon: «Le corps d'un athlète et l'âme d'un sage, voilà ce qu'il faut pour être heureux.»

Montaigne: «Mais qui se représente comme dans un tableau cette grande image de notre mère nature en son entière majesté...» (I, 26, 157a) – Sainte-Beuve: «Pascal ni Bossuet n'ont rien de plus grand. Voilà du Montaigne sublime».

Au bas de la page: «M... (mot illisible: peut-être Daunou[16]) parle du XVIe siècle comme du siècle le plus tragique de toute l'histoire. Montaigne, quoiqu'il y vive, est plus modéré.» – «Qu'est-ce que nos vicissitudes auprès de celles du monde?»

Montaigne: «C'est une grande simplesse d'apprendre à nos enfants *quid moveant pisces*...» (I, 26, 159a) – Sainte-Beuve: «Plus moral que Rabelais.»

Montaigne: «C'est *Baroco et Baralipton* qui rendent leurs suppôts ainsi crottés et enfumés» (I, 26, 161a) – Sainte-Beuve: «Rabelais, *Janotus de Bragmardo*.»[17]

Montaigne: «Pour tout ceci, je ne veux pas qu'on emprisonne ce garçon; je ne veux pas qu'on l'abandonne à la colère et humeur mélancolique d'un furieux maître d'école.» (I, 26, 164a) – Sainte Beuve: «Comme à Montaigne.»

---

[12] «De l'institution des enfans.» Faguet note par erreur: «Livre I, ch.xxv.»

[13] Précepteur humaniste de Gargantua.

[14] Sur Charron, voir *infra*, pp. 171-200.

[15] Faguet note par erreur: «Liv. III, chapitre xiv.»

[16] Il s'agit bien de Daunou, comme le confirment les «Nouveaux documents sur Montaigne» (*NDM*, *infra*, p. 140) repris dans les *Causeries du Lundi*, IV, pp. 82-3.

[17] *Gargantua*, in *Œuvres complètes*, éd. M. Huchon (Paris: Gallimard, 1994), chapitres 18 à 20.

Montaigne : « Ainsi sans doute il chômera moins que les autres ; mais comme les pas que nous employons à nous promener dans une galerie, quoiqu'il y en ait trois fois autant, ne nous lassent pas tant comme ceux que nous mettons à quelque chemin desseigné, ainsi notre leçon se passant comme par rencontre...» (I, 26, 165a) – Sainte-Beuve : « Rabelais, *Ponocrates*.»[18]

Montaigne : «Je veux que la bienséance extérieure et l'entregent et la disposition de la personne se façonne quand et quand l'âme.» (I, 26, 165a) – Sainte-Beuve : «Qu'on ne se mette pas, comme Gargantua, à PLORER comme une vache.»[19]

Montaigne : «Il ne faut pas les dresser l'une sans l'autre, mais les conduire également...» (I, 26, 165a) – Sainte-Beuve : «Platon, et Rabelais comme Platon.»

Montaigne : «Il (Platon) s'étend à mille préceptes pour ses gymnases...» (I, 26, 166c) – Sainte-Beuve : «Platon, Rabelais.»

Montaigne : «Il rira, il folâtrera, il se débauchera avec son prince...» (I, 26, 167a) – Sainte-Beuve : «Charron, p. 665.»[20]

Montaigne : «Ce n'est pas à dire que ce ne soit une belle et bonne chose que le bien dire ; mais non pas si bonne qu'on la fait et suis despit de quoi notre vie s'embesogne toute de cela...» (I, 26, p.173a) – Sainte-Beuve : «Chez Montaigne le bon sens jaillit à chaque mot.»

Montaigne : «... et sans art, sans livre, sans grammaire ou précepte, sans fouet et sans larmes, j'avais appris du latin tout aussi pur...» (I, 26, 173a) – Sainte-Beuve : «Sans fouet et sans larmes (voilà le Jean-Jacques qui commence). «

Montaigne : «Car entre autres choses il (son père) avait été conseillé de me faire goûter la science et le devoir par une volonté non forcée...» (I, 26, 174a) – Sainte-Beuve : «Ce père avait lu l'éducation de Gargantua dans Rabelais.»

Montaigne : «Ce que je voyais, je le voyais bien et sous cette complexion lourde...» (I, 26, 174a) – Sainte-Beuve : «Il fait (en cet endroit comme en beaucoup d'autres) les honneurs de lui-même et de son esprit ; il ne faut pas prendre au mot le malin ; il y a lieu cependant de l'écouter en réduisant ses assertions à ce qu'on peut vérifier. Il est bien vrai qu'il est paresseux, indolent – très hardi par POINTES et

---

18 *Gargantua*, *éd. cit.*, chapitre 23, p. 64.

19 *Gargantua*, *éd. cit.*, chapitre 15, p. 45.

20 Sainte-Beuve donne la pagination de l'édition de la *Sagesse* de Charron, procurée par Amaury Duval (Paris, 1824).

SAILLIES (II, 10, 413a), mais DÉCOUSU (I, 26, 172a) – esprit aussi peu GÉOMÈTRE que possible, allant de droite et de gauche, AB HOC ET AB HAC, ayant la manière d'un scholiaste, mais d'un scholiaste non de mots, mais de pensées (expression de M. Joubert[21]). Il ne fait pas la guerre en bataille rangée; c'est un terrible GUÉRILLAS (*sic*) que Montaigne.»

Montaigne: «Là il me vint singulièrement à propos d'avoir affaire à un homme d'entendement de précepteur qui sût dextremment conniver à cette mienne débauche et autres pareilles...» (I, 26, 175a) – Sainte-Beuve: «Ce précepteur est plus sage que ne fut le rigide Lancelot pour Racine. Il est vrai que pour celui-ci le fruit défendu n'en devint que plus cher.»

Montaigne: «Le premier goût que j'eus aux livres, il me vint du plaisir des fables de la *Métamorphose* d'Ovide.... par là j'enfilai tout d'un train Virgile en l'*Œneide* et puis Térence, et puis Plaute et des comédies italiennes...» (I, 26, 175a) – Sainte-Beuve: «Chaque esprit qui a une vocation marquée se jette ainsi à un moment sur ses armes de bataille. Chacun a son livre initiateur. Pour Bossuet c'est la Bible, l'Ecriture; pour Malebranche c'est le «Livre de l'homme» de Descartes; pour Gibbon c'est Tite-Live; pour Charles Bonnet c'est un mémoire de Réaumur; pour Montaigne il est naturel et juste que ce soit Ovide, cet Arioste de l'antiquité. Il commence par s'épandre avec Ovide; puis il se relève, se guinde avec Lucain; puis il se détend et se rabat à la juste mesure avec Virgile. Ce sont les trois âges de son esprit, marqués par ses lectures. Ainsi par rapport à l'argent, d'abord prodigue et dépensier, puis un peu plus serré et contraint, puis un bon démon le retire de cette vie sottement réservée et le remet dans une tierce vie plus plaisante et mieux réglée.»

(Je ferai remarquer que dans toute la page que Sainte-Beuve a sous les yeux et même dans tout le chapitre XXVI du premier livre, il n'est pas question du tout de Lucain. Sainte-Beuve a dans l'esprit une ligne du livre II, chapitre X: «... J'aime aussi Lucain et le pratique volontiers, non tant pour son style que pour sa valeur propre et vérité de ses opinions et jugements.» Mais ce que Montaigne ne dit nulle part, que je crois, c'est qu'il se soit engoué de Lucain *après* s'être engoué d'Ovide et *avant* d'avoir goûté à Virgile. Donc toute la petite *systématisation* de Sainte-Beuve tombe. Sainte-Beuve dans la note, jolie du reste, qui précède, est en pure fantaisie. Même dans ses notes, c'est une chose qui ne lui arrive quasi jamais.)

---

[21] Joseph Joubert (1754-1824), le moraliste.

Montaigne: «Mon âme ne laissait pas pourtant en même temps d'avoir à part soi des remuments fermes et des jugements sûrs et ouverts autour des objets qu'elle connaissait...» (I, 26, 176a) – Sainte-Beuve: «Sous ses airs d'indolence, son esprit est plein de hardiesse et couve bien des audaces; il n'a rien des timidités ni des pudeurs de l'enfance et de l'adolescence.»

Montaigne: «Mettrai-je en compte cette faculté de mon enfance? Une assurance de visage et souplesse de voix et de geste à m'appliquer aux rôles que j'entreprenais...» (I, 26, 176b) – Sainte-Beuve: «Montaigne eut de bonne heure l'aisance du monde et aussi le goût des grandes compagnies: «De ma complexion, dit-il, livre III, ch. 3..., de ma complexion je ne suis pas ennemi de l'agitation des cours; j'y ai passé partie de ma vie et suis fait à me porter allègrement aux grandes compagnies.» (III, 3, 823b). (La citation de Montaigne depuis la répétition du mot «de ma complexion» est, non plus en marge, mais, sur feuillet intercalé et d'écriture plus récente. Sainte-Beuve a sans doute copié sa référence en entier pour la lire à son cours en 1851).

*

* *

Livre I, chapitre xxviii[22] (le chapitre sur La Boétie). Montaigne: «...c'est un discours auquel il donna nom *la Servitude volontaire...*» (I, 28, 183a) – Sainte-Beuve: «*La Servitude volontaire* (il va se raviser et se dédire tout à l'heure).» (Je ne vois pas où Montaigne se dédit de cela.)[23].

Montaigne: «Il n'est demeuré de lui que ce discours... et quelques mémoires sur cet édit de janvier... « (I, 28, 184a) – Sainte-Beuve: « Ils sont à regretter.»

Montaigne: «... car il (le discours sur la *Servitude volontaire*) est gentil et plein...» (184a) – Sainte-Beuve: «*Gentil* est singulier.» (Non pas, ce me semble. *Gentil* avait à cette époque le sens qu'il a, sans aller plus loin, dans «gentilhomme». Amyot: «Il avait le cœur si *gentil* qu'il tâchait à faire tout ce que son père lui montrait.» *Gentil* a évidemment ici le sens de généreux. Il est assez curieux que dans le style de la conversation familière *gentil* revienne un peu à ce premier sens: «Il

[22] «De l'amitié.» Faguet note par erreur: «chapitre xxvii.»

[23] Montaigne se dédit bien puisqu'après avoir proposé de publier la *Servitude volontaire,* il change d'avis et remplace ce discours par les vers de son ami (qu'il supprimera d'ailleurs ultérieurement sur l'exemplaire de Bordeaux).

n'est pas gentil» veut dire par euphémisme: «Il a l'âme basse.» «Il s'est montré gentil envers moi» veut dire: «Il en a usé généreusement ou au moins il a eu de la délicatesse de procédés avec moi.» *Gentil* n'avait jamais perdu partout ce sens, puisque (voir Littré) Mme Roland le signale comme employé dans cette acception en pays lyonnais: «Voyez comme je suis gentille. Ce n'est pas peu dire, car vous saurez qu'à Villefranche en Beaujolais, on entend par cette expression appliquée à une dame, *idem* masculinée pour un homme, la pratique du bien, l'amour du travail, l'intelligence, l'activité; ainsi vous êtes un homme gentil si vous faites bien votre devoir de citoyen, de magistrat et ainsi de suite.» Mais ceci même prouve qu'au XVIIIe siècle on ne comprenait pas *gentil* dans le sens très étendu où nous l'entendons clairement de nos jours.)

Montaigne: «Notre liberté volontaire n'a pas de production qui soit plus proprement sienne que celle de l'affection et amitié.» (I, 28, 185a) – Sainte-Beuve: «Il le croit; il a eu pourtant le meilleur des pères.»

Montaigne: «Joint qu'à dire vrai la suffisance ordinaire des femmes n'est pas pour répondre à cette conférence et communication, nourrice de cette sainte couture, ni leur âme ne semble assez ferme pour soutenir l'étreinte d'un nœud si pressé et si durable...» (I, 28, 186a) – Sainte-Beuve: «Il n'est peut-être pas juste pour les femmes. Il y a Porcie; il y a la femme de Coligny. Il y en a d'autres encore, Mme Roland.»[24]

Montaigne: «...mais ce sexe par nul exemple n'y est encore pu arriver.» (I, 28, 187a) – Sainte-Beuve: «Est-ce à dire qu'il y arrivera un jour? p. 293.» (La page 293 de l'édition que Sainte-Beuve avait sous les yeux est celle où Montaigne parle de l'amitié selon les Grecs anciens; elle commence, à une ligne près, par ces mots: «Après cette communauté générale...» et finit par ceux-ci: «Au demeurant ce que nous appelons ordinairement... « [I, 28, 188c-188a]).

Montaigne: «Je reviens à ma description de façon plus équitable et plus équable: *Omnino amicitiæ, corroboratis jam confirmatisque et ingeniis et ætatibus, indicandæ sunt.*» (I, 28, 188c) – Sainte-Beuve: «Tocqueville et Kergorlay.»

Au bas de la page célèbre: «Parce que c'était lui, parce que c'était moi... Nous nous cherchions avant que de nous être vus...» (I, 28, 188c) – Sainte-Beuve: «*Prudentum bona pars – male credulus.*» (D'un très ancien crayon, presque effacé.)

Montaigne: «Aimez-le, disait Chilon, comme ayant quelque jour à le haïr; haïssez-le, comme ayant à l'aimer.» (I, 28, 190b) – Sainte-

[24] Voir le jugement de Sainte-Beuve sur l'amitié dans son article sur La Boétie: les femmes ne sont pas capables d'une amitié profonde (voir *infra*, pp. 164 sq.).

Beuve: «Ce Chilon est d'avance un La Rochefoucauld.» (Plutôt, ce me semble, un Philinte.)

Montaigne: «Je ne me mêle pas de dire ce qu'il faut faire au monde, d'autres assez s'en mêlent; mais ce que je fais; *mihi sic usus est, tibi ut opus est facto, fac.*» (I, 28, 192c) – Sainte-Beuve: « De la vérité de ce qu'il dit il n'en voudrait faire juges que ceux qui l'ont éprouvée.»

Montaigne: «Tout ainsi que cil qui fut rencontré à chevauchons...» (I, 28, 192a) – Sainte-Beuve: «Henri IV.»

Au bas de la page, Sainte-Beuve: «Il y a des choses qu'on ne sent que quand on est père; de même il en est qu'il faut être ami pour sentir.»

Montaigne: «*O misero frater...*» (I, 28, 194a)[25] – Sainte-Beuve: «C'est Catulle qui dit tout cela. Saint-Evremond l'a répété et appliqué pour son ami d'Aubigny. Et Sainte-Marthe, *Eloges*, livre II: «*Salvete, o felices animæ.*»

Montaigne: «Je les advise que ce sujet fut traité par lui [La Boétie] en son enfance comme sujet vulgaire et tracassé en mille endroits des livres...» (I, 28, 194a) – Sainte-Beuve: «Quoi! Montaigne fait de cet écrit un simple exercice de rhétorique!» (Non pas tout à fait, puisque Montaigne ajoute et semble s'empresser d'ajouter: «Je ne fais nul doute qu'il ne crût ce qu'il écrivait; car il était assez consciencieux pour ne mentir pas même en se jouant, et sais davantage que s'il eût eu à choisir, il eût mieux aimé être né à Venise qu'à Sarlac, et avec raison. Mais il avait une autre maxime d'obéir ... et de se soumettre très religieusement aux lois sous lesquelles il était né. Il ne fut jamais meilleur citoyen ni plus affectionné au repos de son pays, ni plus ennemi des remuments et nouvelletés...» Fidèle à ses habitudes d'analyse, de dosages, de pesées et contrepesées, Montaigne veut dire: Dans le *Contre un*, il y a de l'exercice et du jeu; car La Boétie avait seize ans; mais ce n'est pas à dire qu'il n'y ait pas de sincérité, car il était consciencieux même en se jouant et au fond républicain; mais encore il ne faut pas le prendre à la lettre, car pratiquement il était conservateur.)

*

* *

Sonnets de La Boétie[26]. Sainte-Beuve: «Un beau sonnet p. 313.» (C'est celui, on le voit par les coups de crayon et les notes qui le souli-

---

[25] «O malheureux que je suis, mon frère... de t'avoir perdu.» Citation de Catulle, LXXVIII, 20.

[26] Chapitre 29: «Vingt-neuf sonnets d'Estienne de La Boétie.» Voir Montaigne, *Œuvres complètes* [*OC*], éd. A. Thibaudet et M. Rat (Paris: Gallimard, 1962), pp. 1484-5.

gnent ou qui l'encadrent, qui est numéroté xi et qui commence par: «Toi qui oys mes soupirs»).[27]

Sur je ne sais quel sonnet, la note étant au bas de la page, mais probablement sur le sonnet x: «Je vois bien, ma Dordogne», peut-être sur le sonnet xi: «Toi qui oys mes soupirs», Sainte-Beuve: «Ce n'est pas harmonieux. Mes vers sont durs, d'accord, mais forts de choses.» (Ce vers est d'une épigramme de J.-B. Rousseau sur Lamotte.)

Sur le sonnet xi: «Toi qui oys mes soupirs», d'une façon certaine: «Bien» pour le second vers; «Beau» pour le huitième; «Bien» pour le treizième; appréciation générale: «Digne d'être mis à côté des deux ou trois sonnets de Louise Labé pour la dureté des sons et aussi pour la flamme.» (Je crois qu'il est bon maintenant de transcrire ce sonnet lui-même pour la commodité du lecteur:)

Toi qui oys mes soupirs ne me sois rigoureux
Si mes larmes à part toutes miennes je verse,
Si mon amour ne suit en sa douleur diverse
Du Florentin transi les regrets langoureux,

Ni de Catulle aussi, le folâtre amoureux
Qui le cœur de sa dame en chatouillant lui perce,
Ni le savant amour du mi-grégeois[28] Properce:
Ils n'aiment pas pour moi, je n'aime pas pour eux.

Qui pourra sur autrui ses douleurs limiter,
Celui pourra d'autrui les plaintes imiter;
Chacun sent son tourment et sait ce qu'il endure;

Chacun parle d'amour ainsi qu'il l'entendit.
Je dis ce que mon cœur, ce que mon mal me dit.
Que celui aime peu qui aime à la mesure!

*
* *

Livre I, chapitre i[29]. Sainte-Beuve: «C'est le chapitre que M. de Plassac (?) a voulu mettre en beau français.»

---

[27] C'est le sonnet que Sainte-Beuve citera dans son article sur Louise Labé. Voir notre Introduction, *supra*, et la fin de l'article sur Étienne de La Boétie, *infra*, p. 169.

[28] Dans l'article sur Louise Labé Sainte-Beuve cite ce sonnet en donnant l'explication suivante: «*Mi-grégeois*, c'est-à-dire à demi grec.» Voir l'Appendice qui suit l'article sur La Boétie, *infra*, pp. 168-9.

[29] «De l'inconstance de nos actions.» Faguet note par erreur: «Livre I, ch. 1.»

*
* *

Livre II, chapitre iv[30]. Montaigne: «Nous autres ignorants étions perdus, si ce livre (le Plutarque d'Amyot) ne nous eût relevés du bourbier: sa merci [grâce à lui] nous osons à cette heure et parler et écrire; les dames en régentent les maîtres d'école; c'est notre bréviaire...» (II, 4, 363-4a) – Sainte-Beuve: «Qui l'aime m'aime, disait Henri IV de Plutarque – du Plutarque d'Amyot.»

Montaigne: «Si ce bonhomme (Amyot) vit, je lui résigne [assigne] Xénophon pour en faire autant...» (III, 4, 364a) – Sainte-Beuve: «Voir sur Amyot la conversation dans le voyage à Rome de Montaigne.»[31]

*
* *

Livre II, chapitre x[32]. Montaigne: «Plutarque et Sénèque... Cettuy cy se peine, se roidit et se tend pour armer la vertu contre la faiblesse, la crainte et les vicieux appétits; l'autre semble n'estimer pas tant leurs efforts et dédaigner d'en hâter son pas et se mettre sur sa garde. Plutarque a les opinions platoniques douces et accommodables à la société civile; l'autre les a stoïques et épicuriennes...» (II, 10, 413a) – Sainte-Beuve: «Trop d'antithèses.»

Montaigne: «Les Romains disaient en leur religion: *Hoc age*, que nous disons en la nôtre: *Sursum corda*; ce sont autant de paroles perdues pour moi; j'y viens tout préparé du logis. Il ne me faut point d'allèchement ni de sauce...» (II, 10, 414a & c) – Sainte-Beuve: «Il s'amuse, il récidive.»

Montaigne: «J'ai une singulière curiosité, comme j'ai dit ailleurs, de connaître l'âme et les naïfs jugements de mes auteurs.» (II, 10, 414-5a) – Sainte-Beuve: «Jolie épigraphe à des portraits critiques.»

Montaigne: «Nulle corruption ne peut avoir saisi les hommes si universellement que quelqu'un n'échappe à la contagion.» (II, 10, 419a) – Sainte-Beuve: «La Rochefoucauld.»

*
* *

---

30 «A demain les affaires.»

31 *Journal de voyage*, éd. F. Rigolot (Paris: Presses Universitaires de France, 1992), pp. 113-114.

32 «Des livres»

Livre II, chapitre xii[33]. Montaigne: «Quand je me joue à ma chatte...» (II, 12, 452c) – Sainte-Beuve: «Sa chatte. Il taquine l'homme, il ravale l'homme.»

Montaigne: «Platon, en sa peinture de l'âge doré...» (II, 12, 452c) – Sainte-Beuve: «Le voilà parti dans l'érudition, il vous déroute.»

Montaigne: «Au demeurant nous découvrons bien évidemment qu'entre elles il y a une pleine et entière communication et qu'elles s'entrentendent, non seulement celles de même espèce, mais aussi d'espèces diverses: *Et mutæ pecudes et denique secla ferarum...*» (II, 12, 453) – Sainte-Beuve: «Montaigne dans ce qu'il dit des animaux et de l'organisation en général se rencontre à chaque pas avec Lucrèce et le cite abondamment et s'en autorise.» (Sainte-Beuve avait écrit d'abord *copieusement*, puis il l'a effacé et a mis *abondamment* dans l'interligne. Même en notes marginales ce souci du style, ou tout au moins du mot propre !)

Montaigne: «Aux bêtes mêmes qui n'ont pas de voix, par la société d'offices que nous voyons entre elles, nous argumentons aisément quelque autre moyen de communication...» (II, 12, 453a) – Sainte-Beuve: «Le langage des hommes ne diffère pas notablement de celui des bêtes. N'avons-nous pas aussi le langage des signes ?»

Montaigne: «Quoi des mains? nous requérons, nous promettons, appelons, congédions, menaçons, prions...» (II, 12, 454c) – Sainte-Beuve: «Ici Montaigne semble vouloir jouter avec Rabelais.»

Montaigne: «Les arondelles que nous voyons au retour du printemps...» (II, 12, 455a) – Sainte-Beuve: «Il plaide pour l'intelligence et l'âme des bêtes. Il rehausse les bêtes et rabaisse l'homme, et tâche ainsi de ne plus établir entre eux qu'une nuance, qu'un degré.»

Montaigne: «Et en cette belle et admirable contexture de leurs bâtiments les oiseaux... plantent leur loge à l'Orient...» (II, 12, 455a) – Sainte-Beuve: «C'est vrai (Biot)[34]. Belle question à traiter physiologiquement et philosophiquement. Un médecin l'a déjà traitée en 1643, Chanet[35] (?) La Rochelle, répondant à Charron. De nos jours Gall[36] l'a prétendu traiter dans le sens de Charron et de Montaigne.»

Montaigne: «... là où l'homme ne sait ni cheminer ni parler, ni manger, ni rien que pleurer sans apprentissage: *Tum porro puer...*» (II, 12, 456a) – Sainte-Beuve: «Il répète Lucrèce sur un point. Il n'est pas si lugubre que lui.»

---

[33] «Apologie de Raimond Sebond»

[34] Jean-Baptiste Biot (1774-1862), physicien et astronome.

[35] Il s'agit de Pierre Chanet, auteur de *Considérations sur la «Sagesse» de Charron* (Paris, 1643). Sainte-Beuve le cite à la fin de son second article sur Charron. Voir *infra*, p. 196.

[36] Franz Joseph Gall (1758-1828), l'inventeur de la phrénologie.

Montaigne: «Notre peau est pourvue, aussi suffisamment que la leur, de fermeté contre les injures du temps...» (II, 12, 456a) – Sainte-Beuve: «C'est la civilisation qui a embelli le corps de l'homme.»

Montaigne: «Tout ce qui est sous le ciel...» (II, 12, 459a) – Sainte-Beuve: «Tous les êtres organisés se ressemblent plus qu'on ne croit. L'homme n'est pas un être à part. Il insiste là-dessus en homme qui s'amuse, mais aussi en naturaliste.»

Montaigne: «Et s'il est ainsi que lui seul de tous les animaux ait cette liberté de l'imagination et ce dérèglement de pensées lui représentant ce qui est et ce qui n'est pas et ce qu'il veut, le faux et le véritable, c'est un avantage qui lui est bien cher vendu et duquel il a bien peu à se glorifier...» (II, 12, 460a) – Sainte-Beuve: «L'homme n'a qu'un privilége, celui de l'imagination, et il le paie cher.»

Montaigne: «Pourquoi imaginons-nous en eux cette contrainte naturelle, nous qui n'en éprouvons aucun pareil effet?» (II, 12, 460a) – Sainte-Beuve: «Pourquoi les imaginer plus fatalement déterminés et nous moins qu'eux? «

Montaigne: «Par ainsi le renard, de quoi se servent les habitants de la Thrace...» (II, 12, 460a) – Sainte-Beuve: «Les deux chiens de M. de Liancourt. Ici Montaigne se fait l'avocat des bêtes tout comme La Fontaine. Les animaux ne sont guère que des démembrements de l'homme. L'un a un sens, une faculté plus développée, plus aiguisée, l'autre une autre.»

Montaigne: «Quant à la force, il n'est animal au monde en butte de tant d'offenses que l'homme: il ne nous faut point une baleine, un éléphant et un crocodile [...]; les poux sont suffisants pour faire vaquer la dictature de Sylla; c'est le déjeuner d'un petit ver que le cœur et la vie d'un grand et triomphal empereur.» (II, 12, 462a) – Sainte-Beuve: «MM. (Messieurs. C'est pour le cours) ne plaignons pas le temps que nous passons sur Montaigne, AVEC Montaigne. C'est, avec Pascal et Bossuet, notre plus grand écrivain. Montaigne grand écrivain comme Pascal, comme Bossuet. Montaigne a ce qui ravale l'homme. Que n'a-t-il également ce qui le relève!» (Il l'a: Passage sur les paysans. Vénération pour le stoïcisme. Culte des héros.)

Montaigne: «Mais je remarque avec plus d'admiration cet effet, qui est toutefois assez vulgaire, des chiens de quoi se servent les aveugles...» (II, 12, 463a) – Sainte-Beuve: «Il insiste sur les mérites intellectuels et moraux des bêtes. Éloge du chien de l'aveugle, oublié par Buffon.»

Montaigne: «Quant à la guerre, qui est la plus grande et pompeuse des actions humaines...» (II, 12, 473a) – Sainte-Beuve: «Ce serait une triste prérogative que la guerre si elle était propre à l'espèce humaine.

Combats d'abeilles et de fourmis. Après tout, les plus grandes batailles et boucheries des hommes ne sont pas quelque chose de plus grand.»

Montaigne; «J'use en liberté de conscience de mon latin, avec le congé que vous m'en avez donné...» (II, 12, 475a) – Sainte-Beuve: «Du latin, toujours du latin. Montaigne, bien lui en a pris de ne pas savoir le grec. Ainsi il n'a arrosé les *Essais* que de latin, et cela nous va, c'est notre mesure. La Pléiade l'a dépassée; mais le latin, plus ou moins de latin, clairsemé, parsemé dans un discours, cela plaît à la France (? Peu lisible); à cette postérité des Gallo-Romains. Les citations d'auteurs de Montaigne c'est toute une anthologie latine.»

Montaigne: «Donnez-lui seulement d'un rayon de soleil par le visage, le voilà fondu et évanoui; qu'on lui évente seulement un peu de poussière aux yeux, comme aux mouches à miel de notre poète, voilà toutes nos enseignes, nos légions et le grand Pompeius lui-même à leur tête rompu et fracassé.» (II, 12, 475a) – Sainte-Beuve: «Admirable. Bossuet n'a rien de plus grand et c'est plus vrai que Bossuet. Ceci est vrai de Pompée et de Napoléon. On venait de débarquer en Egypte, l'armée française marchait sur 1e Caire. Napoléon se portait en avant avec une escorte à cheval. Il traversa les bivouacs de plusieurs divisions. A trois heures après minuit la lune était couchée, il faisait extrêmement obscur. Les feux des grand' gardes de la division Bon étaient éteints; les chasseurs de l'escorte donnèrent dans ces bivouacs. La sentinelle tira. Un seul cri: Aux armes! mit toute la division sur pied. Le feu des deux rangs commença et dura assez longtemps. Enfin on se reconnut. L'armée était saisie d'une espèce de terreur. Les imaginations étaient fort échauffées. Tout était nouveau et tout lui (sic) déplaisait (*Campagnes d'Egypte et de Syrie*, tome I, p. 140, 1847). Je n'ai point à conclure, MM. (Messieurs), je ne presse pas ici ce chapitre de l'apologie de Sebond, le plus long et le plus curieux de tous ceux de Montaigne. Mais de toutes ces pages que j'en extrais et que je vous offre j'en conclus ceci du moins littérairement et à coup sûr: Montaigne est le plus ÉNERGIQUE, le plus NATUREL, le plus EXPRESSIF (et je le dirai en ne mettant que Pascal à côté de lui), le plus ÉLOQUENT de nos moralistes.»

Montaigne: «Voilà comment des trois générales sectes de philosophie les deux font expresse profession de dubitation et d'ignorance; et en celle des dogmatistes...» (II, 12, 506a) – Sainte-Beuve: «Copié par Charron.»

Montaigne: «La vérité doit avoir... O Dieu, quelle obligation...» (II, 12, 578a-579c) – Sainte-Beuve: «C'est une précaution.»

Montaigne : « Quelle vérité est-ce que ces montagnes bornent ?» (II, 12, 579c) – Sainte-Beuve : « Pascal.»[37]

Montaigne : « Mais ils sont plaisants quand, pour donner quelque certitude aux lois, ils disent qu'il y en a aucunes fermes, perpétuelles et immuables qu'ils nomment naturelles, qui sont empreintes en l'humain genre par la condition de leur propre essence, et de celles-là qui en fait le nombre de trois, qui de quatre, qui plus, qui moins : signe que c'est une marque aussi douteuse que le reste.» (II, 12, 579-580a) – Sainte-Beuve : « Ceci est directement contre le Platonisme et tous les philosophes idéalistes.»

Montaigne : « Il est croyable qu'il y a des lois naturelles, comme il se voit aux autres créatures ; mais en nous elles sont perdues ; cette belle raison humaine s'ingérant partout de maîtriser et commander, brouillant et confondant le visage des choses selon sa vanité et inconstance.» (II, 12, 580b) – Sainte-Beuve : « Telle (sic) est le fond de l'idée de Montaigne sur l'idée de la loi universelle. Vous voyez le SCEPTICISME proprement dit se dessiner. Sur le détail et la critique des lois particulières, il est plein de sens et de vues qui ne se sont réalisées que bien plus tard.»

Montaigne : « Il n'est rien si horrible à imaginer...» (II, 12, 581a) – Sainte-Beuve : « Et le voilà parti dans les (ou dans ses) exemples.»

*
* *

Livre III, ch. i.[38] Montaigne : « A la vérité et ne crains pas de l'avouer, je porterais facilement au besoin une chandelle à saint Michel, l'autre à son serpent, suivant le dessein de la veille...» (III, 1, 792b) – Sainte-Beuve : « Il se donne très peu pour un héros.» Au bas de la page : « Il aurait dit volontiers comme Pollion demandant à rester neutre entre Auguste et Antoine : Je serai la proie du vainqueur ».

*
* *

Livre III, ch. v[39]. Montaigne : « Le maniement et emploi des beaux esprits donne prix à la langue ; non pas l'innovant, tant comme la rem-

[37] « Vérité au-deçà des Pyrénées, erreur au-delà.» *Pensées, in Œuvres complètes*, éd. Louis Lafuma (Paris : Editions du Seuil, 1963), #60-294, p. 507. Toutes les citations de Pascal se rapportent à cette édition.

[38] « De l'utile et de l'honneste »

[39] « Sur des vers de Virgile »

plissant de plus vigoureux et divers services, l'étirant et ployant ; ils n'y apportent point de mots, mais ils enrichissent les leurs, appesantissant et enfonçant leur signification et leur usage, lui apprenant des mouvements inaccoutumés, mais prudemment et ingénieusement.» (III, 5, 873b) – Sainte-Beuve : «Le gascon du Bartas a bien mal profité des conseils de son compatriote Mont[aigne] (sic).»

*
* *

Livre III, ch. ix[40]. Montaigne : «*Ipsa dies ideo nos grato perluit haustu/ Quod permutatis hora recurrit equis.*» (III, 9, 948b)[41] L'éditeur de 1818 ayant traduit ainsi en note : «La lumière même du jour ne nous plaît que parce que Phébus nous ramène les heures en changeant de coursiers,» Sainte-Beuve corrige ainsi : «Si la lumière du jour nous plaît tant, c'est que Phébus ne nous ramène les heures qu'en changeant de chevaux.»

Montaigne : «Je ne veux pas oublier ceci que je ne me mutine jamais tant contre la France que je ne regarde Paris de bon œil : elle a mon cœur dès mon enfance...» (III, 9, 972b) – Sainte-Beuve : «Et que l'on s'étonne après cela que Paris l'ait rendu à Montaigne, que la France et Montaigne se soient aimés à la folie. La France et Paris, c'est tout un.»

Montaigne : «...Rome libre, juste et florissante (car je n'en aime ni la naissance ni la vieillesse) m'intéresse et me passionne ; par quoi je ne saurais voir si souvent l'assiette de leurs rues et de leurs maisons et ces ruines profondes jusques aux antipodes, que je ne m'y amuse.» (III, 9, 997b) – Sainte-Beuve : «Et ces ruines profondes jusques aux antipodes, voilà le style.»

Montaigne : «Je dois beaucoup à la Fortune...» (III, 9, 998b) – Sainte-Beuve : «Et parmi ces faveurs de la Fortune, aucune parmi les vaines ne l'avait chatouillé autant que le diplôme de citoyen romain.» – En regard du diplôme de citoyen romain (1000b), Sainte-Beuve : «Voilà Montaigne. Est-ce que nous ne le connaissons pas bien maintenant ? Nous commençons à le tenir, ce nous semble, et le bien connaître c'est nous connaître aussi ; c'est connaître l'homme. *Il y a un Montaigne en chacun de nous.*»[42]

*
* *

---

40 «De la vanité»

41 Fragment de Pétrone.

42 Voir *P-R*, livre III, *infra*, p. 100.

Livre III, ch. x[43]. Sainte-Beuve : « Il aurait pu tout aussi bien l'intituler *DES DEVOIRS PUBLICS, DE OFFICIIS PUBLICIS, ERGA REMPUBLICAM*[44]. – Dans quelle mesure Montaigne a-t-il jugé à propos d'être homme public ? Qu'a-t-il donné de lui au public ? Son système de morale pratique y est tout entier : ne pas s'adonner aux choses. »

Montaigne : « Autant que je puis je m'emploie tout à moi. En ce sujet même je briderais [pourtant et soutiendrois] volontiers mon affection... » (III, 10, 1003b) – Sainte-Beuve : « Ne pas même s'adonner trop aux choses du moi ».

Montaigne : « Si ma volonté se trouvait aisée à s'hypothéquer et à s'appliquer, je n'y durerais pas ; je suis trop tendre et par nature et par usage. » (III, 10, 1003b) – Sainte-Beuve : « Pour les choses d'autrui d'ailleurs, s'il s'y laissait hypothéquer, il ne serait pas de force, d'ailleurs, à soutenir le bail et la gageure. S'il s'engageait aux choses et à leur poursuite autant qu'il voit certaines gens le faire, il n'y tiendrait pas, délicat et tendre d'âme comme il est. » (Montaigne un peu arrangé et involontairement confondu avec Sainte-Beuve, ou insensiblement rapproché de celui-ci.)

Montaigne : « Si quelquefois on m'a poussé au maniement d'affaires étrangères... » (III, 10, 1004b) – Sainte-Beuve : « Il récidive. Ce n'est permis qu'à lui. A tout autre on dirait : c'est assez, c'est trop. »

Montaigne : « Ils s'ingèrent indifféremment où il y a de la besogne et de l'obligation ; et sont sans vie quand ils sont sans agitation tumultuaire : *in negotiis sunt negotii causa* ; ils ne cherchent la besogne que pour l'embesognement... » (III, 10, 1004c) – Sainte-Beuve : « Peinture des gens agités, affairés, qui aiment à l'être, à s'embarquer, à s'empêtrer de gaîté de cœur. »

Montaigne : « Leur esprit cherche son repos au branle, comme les enfants au berceau. » – Sainte-Beuve : « (poétique). »

Montaigne : « Il y a tant de mauvais pas que, pour le plus sûr, il faut un peu légèrement et superficiellement couler ce monde et le glisser, non pas l'enfoncer. » (III, 10, 1005b) – Sainte-Beuve : « COULER ce monde, le GLISSER, non L'ENFONCER. Voilà proprement des mots de Montaigne que lui seul a pu dire de cette sorte en français. »

Montaigne : « A mon arrivée je me déchiffrai fidèlement et consciencieusement tout tel que je me sens être, sans mémoire... » (III, 10, 1005b) – Sainte-Beuve : « Ce n'est pas Montaigne qui se jettera, comme Curtius, dans le gouffre du bien public. »

---

[43] « De mesnager sa volonté » (III,10,1003b)

[44] « *ERGA REMPUBLICAM* » : envers l'Etát.

Montaigne: «J'estime qu'au temple de Pallas...» (III, 10, 1006c) – Sainte-Beuve: «La Sagesse elle-même a ses mystères comme Bacchus, comme Cybèle et Cérès. Comme il est poète !»

Montaigne: «La principale charge que nous ayons, c'est à chacun sa conduite et c'est pourquoi nous sommes ici.» (III, 10, 1007) – Sainte-Beuve: «Pas d'égoïsme proprement dit; pas trop de dévouement non plus; ni sacrifice, ni égoïsme. On peut se sacrifier au besoin, une fois, par hasard, à l'occasion; mais habituellement, non. Voyez comme Montaigne est peu chrétien selon saint Paul ou selon Vincent de Paul.»

Montaigne: «Celui qui n'y emploie que son jugement et son adresse y procède plus gaiement: il feint, il ploie, il diffère...» (III, 10, 1008b) – Sainte-Beuve: «On ne conduit jamais mieux la chose publique que quand on se possède soi-même.»

Montaigne: «Considérez qu'aux actions [mêmes qui] sont vaines et frivoles...cet engagement âpre et ardent d'un désir impétueux jette incontinent l'esprit et les membres à l'indiscrétion et au désordre.» (III, 10, 1008b) – Sainte-Beuve: «Il plaide pour son propre tempérament. Il fait la théorie de sa manière d'être.»

Montaigne: «Nous empêchons, au demeurant, la prise et la serre de l'âme à lui donner tant de choses à saisir...» (III, 10, 1009b) – Sainte-Beuve: «Comme il aime à redoubler sa pensée et quel travail cela lui fait faire sur la langue.»

Montaigne: «*Quo mihi fortunas si non conceditur uti*?»[45] (III, 10, 1010b) – Sainte-Beuve: «Comme il va développer et dévider cette idée !»

Montaigne: «Je n'ai que faire du bien duquel je ne puis rien faire: à quoi la science à qui n'a plus de tête ?» (III, 10, 1010c) – Sainte-Beuve: «On est ce qu'on est. Il croit peu à la correction finale.»

Montaigne: «Moi qui m'en vais, résignerais facilement à quelqu'un qui vînt, ce que j'apprends de prudence pour le commerce du monde: moutarde après dîner.» (III, 10, 1010c) – Sainte-Beuve: «MOUTARDE APRÈS DÎNER. C'est bien encore d'un homme qui met tout en cette vie, santé, jeunesse, vigueur, activité, etc.»

Montaigne: «Ne me guidez plus; je ne puis plus aller...» (III, 10, 1010c) – Sainte-Beuve: « Comme c'est vif. On sent le causeur.»

Montaigne: «Par long usage, cette forme m'est passée en substance et fortune en nature.» (III, 10, 1010b) – Sainte-Beuve: «Chacun a sa sphère, finit par l'avoir et par s'y confiner plus ou moins. Voilà toute la morale qu'il nous débite incidemment et chemin faisant.» Sur toute la page qui précède: «Cela ressemble comme deux gouttes d'eau à du Sénèque. *Lettres à Lucilius*.»

---

[45] «A quoi bon la fortune si je ne puis en jouir ?» Horace, *Epîtres* I, v.12.

Montaigne: «La plupart de nos vacations sont farcesques, *mundus universus exercet histrioniam.* Il faut jouer dûment notre rôle, mais comme rôle d'un personnage emprunté: du masque et de l'apparence, il n'en faut pas faire une essence réelle; ni de l'étranger le propre: nous ne savons pas distinguer la peau de la chemise; c'est assez s'enfariner le visage sans s'enfariner la poitrine.» (III, 10, 1011 b et c) – Sainte-Beuve: «Il s'amuse. Que c'est gai ! Comme il est en train !»

Montaigne: «N'oserions-nous dire d'un voleur qu'il a belle grève [= jambe]?» (III, 10, 1013c) – Sainte-Beuve: «Le chevalier de Rohan, qui mérita d'être décapité sous Louis XV, était LA PLUS BELLE JAMBE DE LA COUR.»

Montaigne: «S'ils ont pris en haine un avocat, l'endemain il leur devient inéloquent.» (III, 10, 1013c) – Sainte-Beuve: «L'éloquence de Berryer sentait la bazoche (sic) à Cuvillier Fleury en 1834. Il la juge et estime parfaite aujourd'hui.»

Montaigne: «Je ne m'étonne plus de ceux que les singeries d'Apollonius et de Mahomet embufflèrent.» (III, 10, 1013c) – Sainte-Beuve: «Apollonius et Mahomet sont là pour d'autres.»

Montaigne: «Les opinions s'entrepoussent selon le vent, comme les flots.» (III, 10, 1013c) – Sainte-Beuve: «L'erreur monte et va à l'aveugle comme un flux, comme un torrent, comme un courant.»

Montaigne: «Nos plus grandes agitations ont des ressorts et causes ridicules: combien encourut de ruines notre dernier duc de Bourgogne pour la querelle d'une charrette de peaux de moutons...» (III, 10, 1018b) – Sainte-Beuve: «Voltaire a depuis développé cette idée de désaccord burlesque. Grands effets de petites causes» Un peu au-dessous: «Grands effets de petites causes, mais il y avait là dessous d'autres causes.»

Montaigne: «Nous guidons les affaires en leurs commencements et les tenons à notre merci. Mais par après, quand ils sont ébranlés, ce sont eux qui nous guident et emportent et avons à les suivre.» (III, 10, 1018b) (N'est-ce pas Gœthe qui a dit: «le premier acte est libre; mais déjà le second ne l'est pas»?) – Sainte-Beuve: «Il s'est éloigné, comme il fait toujours, de son propos et de son sujet (qui lui tient à cœur plus qu'il ne veut le laisser paraître) qui était l'affaire de sa mairie. Il va cependant y revenir.»

Montaigne: «Qui se voudra servir de moi selon moi, qu'il me donne des affaires où il soit besoin de vigueur et de liberté, qui aient une conduite droite et courte et encore hasardeuse. J'y pourrai quelque chose. S'il la faut longue, subtile, laborieuse, artificielle et tortue, il fera mieux de s'adresser à quelque autre.» (III, 10, 1021b) – Sainte-Beuve: «Le voilà bien peint. Plus prompt et adextre que patient. Voir sa lettre à

M. de Matignon, du 22 mai 1545 («Nouveaux documents sur Montaigne» par le docteur Payen, 1850).»[46]

Montaigne: «Pour moi, je loue une vie glissante, sombre et muette, *neque submissam et abjectam, neque se efferentem...*» (III, 10, 1021b)[47] – Sainte-Beuve: «J'aime le bruit, je ne m'en défends pas, disait un grand philosophe de ce temps ([Victor] Cousin) qui est bien le contraire de Montaigne.»

Montaigne: «Ils jugent que les bons règlements ne se peuvent entendre qu'au son de la trompette...» (III, 10, 1022b) – Sainte-Beuve: «Ce côté charlatan qui plaît tant à nos Français, si sensibles à la forme et à la montre.»

Montaigne: «Entretenez-vous en vous-même (de votre gloire de carrefour) au pis-aller, comme un conseiller de ma connaissance, ayant dégorgé une battelée de paragraphes, d'une extrême contention et pareille ineptie, s'étant retiré de la chambre du conseil au pissoir du palais, fut ouï marmotant entre les dents: «*Non nobis, Domine, non nobis, sed nomini tuo da gloriam.*»[48] Qui ne peut d'ailleurs, si se paye de sa bourse.» (III, 10, 1022b) – Sainte-Beuve: «Mallet du Pan, [49] parlant des troubles de Genève et de l'importance exagérée que se donnaient les chefs de parti de cette petite république, disait (Sayous, t. I, p. 358)[50]: 'Eh ! raccourcissons le champ de notre lunette. Nous n'avons pas deux continents à gouverner: tout se réduit à l'économie d'une ville et d'une ville de troisième ordre. Ciron politique sur la carte de l'Univers, Genève n'a pas besoin des jambes d'un cerf, ni des yeux d'un aigle pour cheminer. Si quelque chose surprend les étrangers, c'est la fréquence et la gravité des débats dans cette cité à laquelle pourrait suffire un gouvernement de police. De l'intégrité et du jugement, voilà les éléments primitifs du magistrat d'une petite république. La connaissance de ses lois, de ses mœurs et un peu d'expérience, voilà la science dont il a besoin.'»

Montaigne: «Ces actions là ont bien plus de grâce qui échappent de la main de l'ouvrier, nonchalamment et sans bruit et que quelque hon-

---

[46] Voir sur cette lettre *infra*, p. 144.

[47] La citation de Cicéron est un ajout d'après 1588: «aussi éloigné de la bassesse et de l'abjection que de l'orgueil» (III,10,1021c).

[48] «Non pas à nous, Seigneur, non pas à nous mais à ton nom donne gloire.» *Psaume* 115 (113B), v.1.

[49] Jacques Mallet du Pan (1749-1800), *Essai historique sur la destruction de la Ligue et la liberté helvétique* (Londres: W. & C. Spilsbury, 1798).

[50] Pierre-André Sayous (1808-1870), *Etudes littéraires sur les écrivains de la Réformation* (Paris-Genève: L.-R. Delay, 1841).

nête homme choisit après et relève de l'ombre pour les pousser en lumière à cause d'elles-mêmes» (III, 10, 1023b). – Sainte-Beuve: «Nous lui avons vu ailleurs, et souvent, du Sénèque. Ici c'est du Xénophon.»

Montaigne: «...faudrait-il pas fouetter le médecin qui nous désirerait la peste pour mettre son art en pratique? (III, 10, 1023b)» – Sainte-Beuve: «On a dit de Mme de Staël qu'elle jetait ses amis à l'eau pour se donner le plaisir de les repêcher.»

A la fin du chapitre x, sans doute se rapportant à ces mots: «Je m'assure n'y avoir laissé [à Bordeaux] ni offense ni haine: d'y laisser regret et désir de moi, je sais à tout le moins bien cela que je ne l'ai pas fort affecté.» (III, 10, 1024b) – Sainte-Beuve: «Modestie de son vœu et méfiance. Mais on voit que somme toute il avait réussi.»

*
* *

Livre III, ch. XI[51]**.** Montaigne: «La vérité et le mensonge ont leurs visages conformes: le port, le goût et les allures pareilles; nous les regardons de même œil.» (III, 10, 1027b) – Sainte-Beuve: «Voir *Logique de Port-Royal*, IVe partie, ch. XIV.»

*
* *

Livre III, ch. XII[52]. «Nous n'apercevons les grâces que pointues, bouffies et enflées d'artifice; celles qui coulent sous la naïveté et la simplicité échappent aisément à une vue grossière comme est la nôtre...» (III, 12, 1037b) – Sainte-Beuve: «Joli et appliqué à nous. Joli, fin, éclairé, attique, lumineux, à la Xénophon. Il a souvent du Sénèque.»

Montaigne: «Cettuy cy ne se propose point des vaines fantaisies: sa fin fut: nous fournir de choses et de préceptes qui réellement et plus jointement servent à la vie.» (III, 12, 1037b) – Sainte-Beuve souligne *jointement* et écrit: «Quel beau mot!»

Montaigne: «Celui-là qui fouit mon jardin, il a ce matin enterré son père ou son fils». – Sainte-Beuve: «Il y a là sentiment d'égalité humaine.» (Et bien autre chose, il me semble, et bien plus! Cette note est singulière.)

---

[51] «Des Boyteux.» Faguet se trompe en notant: «Livre III, ch.II.»

[52] «De la phisionomie»

Montaigne: «*Hunc saltem everso juvenem succurrere seclo / Ne prohibete.*»[53] (III, 12, 1042b) – Sainte-Beuve: «Henri IV. C'est le même sentiment que nous verrons exprimé par Malherbe.»

Montaigne: «Mais est-il quelque mal en une police qui vaille être combattu par une drogue si mortelle?» (III, 12, 1043b) – Sainte-Beuve: «Montaigne n'est pas du tout d'avis qu'il y a (sic) des cas où l'insurrection est le plus sacré des devoirs.»

Montaigne: «Outre cette secousse, j'en souffris d'autres. J'encourus les inconvénients que la modération apporte en telles maladies. Je fus pelaudé à toutes mains: au Gibelin j'étais Guelphe, au Guelphe Gibelin...» (III, 12, 1044b) – Sainte-Beuve: «La modération de Montaigne le désigne à l'animosité des violents des deux bords. Modéré, suspect de modérantisme, il est comme l'homme entre deux maîtresses, il ne garde plus un cheveu.»

Montaigne: «En cette confusion où [nous sommes] depuis trente ans...» (III, 12, 1046b) – Sainte-Beuve: «Voilà le XVIe siècle au vrai. Eux depuis trente ans, nous depuis trois ans.» Entre parenthèses et d'un crayon plus frais: «(me disais-je en 1851)» puis: «profitons de ces plaies et ouvertures pour observer à nu le corps social.»

Montaigne: «Non seulement le coup, mais le vent et le pet nous frappe.» (III, 12, 1050c) – Sainte-Beuve: «Il aime ces mots-là.»

Montaigne: «Ils s'en vanteront tant qu'il leur plaira. *Tota philosoforum vita commentatio mortis est*[54]. Mais il m'est avis que c'est bien le bout, non pourtant le but, de la vie; c'est sa fin, son extrémité, non pourtant son objet.» (III, 12, 1051-2c) – Sainte-Beuve: «Comme c'est peu chrétien!»

Montaigne: «J'ai seulement fait ici amas de fleurs étrangères...» (III, 12, 1055b) – Sainte-Beuve: «Joli. Oh! le poète.»

Montaigne: «Il me semble qu'il y [ait aucuns] visages heureux, [d'autres malencontreux].» (III, 12, 1059b) – Sainte-Beuve: «Epigraphe de Lavater.»[55]

Montaigne: «semence de raison universelle...» (III, 12, 1059c) – Sainte-Beuve: «Le sceptique qui a l'air de croire à une raison univer-

---

[53] «Du moins n'empêchez pas ce jeune héros de sauver un siècle qui court à sa ruine.» *Géorgiques* I, 500.

[54] Faguet se trompe en substituant «commutatio» à «commentatio» dans la citation de Cicéron: *La vie des philosophes tout entière est une méditation sur la mort* (*Tusc.*, I, xxx).

[55] Johann Caspar Lavater (1741-1801), l'inventeur de la physiognomie.

selle, à un idéal primitif de raison. V. 95.»[56] (C'est la page de Montaigne sur «la raison qui se manie à notre poste «).[57]

Montaigne: «Nous faillons en ce que nous ne nous fions pas assez au ciel.» (III, 12, 1061c) – Sainte-Beuve: «Cela prend un faux air religieux.»

*

* *

Livre III, ch. XIII[58]. Montaigne: «L'opinion de celui-là ne me plaît guère qui prétendait par la multiplicité des lois brider l'autorité des juges en leur taillant leurs morceaux: il ne sentait pas qu'il y a autant de liberté et d'étendue à l'interprétation des lois qu'à leur façon...» (III, 13, 1065b) – Sainte-Beuve: «Montaigne jurisconsulte ne croit pas plus à la jurisprudence que Molière aux médecins. Il a horreur de la chicane, de la procédure civile et il serait (s'il était plus appliqué) un précurseur des Pussort, des Lamoignon, des d'Aguesseau... (ici un nom que je ne puis pas lire), des jurisconsultes du XVIIIe siècle, des rédacteurs du code civil; mais il se borne à faire des remarques philosophiques et des vœux. Qu'on se rappelle toutes les satires contre les chicanous, Patelin, le chapitre des chicanous dont Panurge visite en passant le pays, dans sa navigation pour avoir le mot et l'oracle de la Dive Bouteille.»[59]

*

* *

Lettres. – «Lettre de Montaigne à son père sur la mort de La Boétie.»[60] Au commencement, avant le texte: «Montaigne s'est rendu encore plus attentif à la mort de son ami, pour l'honorer en recueillant ses suprêmes pensées et paroles. Montaigne, maire de Bordeaux, ne reviendra pas dans la ville dont il était absent au moment de la peste. On a blâmé sa conduite[61]. S'il s'agit d'un ami, il brave la contagion.»

---

[56] Sainte-Beuve veut sans doute dire «Voir 1795» en pensant au culte de la déesse Raison.

[57] Faguet se trompe: c'est dix pages plus tôt (p. 1049 et non 1059 de l'édition Villey) que Montaigne parle de «la raison qui se manie à notre poste» [= à notre guise].

[58] «De l'experience» – dernier chapitre des *Essais*.

[59] Rabelais, *Quart Livre*, chapitres 12 à 16, *éd. cit.*, pp. 564-578.

[60] Montaigne, *Œuvres complètes [OC]*, *éd. cit.*, pp. 1347-1360. La pagination figurera entre parenthèses dans le texte.

[61] Voir «Montaigne maire de Bordeaux», *infra*.

Montaigne: «Je lui dis qu'il les étonnerait» (son oncle et sa femme que La Boétie appelait à son chevet) (*OC,* p.1350) – Sainte-Beuve: «consternerait.»

Montaigne: «Il me demanda si les faiblesses qu'il avait eues ne nous avaient pas un peu étonnés.» (*OC,* p.1350) – Sainte-Beuve: «abîmés.»

La Boétie: «Et, quant à vous, [mon amy,] je vous connais si sage que ... vous conformerez-vous volontiers et [patiemment] à tout ce qu'il plaira à sa sainte Majesté d'ordonner de moi.» (*OC,* p.1350) – Sainte-Beuve: «Paroles religieuses dites à Montaigne et dignes d'être pesées (? mot peu lisible: *opposées?*) à ceux qui lui contestaient toute religion.»

La Boétie: «Mon frère, dit-il, que j'aime si chèrement...» (*OC,* p.1352) – Sainte-Beuve: «De Montaigne à lui et de lui à Montaigne c'était une amitié aussi qui sentait le classique de la Renaissance. De même Montaigne aura plus tard en Mlle de Gournay une FILLE D'ALLIANCE... un peu d'imitation.»

Montaigne: «pour la jalousie que j'ai eue toute ma vie de sa gloire et de son honneur...» (*OC*, p.1353) – Sainte-Beuve: « Singulier sentiment. Il est envieux de gloire pour son ami.» (En quoi ce sentiment est-il singulier? Il est tout naturel en une âme noble. Je ne comprends pas du tout)

Montaigne: «Il m'interrompit pour me prier d'en user ainsi» (c'est-à-dire pour me prier de me modeler sur son exemple et de «jouer ce même rôle» de fermeté et de constance à mon tour). (*OC*, p.1353) – Sainte-Beuve: «Cela montre combien il y avait de littérature et de philosophie (de Sénèque et de Cicéron) dans leur amitié.»

La Boétie: «Mais n'est-ce pas assez vécu jusques à l'âge auquel je suis?» (dit La Boétie à Montaigne, *OC*, p.1353) – Sainte-Beuve: «Camille Desmoulins dit la même chose. Camille Desmoulins, dans un de ses numéros du VIEUX CORDELIER, dit quelque chose d'approchant. A trente ou trente-cinq ans on est au sommet de la montagne de la vie. On n'a plus qu'à la descendre par la moins belle pente. Quelques années de plus ou de moins, qu'est-ce que cela fait? C'est un faible sacrifice que d'y renoncer.»

Montaigne: «Toute la chambre était pleine de cris et de larmes qui n'interrompaient toutefois nullement le train de ses discours qui furent longuets.» (*OC*, p.1356) – Sainte-Beuve: «Rappeler le récit de la mort de Madame par Mme de La Fayette et de (sic) tant d'autres récits de belles morts. C'est un beau cinquième acte qu'une belle mort !»

Montaigne: «Il demanda un peu de vin. Et puis, s'en étant bien trouvé, il me dit que c'était la meilleure liqueur du monde. *Non est, dea [oui da]*, fis-je pour le mettre en propos, *c'est l'eau. – C'est mon [avis]*, répliqua-t-il, *hudôr ariston*.»[62] (*OC*, p.1357) – Sainte-Beuve: «Du Pindare, jusqu'aux approches de l'agonie.»

Montaigne: «Voyant que le prêtre s'en allait, il le rappela et lui dit: «Encore veux-je dire ceci en votre présence: je proteste que, comme j'ai été baptisé, ai vécu, ainsi veux-je mourir sous la foi et religion que Moïse planta premièrement en Égypte, que les Pères reçurent depuis en Judée et qui, de main en main, par succession de temps, a été apportée en France.» (*OC*, p.1358) – Sainte-Beuve: «La Boétie parle presque comme Pascal.»[63]

A la fin de la lettre, Sainte-Beuve: «Qu'on ne dise plus, après avoir lu ces pages, que Montaigne était égoïste et insensible. De telles amitiés, il est vrai, ne se recommencent pas.»

*
* *

Ces notes de Sainte-Beuve, pour la plupart au moins, font regretter vivement que Sainte-Beuve n'ait annoté que certaines parties, très importantes à la vérité, des ouvrages de Montaigne[64].

---

[62] «L'eau est la meilleure [liqueur du monde].» Mots attribué à Pindare.

[63] Pascal parle ainsi des racines mosaïques du christianisme. On trouve une cinquantaine d'allusions à Moïse dans les *Pensées*.

[64] Ici se termine le commentaire d'Émile Faguet sur l'exemplaire des *Essais* annoté par Sainte-Beuve.

MONTAIGNE À PORT-ROYAL[1]

I

Apparition de Pascal parmi les solitaires. – Entretien avec M. de Saci. – Épictète et Montaigne devant saint Augustin. – Abondance et verve de Pascal. – Répliques de M. de Saci. – Beauté du dialogue ; – étendue et portée. – Platon, Xénophon.

On n'a pas entièrement quitté M. de Saci[2] ; c'est lui, l'homme efficace et indispensable de céans, qui nous introduit de plain-pied dans Pascal, et tout d'abord sous un aspect assez inattendu : au lieu de l'auteur, ou même du pénitent, on va trouver l'homme.

Pascal a dit : « On ne s'imagine d'ordinaire Platon et Aristote qu'avec de grandes robes et comme des personnages toujours graves et sérieux. C'étoient d'honnêtes gens qui rioient comme les autres avec leurs amis ; et, quand ils ont fait leurs lois et leurs traités de politique, ç'a été en se jouant et pour se divertir. »[3] Bien que Pascal n'ait peut-être jamais ri beaucoup, il était, quand il aborda Port-Royal, de ces *honnêtes*

---

[1] *Port-Royal* (Paris : Hachette, 1842), tome II, livre 3, pp. 378-453. Le livre 3 porte la dédicace suivante : « A MON EXCELLENT AMI/ ET CONFRÈRE/ EN PORT-ROYAL ET EN PASCAL/LE DOCTEUR HERMANN REUCHLIN/ CE LIVRE EST PARTICULIÈREMENT DÉDIÉ. » Hermann Reuchlin (1810-1873) est l'auteur d'une histoire de Port-Royal et du jansénisme : *Geschichte von Port-Royal, der Kampf des reformiten und des jesuitischen Katholicismus unter Louis XIII und XIV* (Hamburg : F. und A. Perthes, 1839 [I] & 1844 [II]). Dans une lettre à Catherine Olivier du 19 décembre 1838, Sainte-Beuve écrit qu'il se sent devancé par Reuchlin dont il apprécie la « théologie savante » (*Correspondance*, éd. J. Bonnerot, II, pp. 498-500).

[2] Isaac Le Maitre de Saci (1613-1684), célèbre Port-Royaliste. Son entretien avec Pascal eut lieu en janvier 1655.

[3] *Pensées* 533-331. *Œuvres complètes*, éd. Louis Lafuma (Paris : Editions du Seuil, 1963), p. 578. Nous donnerons désormais le numéro du fragment entre parenthèses dans le texte, le premier chiffre renvoyant à l'édition Lafuma et le second à l'édition Brunschvicg. « Je laisse indifféremment ces premières citations des *Pensées* dans le texte donné par Port-Royal, jusqu'au moment où nous en viendrons à la question même et au vif de la discussion sur le livre des *Pensées*. J'observe ainsi, sans le devancer, le progrès qui s'est fait successivement sur Pascal et auquel moi-même, en quelques points, j'ai tâché de contribuer. » (note de S-B)

gens et des mieux réputés selon le monde, plein de diversités amusantes, de conversations curieuses, un homme qui avait lu avec plaisir toutes sortes de livres, et qui en causait très-volontiers. On n'a pas d'emblée ce solitaire austère et contrit qu'on se figure; la première fois qu'il nous apparaît au sentier du désert, il est brillant, presque à la mode encore, et un vrai bel-esprit en regard de M. de Saci qui en tire mille étincelles.

Pascal, qu'on le sache bien (ce petit détail est caractéristique), n'avait eu son accident du pont de Neuilly qui avait fort contribué à le ramener à Dieu, que parce qu'il se faisait conduire, selon son habitude de ses dernières années mondaines, en un carrosse à quatre chevaux, ou peut-être à six (le roi n'en avait que huit): un tel train ne laissera pas de sembler assez *fashionable* pour la date de 1654[4]. Voilà l'honnête homme, pour commencer, et non pas le philosophe *à grande robe*, comme il dit (533-331), à qui nous avons affaire[5].

C'était donc vers la fin de 1654 ou au commencement de 1655. Pascal venait de se convertir une seconde fois, et cette fois était la bonne et définitive. Sa sœur, malgré lui d'abord, malgré les obstacles qu'il élevait, avait fait profession à Port-Royal dans le printemps de 1653. Lui, après bien des luttes, et surtout après l'accident récent où il avait vu le doigt de Dieu, s'était venu jeter entre les bras de M. Singlin[6], résolu

[4] «On me fait remarquer que c'était moins extraordinaire alors qu'il ne paraîtrait aujourd'hui, le luxe des chevaux étant poussé fort loin dans l'ancien régime et faisant naturellement partie des grandes conditions.» (note de S-B)

[5] «J'emprunterai continuellement, pour ce qui concerne Pascal, à un excellent Mémoire sur lui et sur les siens qui se trouve dans le *Recueil de plusieurs Pièces pour servir à l'Histoire de Port-Royal* (in-12, Utrecht, 1740). Ce Mémoire définitif, rédigé avec le plus grand soin, d'après les papiers de mademoiselle Marguerite Périer, sa nièce, dispenserait à très-peu près de recourir aux papiers ou aux copies qui se trouvent à la Bibliothèque du Roi (Supplém. franç., n° 1485). En joignant au Mémoire la Vie de Pascal, par madame Périer, sa sœur, qui se lit en tête de quelques anciennes éditions des *Pensées*, en complétant ces pièces par la Relation de la Vie de son autre sœur Jacqueline de Sainte-Euphémie (*Vies intéressantes et édifiantes des religieuses de Port-Royal*, 1751, tome second), et par la Relation qui est due à la sœur Sainte-Euphémie elle-même (*Mémoires pour servir à l'Histoire de Port-Royal, et à la Vie de la Mère Angélique*, Utrecht, 1742, in-12, tome troisième), on se trouve réunir sur la personne et sur la vie de Pascal un ensemble de documents aussi positifs, aussi satisfaisants qu'il se peut désirer, tous les éléments d'une connaissance intime et de première main. – Ceux qui, depuis que cette note est écrite, ont fait ou prétendu faire de si grandes découvertes sur Pascal et sa sœur, et toujours d'après les manuscrits, et en s'en donnant tous les honneurs, ont beaucoup compté (et ils ont eu raison) sur le peu de connaissance du public en ces matières et sur l'inattention de nos soi-disant juges, messieurs les critiques, qui sont plus nombreux et font cependant plus défaut en ce temps-ci qu'en aucun autre.» (note de S-B)

[6] Antoine Singlin (1607-1664), confesseur à Port-Royal.

d'obéir à tout ce qui lui serait ordonné. M. Singlin, selon sa méthode, avait hésité assez de temps avant de le recevoir. Un jour, pendant un voyage du directeur à Port-Royal des Champs, Pascal avait pensé à l'y rejoindre, à l'y relancer secrètement, comptant toutefois laisser ses *gens* à quelque village voisin et changer lui-même de nom, tant il avait souci de l'apparence. M. Singlin, qui sut son projet, lui signifia de n'en rien faire; mais, de retour à Paris, il l'avait reçu à merci comme pénitent. C'est seulement alors, dit Fontaine[7], que, tenant devant lui ce grand génie, il jugea à propos de l'envoyer à Port-Royal des Champs comme en un lieu de gymnastique et de diète, où M. Arnauld[8] lui *prêterait le collet* pour les sciences humaines, et où M. de Saci lui apprendrait à les mépriser. M. de Saci, de son côté, se serait dispensé volontiers de voir M. Pascal; mais il ne le put, en étant prié par M. Singlin. «Les lumières saintes, qu'il trouvoit dans l'Écriture et dans les Pères, lui firent espérer qu'il ne seroit point ébloui de tout ce brillant, qui charmoit néanmoins et enlevoit tout le monde.»

M. Singlin, avec le nouveau converti, avait suivi sa méthode ordinaire; M. de Saci à son tour appliqua la sienne. On sait qu'il parlait à chacun de l'objet favori, de l'occupation habituelle, partant de là pour revenir et ramener à Dieu. Il crut donc devoir mettre M. Pascal sur son fort et lui parler des lectures de philosophes dont on le voyait tout rempli. De là cet admirable *Entretien sur Épictète et sur Montaigne* (pp. 291-297).

On a peine à croire, quand on a lu le Dialogue dans les originaux, que tous les éditeurs de Pascal l'aient à plaisir tronqué et mutilé, qu'ils aient donné seulement les paroles de Pascal, qu'ils les aient données comme un discours écrit et suivi, en altérant les phrases, en accommodant les transitions, en y ôtant le plus qu'ils ont pu le mouvement, le naïf, le familier. Et tout cela, on ne sait pourquoi, sinon afin de se passer sans doute de ce personnage de M. de Saci qu'ils ne connaissaient guère.

Dans un manuscrit que j'ai des Mémoires de Fontaine je trouve des différences de diction avec le texte imprimé de ces Mémoires. Dans l'extrait qu'en ont fait les éditeurs de Pascal, de nouvelles différences se sont introduites par suite de la forme nouvelle dans laquelle on a taillé le chapitre. Et pourtant l'accent original perce à chaque instant et

[7] Nicolas Fontaine (1625-1709), secrétaire de Saci, reconstitua plusieurs conversations de celui-ci avec Pascal et les présenta sous forme d'entretien unique. Voir Pierre Courcelle, *L'Entretien de Pascal et Sacy; ses sources et ses énigmes* (Paris: Vrin, 1960, 1981).

[8] Antoine Arnauld (1612-1694), dit le Grand Arnauld, fameux Port-Royaliste.

domine: il fallait être Pascal pour résister jusqu'au bout à toutes ces variantes.

Qui donc a recueilli sur le temps ces vives paroles? Est-ce Fontaine, secrétaire fidèle? ne serait-ce pas plutôt M. Le Maitre[9], auditeur muet? Dans tous les cas, elles tranchent avec tout ce qui les entoure; le propre de la parole de Pascal était de se graver ainsi et de faire empreinte[10].

Il faut bien, puisque je ne puis renvoyer simplement au Pascal qui est dans toutes les mains, que je replace ici la position des interlocuteurs et que je rélablisse du moins le jeu du dialogue. M. Pascal ayant dit à M. de Saci qu'en fait de philosophes ses deux lectures les plus ordinaires avaient été Épictète et Montaigne, M. de Saci, *qui avait toujours cru devoir peu lire ces auteurs*, pria le nouveau venu *de lui en parler à fond* («Entretien» p. 292).

Et remarquons d'abord cette extrême abstinence dans les lectures. Port-Royal en son premier esprit la poussa très loin. M. de Saint-Cyran[11] avait réfuté Garasse[12] sur Charron[13]; mais il n'avait lu Charron qu'à cette occasion et ne paraît pas s'être informé, au préalable, de Montaigne, qui est pourtant la vraie clef pour pénétrer le théologal. Aussi fait-il l'entière apologie de celui-ci contre les inductions de Garasse. Nous avons assisté à la première invasion de Descartes en 1652 moyennant Arnauld et le duc de Luines. Ce fut Pascal qui, le premier à Port-Royal, introduisit la connaissance de Montaigne. Quant à Nicole[14], c'est un curieux: il lira toute espèce d'auteurs et sera informé de tout.

---

[9] Antoine Lemaître (1608-1658), auteur de nombreux ouvrages poliques et apologétiques. Au second livre de *Port-Royal*, Sainte-Beuve écrit: «J'ai peine à croire que la belle conversation entre Pascal et M. de Saci sur Épictète et Montaigne ne soit pas de la rédaction de M. Le Maître lui-même.» (p. 406, note)

[10] «Cet Entretien parut pour la première fois en 1728, dans la *Continuation des Mémoires de Littérature et d'Histoire* du Père Des Molets (tome V, partie II). Mademoiselle Périer, qui vivait encore, retirée à Clermont, et très-jalouse de tout ce qui concernait la mémoire de son oncle, écrivit bientôt à ses amis de Paris pour savoir d'où sortait ce document. L'abbé d'Étemare s'empressa de la rassurer, et lui en indiqua la source dans les Mémoires encore inédits de Fontaine, qui ne parurent en effet que quelques années après.» (note de S-B)

[11] Jean Duvergier de Hauranne, abbé de Saint-Cyran (1581-1643), confesseur des religieuses de *Port-Royal* (1636) et «martyr du jansénisme».

[12] Le Révérend Père François Garasse (1585-1631), prédicateur célèbre et auteur de *Mémoires*.

[13] Pierre Charron (1541-1603), «disciple de Montaigne». Voir les deux articles que lui consacre Sainte-Beuve, *infra*.

[14] Pierre Nicole (1625-1695), collaborateur d'Arnauld à la *Logique* et aux *Grammaires* de Port-Royal.

Pascal, à la date de ce dialogue, avait trente et un ans environ, et M. de Saci quarante et un. J'ai dit que Pascal avait beaucoup lu, mais c'était au hasard. Savant en géométrie, inventeur en physique, il n'avait guère en littérature que des notions décousues et de rencontre. Mais ce qu'il avait lu, il l'avait bien lu ; sa réflexion avait suppléé aux lacunes et avait formé l'enchaînement.

Il est piquant et singulier de voir aux prises et bientôt d'accord ces deux hommes qui sont à cheval chacun presque sur un seul livre, l'un sur Montaigne doublé d'Épictète, et l'autre sur son saint Augustin. Quand l'un parle Montaigne, l'autre répond saint Augustin, et avec un demi-tour les voilà au pas. Comme il arrive aux esprits perçants qui ont longtemps creusé un auteur un peu profond, chacun retrouve tout dans son auteur, soit parce qu'en effet il y a de tout, soit parce qu'il l'y met[15].

Selon l'instinct et la méthode que nous lui verrons d'aborder la philosophie et la théologie par le côté pratique, Pascal s'attaque sans mar-

[15] «Cela est généralement vrai ; je ne sais qui a dit (mais ce n'est pas le comte de Maistre, comme l'a cru M. Sayous) : 'Tout est dans Bayle, il ne s'agit que de l'en tirer.' Il y a un vieux proverbe : *Je crains les gens d'un seul livre* [*timeo hominem unius libri*, formule attribuée à saint Thomas d'Aquin] Je ne les crains que s'ils sont ennuyeux : autrement, c'est l'ingénieux qui domine ; ils s'évertuent dans leur cercle et s'y font un monde. Le propre de l'esprit est ainsi de se mettre et de se retrouver tout entier dans les plis et les replis de chaque chose, une fois qu'il s'y est logé. La forme seule des systèmes varie et se renouvelle, non le fond. L'esprit humain a, je le crois, une infinité de manières différentes de faire le tour de sa loge et d'en fureter les coins ; mais elles peuvent se rapporter à quatre ou cinq principales. Ce qui a fait dire qu'en matière de philosophie (et si on ne s'élève pas au delà) l'humanité joue *perpétuellement aux quatre coins changés*. Quand donc, chez des auteurs tout différents, sous des formes toutes contraires, on retrouve des points semblables, il y a surprise comme d'une nouveauté, et sourire ; et pourtant il ne faudrait pas tant s'étonner. Je conçois surtout les ressources de découverte qu'offre à cet égard saint Augustin si profond, si prodigieux d'esprit, mais de plus si creusé, si subtil. Le cheveu bien souvent y est mis en quatre. Et combien de ses phrases, de ses pensées (j'en parle quant au style et en toute révérence), ne font-elles pas l'effet de vouloir dire : «Cela est, et à la fois cela n'est pas, et il y a encore quelque chose entre deux ?» – Le grand Frédéric, si sensé, si pratique, et qui ne se gênait pas, a parlé quelque part de l'évêque d'Hippone comme d'un *pitoyable* raisonneur. Le fait est que saint Augustin est l'homme qui suit, en raisonnant, la méthode la plus opposée à celle d'Aristote ou de Descartes ; il a perfectionné la méthode de raisonner par imagination, par réverbération, par allitération, par assonance, par antithèse ; ce très-grand et très-aimable rhétoricien et théologien, si merveilleusement spirituel, a rendu la logique du surnaturel la plus spécieuse du monde ; il l'a proprement constituée ; il a réponse à tout, explication pour tout ; dans les défilés d'où la raison pure et simple, d'où le bon sens pédestre ne se tirerait jamais, il passe par-dessus en métaphore : ses écrits sont un arsenal où, depuis, tous les orateurs et les raisonneurs sacrés sont venus puiser et se fournir. – Avec un tel auteur, si on s'y enferme, la mine, on le croira, est inépuisable.» (note de S-B)

chander aux deux chefs des deux principales sectes morales du monde infidèle : l'une qui se fonde sur l'origine divine, sur la force et la liberté de l'homme, et lui impose une grandeur impossible ; l'autre qui s'aperçoit et se raille de sa faiblesse, de sa vanité, de sa dépendance des choses, et en tire prétexte de couler dans une morale facile, relâchée et à l'aventure.

Il commence par Épictète comme par celui qui a le mieux connu les devoirs de l'homme, et il fait de cette première moitié de la doctrine stoïque un rapide, un impartial et majestueux tableau : « Voilà, Monsieur, ajoute-t-il parlant à M. de Saci, voilà les lumières de ce grand esprit qui a si bien connu le devoir de l'homme. *J'ose dire qu'il mériteroit d'être adoré* s'il avoit aussi bien connu son-impuissance, puisqu'il falloit être Dieu pour apprendre l'un et l'autre aux hommes. Aussi, comme il étoit terre et cendre, après avoir si bien compris ce qu'on doit faire, voici comme il se perd dans la présomption de ce que l'on peut » (« Entretien », p. 293)[16]. Et il en vient à toucher la grande erreur, selon lui, d'Épictète et en général des sages Stoïciens, Pélagiens, Déistes, qui consiste à croire que l'esprit est droit, que la conscience est droite, que la volonté naturelle aime sainement son vrai bien, et qu'il suffit dès lors à l'homme d'user de ses propres puissances au dedans et de compter sur soi pour arriver à Dieu. Mais compter sur soi pour l'homme, c'est vraiment compter sans son hôte, c'est bien souvent compter sur l'ennemi. Ces principes *d'une superbe diabolique* (p. 293), s'écrie Pascal[17], conduisent Epictète à d'autres erreurs encore, à croire que l'âme fait partie de la substance divine, que la douleur et la mort ne sont pas des maux ; et autres énormités stoïciennes.

Dans un de ses sermons pour l'Avent, Bossuet parlant de la réforme morale du genre humain et des surhumaines difficultés qu'elle présente : « Aussi, dit-il, la philosophie l'a-t-elle tenté vainement. Je sais qu'elle a conservé de belles règles et qu'elle a sauvé de beaux restes du débris des connoissances humaines ; mais je perdrois un temps infini si je voulois raconter toutes ses erreurs.» Et du geste de Scipion entraînant le peuple au Capitole : « Allons donc rendre nos hommages à cette équité infaillible qui nous règle dans l'Évangile. J'y cours, suivez-moi !...»[18] C'est ce que va dire Pascal, et non moins impétueux, après

---

[16] « Je citerai ici de préférence les endroits supprimés ou affaiblis dans le texte des éditions de Pascal. Ce *j'ose dire qu'il mériteroit d'être adoré*, toute cette locution hardie a été supprimée.» (note de S-B)

[17] « Ces *orgueilleux* principes, dans les éditions.» (note de S-B)

[18] « Second Sermon pour le premier dimanche de l'Avent, » *Œuvres complètes*, éd. F. Lachat (Paris : Louis Vivès, 1862), vol. VIII, p. 186.

toutefois qu'il aura dénoncé et poussé à bout dans Montaigne le contre-pied d'Épictète.

Mais d'abord a-t-il exagéré et chargé Épictète; et, pour le mieux frapper, comme il arrive souvent, a-t-il façonné quelque peu son adversaire ? Dacier[19] le prétend : dans sa Préface sur Marc-Aurèle et dans celle de son Épictète, le docte traducteur a vengé ses saints. Il croit retrouver dans Platon, dans Épictète en particulier, *l'humilité*, que Pascal en un certain sens ne lui avait point déniée. Le fait est que l'humilité stoïcienne et philosophique ne sera jamais l'humilité chrétienne, qu'il y a un principe d'orgueil dans cette conscience généreuse, et que bien vite ce principe se produit. Otez Épictète, et mettez à la place Jean-Jacques de l'*Émile*: le reproche reste évident.

Mais c'est quand il en vient à Montaigne, son auteur très-familier et plus favori qu'il n'oserait se l'avouer à lui-même, c'est alors que Pascal abonde et qu'il excelle à tout suivre, à tout démêler. Il m'a toujours semblé que la forme sous laquelle le démon de l'incrédulité a dû le plus tenter Pascal, ç'a été celle de Montaigne : et en effet ce diable-là pour lui devait être bien tentant. Esprit, langage, raillerie, hardiesse, tant de choses lui en allaient ! Vite il mit la Croix en travers, pour enrayer le penchant.

Ce qu'il a dit ici de Montaigne, et qu'on lit à très-peu près exactement dans ses Œuvres, est trop étendu, trop connu, pour être inséré ou même extrait ; je n'en regrette que la bordure et ces répliques de M. de Saci, le Socrate du dialogue, qui fait l'ignorant, l'étonné, qui sourit et voit venir, et se plait à faire courir d'emblée dans le champ clos du désert le jeune coursier bondissant.

Après l'exposé que donne si bien Pascal du scepticisme à double et triple fond de Montaigne, et de l'humiliation que ce moqueur inflige à l'homme, par lui ravalé quasi au-dessous des animaux, la Relation originale poursuit :

M. de Saci se croyant vivre dans un nouveau pays, et entendre une nouvelle langue, il se disoit en lui-même les paroles de saint Augustin[20] : « O Dieu de vérité ! ceux qui savent ces subtilités de raisonnement vous sont-ils pour cela plus agréables ?» Il plaignoit ce philosophe qui se piquoit et se déchiroit lui-même de toutes parts des épines qu'il se for-

[19] Le philologue André Dacier (1651-1722), auteur des *Réflexions morales de l'empereur Marc-Antoine [Aurèle], avec des remarques* (Paris, 1691).

[20] « Dans les petits changements que je fais au texte imprimé, je me rapproche le plus possible de la naïveté primitive de l'expression, d'après mon manuscrit.» (note de S-B) En fait, S-B modifie assez peu le texte de l'« Entretien ».

moit, comme saint Augustin dit de lui-même, quand il étoit en cet état. Après donc avoir écouté tout avec [une assez longue] patience, il dit à M. Pascal : « Je vous suis obligé, Monsieur ; je suis sûr que si j'avois lu longtemps Montaigne, je ne le connoîtrois pas autant que je le {connois par} [fais depuis] l'entretien que je viens d'avoir avec vous. Cet homme devroit souhaiter qu'on ne le connût que par les récits que vous faites de ses écrits ; et il pourroit dire avec saint Augustin : *Ibi me vides, attende*[21]. Je crois assurément que cet homme avoit de l'esprit ; mais je ne sais si vous ne lui en prêtez pas un peu plus qu'il n'en a {eu}, par cet enchaînement si juste que vous faites de ses principes. Vous pouvez juger qu'ayant passé ma vie comme j'ai fait, on m'a peu conseillé de lire cet auteur[22], dont tous les ouvrages n'ont rien de ce que nous devons principalement rechercher dans nos lectures, selon la règle de saint Augustin, parce que ses paroles ne viennent point de l'humilité et de la piété chrétienne, et qu'elles renversent les fondements de toute connoissance, et par conséquent de la religion même. C'est ce que ce saint Docteur a reproché à ces philosophes d'autrefois, qu'on nommoit Académiciens, et qui vouloient mettre tout dans le doute. Mais qu'avoit besoin Montaigne de s'égayer l'esprit, en renouvelant une doctrine qui passe avec raison parmi les Chrétiens pour une folie ? *Si on allégue, pour excuser Montaigne, que dans tout ce qu'il dit il met à part la Foi, nous qui avons la Foi, nous devons mettre à part tout ce que dit Montaigne*[23]. Je ne blâme point dans cet auteur l'esprit, qui est un grand don de Dieu ; mais il devoit s'en servir mieux, et en faire plutôt un sacrifice à Dieu qu'au Démon. Pour vous, Monsieur, vous êtes heureux de vous être élevé au-dessus de ces docteurs plongés dans l'ivresse de la

---

[21] « Là regarde-moi, fais attention. »

[22] « Un heureux hasard (que je dois à M. Hahn de Luzarches) fait que j'ai sous les yeux le catalogue manuscrit de la bibliothèque de M. de Saci, ou, pour parler exactement, *l'inventaire, prisée et estimation* faite par les marchands libraires Petit et Desprez des livres trouvés tant au monastère de Port-Royal des Champs qu'au bourg de Pomponne, qui appartenaient à feu M. de Saci, le tout évalué à la somme de 'cinq mille trois cent soixante et onze livres quinze sols, sauf erreur ;' la pièce portant date du 7 avril 1684. C'est une bonne et solide bibliothèque théologique. Les Bibles de toute sorte et de tout format y abondent naturellement : le traducteur de la Bible avait sous la main tous ses instruments. J'y vois aussi les principaux classiques latins : – Térence ; – même Catulle et Tibulle ; – d'Ovide, les *Fastes* seulement ; quelques bons livres français, Joinville, Commines. De Charron, il y a *Les trois Vérités*, mais pas le livre de *la Sagesse*. Rien de Montaigne. Dans aucun temps M. de Saci ne crut devoir loger chez lui l'ennemi. » (note de S-B)

[23] « Comme tout ceci est doucement malicieux et fin, et (si Port-Royal le permet) de nuance attique ! » (note de S-B)

science, et qui ont le cœur vide de la vérité. Dieu a répandu dans votre cœur d'autres douceurs et d'autres attraits que ceux que vous trouviez dans Montaigne : il vous a rappelé de ce plaisir dangereux, *a jucunditate pestifera*[24], comme dit saint Augustin, d'autant plus croyable en cela, qu'il étoit autrefois dans ces sentiments : et comme vous dites de Montaigne que c'est par ce doute universel qu'il combat les hérétiques de son temps, ce fut aussi par ce même doute des Académiciens que saint Augustin quitta l'hérésie des Manichéens. Mais depuis qu'il fut à Dieu, il renonça à cette vanité qu'il appelle sacrilége ; il reconnut avec quelle sagesse saint Paul nous avertit de ne pas nous laisser séduire par ces discours : car il avoue qu'il y a en cela un certain agrément qui enlève ; on croit quelquefois les choses véritables parce qu'on les dit éloquemment. Ce sont des viandes dangereuses, dit-il, que l'on sert en de beaux plats ; mais ces viandes, au lieu de nourrir le cœur, le laissent vide. On ressemble alors à des gens qui dorment et qui croient manger en dormant.

M. de Saci dit encore à M. Pascal plusieurs choses semblables, sur quoi celui-ci lui dit que, s'il lui faisoit compliment de bien posséder Montaigne, et de le savoir bien tourner, il pouvoit lui dire sans compliment qu'il possédoit bien mieux saint Augustin, et qu'il le savoit bien mieux tourner, quoique peu avantageusement en faveur du pauvre Montaigne. Il (M. Pascal) lui parut être extrêmement édifié de la solidité de tout ce qu'il (M. de Saci) venoit de lui représenter. Cependant, étant encore tout plein de son auteur, il ne put se retenir et ajouta : «*Je vous avoue, Monsieur, que je ne puis voir sans joie* dans cet auteur la superbe raison si invinciblement froissée par ses propres armes, et cette révolte si sanglante de l'homme contre l'homme, laquelle, de la société avec Dieu où il s'élevoit par les maximes de sa foible raison, le précipite dans la condition des bêtes. *J'aurois aimé de tout mon cœur*[25] le ministre d'une si grande vengeance, si, étant humble disciple de l'Église par la foi, il eût suivi les règles de la morale....» («Entretien» pp. 294-5).

On sait le reste ; mais nous avons retrouvé le mouvement, cette verve, cette plénitude de Pascal qui, une fois lancé, ne peut s'arrêter et qui recommence toujours. L'admirable conclusion subsiste dans toutes les mémoires. Le Stoïcien s'érigeait en Dieu ; l'Épicurien déprimait

---

[24] La traduction précède.

[25] «Les éditions de Pascal lui font dire ici : *On aimeroit de tout son cœur..., on ne peut voir sans joie...* Pourquoi donc, quand on saisit sur le fait l'accent et l'homme, aller prendre plaisir à l'atténuer ? Les Jansénistes n'ont déjà que trop employé le *on* ; quand on rencontre le *je*, pourquoi l'ôter ?» (note de S-B)

l'homme: tous deux, en sens divers, méconnaissaient la Chute. L'Homme-Dieu seul, comblant l'abîme, unit et répare: «Je vous demande pardon, Monsieur, dit tout d'un coup Pascal à M. de Saci, de m'emporter ainsi devant vous dans la Théologie, au lieu de demeurer dans la philosophie; mais mon sujet m'y a conduit insensiblement, et il est difficile de n'y pas entrer, quelque vérité qu'on traite, parce qu'elle est le centre de toutes les vérités.» Et M. de Saci qui écoute volontiers, qui n'intervient que pour donner le motif et mettre le correctif, réplique encore:

«M. de Saci ne put s'empêcher de témoigner à M. Pascal qu'il étoit surpris de la façon dont il savoit tourner les choses. Il avoua en même temps que tout le monde n'avoit pas le secret comme lui de faire sur ses lectures des réflexions si sages et si élevées. Il lui dit qu'il ressembloit à ces médecins habiles qui, par la manière adroite de préparer les plus grands poisons, en savent tirer les plus grands remèdes.[26] Il ajouta que quoiqu'il vît bien, par tout ce qu'il venoit de lui dire, que ces lectures lui étoient utiles, il ne pouvoit pas croire néanmoins qu'elles fussent avantageuses à beaucoup de gens dont l'esprit n'auroit pas assez d'élévation pour lire ces auteurs et en juger, et pour savoir tirer quelques perles du milieu de ce fumier, d'où il s'élevoit même une noire fumée qui pouvoit obscurcir la foi chancelante de ceux qui les lisent; que, par cette raison, il conseilleroit toujours à ces personnes de ne pas s'exposer légèrement à ces lectures.»[27]

(Et, après une dernière explication de Pascal:) «Ce fut ainsi que ces deux personnes d'un si grand esprit s'accordèrent enfin au sujet de la lecture des philosophes, et se rencontrèrent au même terme, où ils arri-

---

[26] «Dans une lettre de Leibnitz à M. Arnauld on lit quelque chose de tout pareil. Après une énumération d'une quantité d'auteurs plus ou moins hétérodoxes que l'infatigable lecteur a cru pouvoir se permettre, il ajoute qu'il en est résulté pour lui un effet entièrement contraire à celui que quelques personnes appréhendaient: 'Le poëte l'a dit, quelquefois deux poisons mêlés ensemble deviennent un remède: *Et, quum fata volunt, bina venena juvant.* [Et, quand le destin le veut, deux poisons mêlés deviennent un remède].' Cette chimie-là est sûre, je le crois bien, pour les esprits de la trempe d'un Pascal ou d'un Leibnitz» (note de S-B). Dans son «Entretien» avec Pascal, Monsieur de Saci dit à celui-ci «qu'il ressemblait à ces médecins habiles qui, par la manière adroite de préparer les plus grands poisons, en savent tirer les plus grands remèdes.» (p. 297)

[27] «J'ai respecté les longueurs; le contraste naturel y est fidèlement observé. A côté de ce style vif, pressé, de Pascal, on suit ces phrases lentes, traînantes, et comme précautionnées de M. de Saci, qui pousse le sens jusqu'au bout dans son extrême clarté, et qui parachève son dire unique en douce patience.» (note de S-B)

vèrent néanmoins d'une manière un peu différente : M. de Saci y étant venu tout d'un coup par la seule vue du Christianisme, et M. Pascal n'y étant arrivé qu'après beaucoup de détours, s'attachant aux principes de ces philosophes.»

Mais quel beau dialogue ! quelle magnifique entrée en matière de Pascal à Port-Royal ! Fermeté de tour, conduite et dessein, l'art, après coup, eût-il mieux trouvé ? La portée surtout m'en frappe ; je suppose qu'on en a relu tout le fond, Pascal en main. Sous deux chefs toutes les philosophies y passent, et toutes celles d'alors, et celles qui, depuis, ont essayé d'autres noms. On souffrira que j'insiste encore pour compléter mon *argument*.

Épictète et Montaigne, on les peut donc prendre au moral comme les deux chefs de file de deux séries qui, poussées jusqu'au bout, ramassent en effet tous les philosophes :

Épictète, chef de file de tous ceux qui relèvent l'homme, la nature humaine, et la maintiennent suffisante ;

Qu'ils soient ou Stoïciens rigides, ou simplement Pélagiens, Sociniens, Déistes ; croyant à la conscience avant tout comme Jean-Jacques [Rousseau], au sentiment moral des Écossais, aux lois de la raison pure de Kant, ou simples et humbles psychologistes, comme tel de nos jours entre nos maîtres, que nous pourrions citer ; tous ils se viennent ranger, bon gré, mal gré, sous Épictète, en ce sens qu'ils s'appuient tous sur le *moi*.

Puis Montaigne, *sergent de bande*, comme il dirait (II, 40, 409a), et des Sceptiques et de tous ceux qui ne s'appuient pas sur la grandeur morale intérieure, sur la conscience une et distincte ; et en ce sens il préside non-seulement aux Sceptiques purs (Bayle, Hume), mais, à tous les autres qui infirment l'homme et lui contestent son point de vue du moi central et dominant : ainsi les Matérialistes empiriques, qui vivent au jour le jour et nient autre chose que l'expérience des sens (Gassendi) ; les Athées qui supposent l'homme s'en tirant comme il peut en ce triste monde, moyennant des lois artificielles qu'il s'impose et qui sont nécessaires à sa pauvre espèce pour ne pas *s'entre-manger* (Hobbes) ; les Naturistes comme d'Alembert et Diderot, qui, tout en étant dans la bienveillance (d'Alembert), ou dans l'enthousiasme fréquent (Diderot), n'admettent de loi morale qu'une certaine affection, une certaine chaleur muable et propre à la nature de chaque animal ; les Panthéistes et Spinosistes (dont est déjà Diderot[28]), qui, tout en admettant un grand

[28] « Dans ces noms que je cite à l'appui des systèmes, qu'on ne voie qu'une manière

ordre général et une loi du monde, y perdent l'homme comme un atome et un accident, comme une forme parmi une infinité de formes, lui nient sa liberté, et que son mal soit mal, que sa vertu soit vertu absolue. Et notez que ce Panthéisme et Spinosisme, que je range sous Montaigne, comme absorbant la nature humaine et le moi, rejoint pourtant à certains égards le Stoïcisme, qui commence la série opposée. Le cercle des systèmes est accompli.

Mais n'est-il pas beau, et n'est-ce pas une figure parlante, de voir ainsi Pascal posant dès l'abord ces deux colonnes d'erreur (si on peut appeler Montaigne une colonne), et entre elles deux, l'une de pierre et l'autre de fumée, après qu'il en a donné la mesure, passant de la philosophie à la religion, pour être reçu à l'entrée par l'humble, fin et irréfragable M. de Saci ? N'y a-t-il pas là, pour le fond, grandeur supérieure, et pour la bordure, pour l'intérêt du drame et de la scène, beauté presque égale à ce qu'on admire aux plus célèbres Dialogues anciens ?

Ah ! sans doute Platon est aussi charmant qu'inimitable, lorsque, dans ce divin dialogue du *Phèdre*, il fait asseoir ses interlocuteurs sous le platane, les pieds baignés dans l'Ilissus[29]. Ici rien de tel. Pourtant, sous les ombrages que nous connaissons, vers une fin d'automne peut-être, la scène aurait de la grâce encore. Ombrage à part, on a dans M. de Saci le vrai Socrate chrétien, je l'ai dit, et non pas un Socrate d'après Platon, mais plutôt d'après Xénophon; juste, rien de trop, presque docile en enseignant; un petit train de *terre-à-terre*, mais qui découvre tout d'un coup le Ciel.

A côté du Dialogue de Sylla et d'Eucrate, nous mettrons donc. désormais celui-ci, tout naturel qu'il est, comme pendant et contre-poids aux vieux chefs-d'œuvre. En ce genre des Dialogues, comme richesse moderne, les *Soirées de Saint-Pétersbourg* viendraient aussi tomber dans le même plateau[30].

Au moment d'entrer plus avant dans Pascal, que cette conversation nous a déjà dessiné si bien, il reste quelque chose à faire. Il ne s'est pas exprimé cette seule fois sur Montaigne; Port-Royal, après lui, s'en est préoccupé souvent. Il nous importe, pour notre propre compte, de vérifier d'un peu près ces sentences, d'en rechercher toute l'explication,

---

d'éclaircissement. Je ne veux qu'ébaucher le cadre; les gens du métier préciseront.» (note de S-B)

[29] ou Ilissos, rivière de l'Attique qui descendait du Mont Hymette renommé pour son miel.

[30] Le «Dialogue de Sylla et d'Eucrate» est de Montesquieu; les *Soirées de Saint-Pétersbourg,* de Joseph de Maistre (1753-1821), traitent de l'influence temporelle de la Providence.

d'envisager nous-même Montaigne face à face, autant que le *face-à-face* est possible avec un tel homme. Même en venant là-dessus après Pascal, on peut espérer avoir à dire, quand on écrit presque à deux siècles d'intervalle et qu'on a vu toutes les conséquences. Et puis M. de Saci ne lui a-t-il pas répondu : « Je crois assurément que *cet homme avoit de l'esprit*[31] ; mais je ne sais si vous ne lui en prêtez pas un peu plus qu'il n'en a {eu}, par cet enchaînement si juste que vous faites de ses principes ?» (« Entretien » p. 295). Ce doute du sage est à examiner.

Et l'écrivain d'ailleurs nous promet, à titre d'étude, plus d'un rapprochement heureux, nécessaire, plus d'une lumière de style qui rejaillira sur Pascal d'abord, et qui dans le passé déjà parcouru, s'en reviendra jouer sur Balzac et saint François de Sales.

II

Montaigne à la barre de Port-Royal; – moins heureux que Descartes. – Jugement sur lui : Nicole; la Logique. – Page fulminante. – Contagion des Confessions. – Clef de la sentence janséniste : Montaigne l'homme naturel. – Le Montaigne en chacun. – Il est partout, hors en Port-Royal. – Seul point commun, contre la Scolastique. – Montaigne aussi hors du milieu.

Mais, avant d'aborder l'écrivain, il y a une affaire plus pressante à régler avec Montaigne. Montesquieu a dit : « Dans la plupart des auteurs, je vois l'homme qui écrit, dans Montaigne l'homme qui pense.»

Par une destinée assez singulière, il se trouve que le caractère et le tour de sa pensée perdent du premier coup Montaigne auprès des hommes de Port-Royal moins avisés sur d'autres points de la ligne philosophique ; que, dénoncé et signalé dans cette précision par Pascal, il leur paraît représenter désormais tout ce que sera un jour la philosophie du dix-huitième siècle ; qu'il en est pour eux un abrégé parlant, une prophétie anticipée et redoutable ; et que nos Messieurs la résument d'avance, la combattent et la haïssent en lui. *Le Moi est haïssable* (*Pensées* 597-455).

Cette philosophie du seizième ou du dix-huitième siècle était assez peu représentée directement sous leurs yeux par quelque grand personnage vivant. Descartes, bien qu'il eût ouvert une large porte à l'examen

[31] « O la naïveté agréable !» (note de S-B)

de la raison réduite à elle seule, avait, dès le second pas, rejoint les grandes solutions métaphysiques, conformes au Christianisme ; et son génie novateur, mais religieux, qui certes eût donné de l'ombrage à Jansénius ou à Saint-Cyran, et qui n'obtenait pas grâce devant Pascal, séduisait Arnauld, qui n'en devait combattre le développement que dans Malebranche, et encore sans se douter de la parenté avec Spinosa[32]. Malebranche et Spinosa, ces deux jumeaux ennemis, issus de Descartes, et encore éloignés d'ailleurs à cette date où nous sommes, n'étaient point, précisément à cause de leur élévation métaphysique et de leur appareil spéculatif, de ces philosophes bien redoutables pour le siècle et pour le milieu de la société. On n'en pouvait dire autant de Montaigne, qui allait s'insinuant, et qui devait faire si aisément la chaîne et comme le pourparler jusqu'à Bayle et au delà. Il y avait, vers cette moitié du dix-septième siècle, assez d'écrivains, soit graves et accrédités auprès des doctes, tels que La Mothe-Le-Vayer, soit frivoles ou à la mode auprès des frivoles, tels que Saint-Évremond, il y avait dans le monde assez d'esprits *libertins*, pour dénoter et accuser la persistance de ce mal philosophique qu'on appelait à Port-Royal et qu'on spécifiait du nom de Montaigne. Celui-ci devint donc une grande figure adversaire directe. Il est douteux toutefois que les autres Messieurs de Port-Royal se fussent donné et indiqué cet adversaire, si Pascal au début ne s'en était chargé et ne l'avait installé sur ce pied-là.

Bizarrerie de fortune et d'accueil qui frappe au premier coup d'œil, mais qui s'explique très-bien ! De Descartes et de Montaigne, l'un, si absolu, réussit à Port-Royal et s'infiltre, où l'autre, si attirant et si aimable, n'attrapera que des injures. Ce qui sauve Descartes dans l'esprit des solitaires, c'est sa gravité de ton, son sérieux ; ce qui compromet et décèle l'autre, c'est son ton badin, familier, *enjoué* (il a, dit-on, inventé le mot)[33]. Précisément, ce qui fait son charme près de tous l'a perdu ici.

Les jugements de Port-Royal sur Montaigne sont nombreux et à recueillir, bien qu'ils semblent faits pour choquer. Une fois dressé au seuil par cette main puissante de Pascal, il demeure en vue et en butte aux survenants : c'est leur ennemi, leur mauvais génie et comme la bête noire du désert, un Sphinx moqueur. Ils se signent en passant devant lui.

Pascal, du moins, ne l'a jamais malmené qu'avec cette intelligence supérieure qui est encore un hommage d'égal à égal. Montaigne se peut

[32] Le manuscrit de Sainte-Beuve porte « voisinage » au lieu de « parenté ». Voir *P-R*, éd. Maxime Leroy (Paris : Gallimard, 1953), p. 825, note 4.

[33] Selon Littré, Amyot aurait précédé Montaigne pour l'emploi de ce mot. Voir *infra*, note 146.

étudier, je l'ai dit, au sein de Pascal. Il fut pour lui, à certaines heures, le renard de l'enfant lacédémonien, le renard caché sous la robe; Pascal en était souvent repris, et mordu, et dévoré. En vain il l'écrase, il le rejette: le rusé revient toujours. Il s'en inquiète, il le cite, il le transcrit quelquefois dans le tissu de ses propres *Pensées*, et on s'y est mépris dans l'Édition donnée par ses amis: il y a des phrases de Montaigne qu'on y a laissées comme étant de Pascal[34]. Montaigne s'était ancré en lui, sous air d'y vouloir à peine loger. Aussi quelle vengeance! quelles représailles! Il ne le traite pas toujours grandement comme dans l'entretien avec M. de Saci: il l'insulte et le rapetisse, il voudrait l'avilir: *Il est plein de mots sales et déshonnêtes... Le sot projet que Montaigne a eu de se peindre...* (780-62); puis, presque aussitôt, on a un retour, une réminiscence: *Montaigne a raison, la coutume doit être suivie...*[35]; ou encore, ce qui est plus explicite et qui lui échappe à titre d'éloge: «Ce que Montaigne a de bon ne peut être acquis que difficilement; ce qu'il a de mauvais (j'entends hors les mœurs) eût pu être corrigé en un moment, si on l'eût averti qu'il faisoit trop d'histoires et qu'il parloit trop de soi» (649-65). Et ailleurs il le qualifie tout d'un coup *l'incomparable auteur de l'Art de conférer*[36]. Combien de fois Montaigne, dans les temps de cette conversion combattue, avait-il porté la défaite en lui! On pourrait résumer de la sorte: Pascal, dans toute sa vie et dans toute son œuvre, n'a fait et voulu faire que deux choses, combattre à mort les Jésuites dans les *Provinciales*, ruiner et anéantir Montaigne dans les *Pensées*.

Pour Nicole, j'ai regret de le dire, il renchérit trop ici, comme c'est l'ordinaire des seconds; Montaigne a trop l'air pour lui d'être un plastron, tant il va dauber avec rudesse. Ces armes, que Pascal a faites si vigoureuses, deviennent aussitôt lourdes, hors de ses mains, et paraissent massives. Voici une page des *Essais de Morale* qui court [le] risque d'être jugée un peu grosse de ton et un peu crue dans sa verdeur judicieuse. Il s'agit des plaisirs et des deux manières de s'y adonner, l'une directe, sensuelle et toute *brutale*, l'autre philosophique, indirecte, et

---

[34] «Ou du moins c'est du Montaigne rédigé plus brièvement par Pascal; ainsi la pensée: *Plaisante justice qu'une rivière ou une montagne borne..* (60-294); et cette autre: *Le plus grand philosophe du monde sur une planche....* (44-82) Voir le chapitre intitulé: *Apologie de Raimond Sebond.*» (II, 12, 579c et 594a) (note de S-B)

[35] En fait, Pascal dit le contraire: «Montaigne a tort. La coutume ne doit être suivie que parce qu'elle est coutume...» (*Pensées*, 525-325).

[36] «Dans le petit écrit de Pascal sur *l'Art de persuader* [p. 357], lequel je soupçonne, d'après quelques mots, d'une époque antérieure à sa grande conversion.» (note de S-B)

non moins *brutale* définitivement : car c'est à cette fin que Nicole tient à ravaler son adversaire, ce délicat épicurien de la raison :

« Mais la seconde manière, dit-il, de s'abandonner aux plaisirs est infiniment plus dangereuse, lorsque c'est la raison même qui nous livre aux sens ; et c'est ce qui arrive à certains esprits qui ont assez de lumières pour reconnoître qu'il n'y a rien de solide en tout ce que les hommes estiment, et que les grandes charges, les grands desseins, la science, la réputation et toutes les autres choses semblables n'ont qu'un faux éclat et une véritable misère.

[...] La raison venant à considérer le peu de fruit qu'elle tire de toutes ces choses, les peines qui les accompagnent, et que tout cela ne la peut garantir de la mort lorsqu'elle n'est pas éclairée par une autre lumière, elle ramène l'homme au lieu même d'où elle l'avait tiré, et elle lui fait embrasser par raison et par désespoir cette vie brutale dont elle l'avoit éloigné : [...] *Nonne melius est comedere et bibere, et ostendere animæ suæ bona de laboribus suis*? Ne vaut-il pas mieux manger et boire, et faire goûter à son âme du fruit de ses travaux[37].

On peut dire que ce dernier degré comprend tout le livre et tout l'esprit de Montaigne. C'est un homme qui, après avoir promené son esprit par toutes les choses du monde, pour juger ce qu'il y a en elles de bien et de mal, a eu assez de lumières pour en reconnoitre la sottise et la vanité.

Il a très-bien découvert le néant de la grandeur et l'inutilité des sciences ; mais, comme il ne connoissoit guère d'autre vie que celle-ci, il a conclu qu'il n'y avoit donc rien à faire qu'à tâcher de passer agréablement le petit espace qui nous est donné.

Ainsi, comme le Saint-Esprit a jugé si important de nous faire connoître l'aveuglement de notre raison lorsqu'elle est privée de la lumière de la Foi, qu'il a voulu nous représenter ses égarements dans un livre canonique (*l'Ecclésiaste*)..., de même il semble qu'on puisse tirer quelque utilité du livre de Montaigne, puisqu'il représente très-naïvement les mouvements naturels de l'esprit humain, ses différentes agitations, ses démarches pleines de tiédeur, et la fin brutale où il se réduit après avoir bien tourné de tous côtés »[38].

C'est sans doute pour punir Nicole de cette page, ou de quelque autre pareille, que Vauvenargues, bien sévère cette fois, a dit (il s'agit de *Lacon* ou du *petit Homme*) : « Il y a beaucoup d'ouvrages qu'il admire,

---

[37] «*Ecclésiaste*, chap. II, 24» (note de S-B). La traduction suit le texte de la Vulgate.

[38] «*Essais de Morale*, tome VI, p. 223.» (note de S-B)

[...] le *Traité du vrai Mérite* qu'il préfère, dit-il, à La Bruyère. Il met dans une même classe Bossuet et Fléchier, et croit faire honneur à Pascal de le comparer à Nicole, dont il a lu les *Essais* avec une patience tout à fait chrétienne.» Nicole, qui vaut mieux que Vauvenargues ne le dit là, et qui, sous son ton gris, a aussi ses finesses particulières et ses nuances, s'est attiré en plus d'une occasion l'impatience et les chiquenaudes des délicats, lui qui l'était; il s'est fait tancer par Racine, par le marquis de Sévigné, et peut-être par La Bruyère[39].

Madame de Sévigné, qui était en guerre avec son fils sur Nicole qu'elle trouvait *délicieux*, et qui aurait bien voulu faire *un bouillon* d'un certain petit traité de lui pour l'avaler, madame de Sévigné, dans sa rai-

[39] «N'est-ce pas en souvenir de ce jugement de Nicole, on peut se le demander, que La Bruyère, qui au fond tient tant de Montaigne, non-seulement pour le style et pour la méthode décousue avec art, mais aussi pour la manière de juger l'homme et la vie, a écrit ce mot souvent cité: 'Deux écrivains dans leurs ouvrages ont blâmé Montaigne, que je ne crois pas, aussi bien qu'eux, exempt de toute sorte de blâme: il paroît que tous deux ne l'ont estimé en nulle manière. L'un ne pensoit pas assez pour goûter un auteur qui pense beaucoup; l'autre pense trop subtilement pour s'accommoder des pensées qui sont naturelles.' Les Clefs de La Bruyère, qui toutes s'accordent sur Malebranche pour le second de ces auteurs, varient pour le premier entre Balzac et Nicole. A voir la différence des temps, *l'autre* PENSE, *l'un ne* PENSOIT *pas*, il semblerait qu'il s'agit ici d'un auteur déjà mort, par conséquent de Balzac. Mais Balzac d'ailleurs ne remplit pas toute la condition, et l'on ne saurait dire de lui qu'il n'estimait Montaigne *en nulle manière*. D'un autre côté, la page qui se lit au tome VI des *Essais de Morale* n'avait point paru à temps pour être connue de La Bruyère. Il est possible que celui-ci ait eu particulièrement en vue le passage de *la Logique ou l'Art de penser*, qui sera cité tout à l'heure; il y aurait en ce cas, sous ce mot *ne pensoit pas assez*, une double épigramme. Et de plus il n'était peut-être pas fâché de laisser quelque doute dans l'application, et de se réserver une porte de sortie sur Balzac. Ce qui est certain, c'est qu'on ne voit pas que La Bruyère ait été lié le moins du monde avec Port-Royal, qui du reste finissait à l'époque où l'auteur des *Caractères* se produisit. L'abbé Grégoire s'est laissé aller à une conjecture complaisante lorsque, dans ses *Ruines*, il nous le présente comme de compagnie avec les autres illustres dans les promenades du vallon. La Bruyère, religieux encore, mais sur bien des points pénétré de Montaigne, lui cédant en détail et ne se courrouçant point contre lui; La Bruyère, qui couronna, par un très-beau chapitre philosophique chrétien, un livre qui s'était assez aisément passé de Christianisme jusque-là, n'avait aucun goût pour cette austérité de réforme hérissée de controverse, et, comme on l'a indiqué précédemment, c'est aux Jansénistes au moins autant qu'aux Jésuites qu'il pensait en introduisant dans ce même chapitre des *Ouvrages de l'Esprit* cette remarque sensée à l'adresse des factums de tout genre, et principalement théologiques, qui vieillissent si vite et dont, une fois le moment passé, l'on ne veut plus: 'Ils deviennent des *Almanachs* de l'autre année.' Sentence terrible de justesse, à laquelle, en critique sagace, il mettait déjà les noms !» (note de S-B) Voir l'article de S-B sur La Bruyère: 'En beaucoup d'opinions comme en style, il se rejoint assez aisément à Montaigne.' (1er juillet 1836, repris dans les *Portraits littéraires*, tome I, p. 403).

son libre et conciliante, ne pensait pas moins de bien de Montaigne[40]. Elle était de l'avis de madame de La Fayette, qui disait que c'eût été le plus agréable voisin[41]. A propos d'amusements dans ses loisirs de Livry: «En voici un que j'ai trouvé, s'écrie-t-elle, c'est un volume de Montaigne que je ne croyois pas avoir apporté. Ah! l'aimable homme! qu'il est de bonne compagnie! c'est mon ancien ami; mais, à force d'être ancien, il m'est nouveau. (Il est vrai que la page qu'elle vient de lire avec larmes raconte la tendresse du maréchal de Montluc pour son fils, et elle, dans la sienne, c'est à sa fille qu'elle pense.) Mon Dieu! que ce livre est plein de bon sens!»[42] Madame de Sévigné a beau faire; en vain, de son ton le plus aisé, elle essaye de rompre à cet endroit la rudesse théologique des solitaires; en vain, Nicole et Montaigne ensemble, elle les porte sans duel dans son cœur et les fait en elle s'embrasser: la trêve en reste là et nous ne sommes pas au bout des rigueurs. La *Logique*, sortie surtout de la plume d'Arnauld, mais où Nicole eut grande part, va redoubler la dureté et presque l'invective. Dès le premier Discours, il est question du Pyrrhonisme: «C'est une secte de *menteurs*, dit-on; aussi se contredisent-ils souvent en parlant de leur opinion, leur cœur ne pouvant s'accorder avec leur langue, comme on le peut voir dans Montaigne, qui a tâché de le renouveler au dernier siècle.»[43] Mais il faut en passer par la terrible page elle-même (chap. xx, 3e partie); c'est à propos des sophismes d'amour-propre, d'intérêt et de passion: on conseille d'éviter de parler directement de soi, car rien ne blesse plus l'amour-propre des autres. Ces Messieurs ne soupçonnaient pas que, par un repli plus secret, cela quelquefois au contraire intéresse; en général ils vont moins au fin et au subtil qu'au solide et au sensé.

«Feu M. Pascal, qui savoit autant de véritable rhétorique que personne en ait jamais su, portoit cette règle jusques à prétendre qu'un honnête homme devoit éviter de se nommer, et même de se servir des mots de *je* et de *moi*; et il avoit accoutumé de dire sur ce sujet que la piété

---

40 «Madame de Sévigné avait pour maxime: *Glisser sur les pensées*; et Montaigne: *Il fault légierement couler le monde et le glisser, non pas l'enfoncer; la volupté mesme est douloureuse dans sa profondeur.*» (III, 10, 1005b) (note de S-B qui avait déjà commenté ce passage sur son exemplaire des *Essais* – voir «Montaigne annoté par S-B,» *supra*, p. 65).

41 S-B avait déjà cité ce mot dans son portrait de Madame de La Fayette (1er septembre 1836, repris dans *Portraits de femmes*, p. 271). Il le recitera encore dans «Montaigne en voyage» (*infra*, p. 201, note 3).

42 Lettre du 4 novembre 1671.

43 *Logique de Port-Royal* (attribuée au Grand Arnauld et à Nicole), Premier Discours, éd. Jourdain (1666) [Paris: Hachette, p. 7]. Cf. *Essais*, édition Villey, p. 1212.

chrétienne anéantit le *moi* humain, et que la civilité humaine le cache et le supprime. Ce n'est pas que cette règle doive aller jusqu'au scrupule ; car il y a des rencontres où ce seroit se gêner inutilement que de vouloir éviter ces mots ; mais il est toujours bon de l'avoir en vue, pour s'éloigner de la méchante coutume de quelques personnes qui ne parlent que d'eux-mêmes, et qui se citent partout, lorsqu'il n'est point question de leur sentiment : ce qui donne lieu à ceux qui les écoutent de soupçonner que ce regard fréquent vers eux-mêmes ne naisse d'une secrète complaisance.... C'est ce qui fait voir qu'un des caractères les plus indignes d'un honnête homme est celui que Montaigne a affecté, de n'entretenir ses lecteurs que de ses humeurs, de ses inclinations, de ses fantaisies, de ses maladies, de ses vertus et de ses vices ; et qu'il ne naît que d'un défaut de jugement aussi bien que d'un violent amour de soi-même. Il est vrai qu'il tache autant qu'il peut d'éloigner de lui le soupçon d'une vanité basse et populaire, en parlant librement de ses défauts aussi bien que de ses bonnes qualités, ce qui a quelque chose d'aimable par une apparence de sincérité ; mais il est facile de voir que tout cela n'est qu'un jeu et qu'un artifice qui doit le rendre encore plus odieux. Il parle de ses vices pour les faire connoître, et non pour les faire détester ; il ne prétend pas qu'on doive moins l'en estimer ; il les regarde comme des choses à peu près indifférentes, et plutôt galantes que honteuses : s'il les découvre, c'est qu'il s'en soucie peu, et qu'il croit qu'il n'en sera pas plus vil, ni plus méprisable ; mais, quand il appréhende que quelque chose le rabaisse un peu, il est aussi adroit que personne à le cacher.» (Et ici on remarque, d'après Balzac, qu'il a bien su nous dire qu'il avait un *page*, et qu'il n'a pas eu le même soin de rappeler que, comme Conseiller au Parlement, il avait eu un *clerc*) [...] «Mais ce n'est pas le plus grand mal de cet auteur que la vanité, et il est plein d'un si grand nombre d'infamies honteuses et de maximes épicuriennes et impies, qu'il est étrange, qu'on l'ait souffert si longtemps dans les mains de tout le monde, et qu'il y ait même des personnes d'esprit qui n'en connoissent pas le venin.»

«Il ne faut point d'autres preuves pour juger de son libertinage que cette manière même dont il parle de ses vices ; car, reconnoissant en plusieurs endroits qu'il avoit été engagé en un grand nombre de désordres criminels, il déclare néanmoins en d'autres qu'il ne se repent de rien, et que, s'il avoit à revivre, il revivroit comme il avoit vécu [...]» (Et l'on cite à l'appui une série de phrases de Montaigne, en les ramassant toutefois et en les isolant de leur lieu.)[44] Paroles horribles, ajoute-t-on, et qui mar-

[44] «La première phrase des *Confessions* de Rousseau semble avoir été calquée sur ce passage de la *Logique*, pour en vérifier tout exprès et en défier l'anathème : '...Que la

quent une extinction entière de tout sentiment de religion, mais qui sont dignes de celui qui parle ainsi en un autre endroit: «*Je me plonge la teste baissée stupidement dans la mort, sans la considérer et recognoistre, comme dans une profondeur muette et obscure, qui m'engloutit {tout d'un coup et m'estouffe en un moment, plein} [d'un saut et accable en un instant] d'un puissant sommeil, plein d'insipidité et d'indolence* [...]» (III, 9, 971b)[45] (Et pour conclusion dernière de cette digression virulente:) «C'est une effronterie punissable que de découvrir ses désordres au monde sans témoigner d'en être touché, puisque le dernier excès de l'abandonnement dans le vice est de n'en point rougir et de n'en avoir ni confusion ni repentir, mais d'en parler indifféremment comme de toute autre chose: en quoi consiste proprement l'esprit de Montaigne»[46].

Je ne flatte assurément pas ici nos amis de Port-Royal en les citant; et rien n'est plus fait pour offenser toutes les sympathies involontaires en faveur de Montaigne, que ce ton emporté qui sent l'école ou tout au moins la secte. Pourtant, au milieu de cette pesanteur sans goût et de cet emportement à outrance, un point demeure remarquable, sur lequel on dirait que le génie de Pascal encore présent aiguise, irrite la prévoyance de Nicole et d'Arnauld, en leur décelant dans ce livre des *Essais* le germe de tant d'écrits futurs où le *moi* jouera le seul rôle. Ne semble-t-il pas en effet que, de même que Jansénius aurait pressenti et combattu le *Vicaire savoyard* dans Pélage, nos Messieurs pressentent et voudraient étouffer d'avance dans les *Essais* les *Confessions* de Jean-Jacques [Rousseau] et toute cette série d'ouvrages qui sont les *Confessions* de saint Augustin sécularisées et profanées, des confessions sans conversion, par amusement, par art, par ennui ?[47] Ne sem-

trompette du Jugement dernier sonne quand elle voudra... Être éternel, rassemble autour de moi l'innombrable foule de mes semblables: qu'ils écoutent mes confessions, qu'ils gémissent de mes indignités, qu'ils rougissent de mes misères [...]: et puis qu'un seul te dise, s'il l'ose: *Je fus meilleur que cet homme-là!*' Voilà ce qui s'appelle du Montaigne à haute dose, à l'état héroïque. Mais c'est moins le principe que le ton qui est changé.» (note de S-B)

[45] S-B {...} modifie légèrement le texte de Montaigne [...] pour l'éclaircir.

[46] *Logique de Port-Royal*, troisième partie, ch. xx, *éd. cit.* p. 242. Cf. *Essais*, éd. Villey, p. 1213.

[47] «Dans ce fameux chapitre *Sur des Vers de Virgile*, Montaigne a dit: 'Si c'est indiscrétion de publier ainsi ses erreurs, il n'y a pas grand dangier qu'elle passe en exemple et en usage; car Ariston disoit que les vents que les hommes craignent le plus sont ceux qui les descouvrent' (III, 5, 846b). Depuis lors les humeurs des hommes ont changé plus que les vents; depuis Montaigne renouvelé par Rousseau, ce n'a été que confessions de gens avides de *se découvrir, affamés de se faire connaître* (III, 5,

blent-ils pas vraiment, dans leur saine droiture, vouloir déraciner déjà toute cette forêt, à l'état de graine encore légère, de branchages encore clairs, riants et flexibles chez Montaigne, mais bientôt et plus tard forêt épaisse et sombre et vénéneuse, mortelle aux Werther et à tous rêveurs qui s'endormiront sous son ombrage; bois de mort, pareil au lugubre bosquet de cyprès et de myrtes dont Virgile parle en son Enfer (*Secreti celant calles...*), [48] séjour tortueux des suicides, et dans lequel en silence, l'œil farouche, à la vue d'Énée s'enfonça Didon:

.......Atque inimica refugit
In nemus umbriferum?...[49]

Mais est-il bien utile après cela d'étudier Montaigne? et M. de Saci nous le permettrait-il? Je n'oserais tout à fait répondre. Pourtant, lors même que nous serions amis et historiens beaucoup plus soumis que nous ne le sommes en effet, il y aurait encore quelque chose de rassurant. On a remarqué avec une sagace justesse et un goût que la morale affermit et dirige, que les écrits, en s'éloignant de nous, perdent souvent ce qu'ils avaient d'actuellement émouvant et de contagieux au moment où ils parurent; que la distance permet, quand une part de génie les a dictés, d'en suivre les mérites, d'en observer et d'en discerner les traits, sans plus rien de cette confusion de la vie avec l'œuvre, ni de cette fièvre morale que le voisinage et la production récente inoculent. Ainsi pour Montaigne: s'il y a eu danger, s'il y a eu venin à l'origine, ce venin, après deux siècles et demi de plein air, a perdu son action vivante; il est ailleurs aujourd'hui circulant sous d'autres formes, coulant avec séve et se renouvelant dans d'autres rejetons dont les parfums surprennent et attirent, autant qu'ils peuvent troubler. Insouciant, badin et paresseux Montaigne, si perfide et si insinuant que tu puisses être, l'émotion directe et mauvaise aujourd'hui n'est plus là ![50]

Donc entrons-y franchement, et, sans vouloir les contrastes, sans forcément les produire, sachons les saisir aussi quand ils se lèvent d'eux-mêmes, et nous en donner le spectacle instruisant. Eussions-nous pu

---

847b). On répète et l'on pratique d'après lui: 'Il fault veoir son vice et l'estudier, pour le redire'» (III, 5, 845c). (note de S-B)

[48] «Ceux [dont l'amour a empoisonné le cœur] se cachent à l'écart des sentiers...» *Enéide* VI, v.443.

[49] «Et Didon s'enfuit, hostile, dans la forêt ombreuse?...» *Enéide* VI, vv.472-3.

[50] «Ces précautions s'appliquaient surtout, on le sent, à un Cours public [à Lausanne]. En écrivant pour des lecteurs, l'inconvénient du libre examen s'atténue encore. – L'ingénieuse remarque sur la moralité relative des écrits est de M. Vinet (*Revue Suisse*, janvier 1838).» (note de S-B)

mieux imaginer, en vérité ? Après Saci, Montaigne ; après l'homme de la teneur continue, celui qui en a le moins, qui fait par le monde l'école buissonnière perpétuelle, le curieux amusé de tout, l'indiscret affamé de tout dire !

Si l'on entre dans la lecture de Montaigne comme lui-même est entré dans ses sujets, au hasard, au fur et à mesure, et n'importe par quel bout, on ne laisse pas, si prévenu qu'on soit, d'être surpris d'abord de ce jugement des Jansénistes, et on se trouve avoir affaire à un autre homme que celui qu'on se figurait d'après eux. Il n'a l'air de rien ; il ne veut rien de vous ; s'il a une fin, il la cache bien, et tous moyens apparemment lui sont bons pour y arriver. Point de hâte ; ce sont des anecdotes bien contées, ramassées on ne sait d'où (tant elles sont disparates), qu'il enfile à l'avenant. Il en tire courte matière à morale, mais à une morale toute simple et comme admise de tous, et qui semble n'être là que comme un fil léger et flottant pour l'aider à assortir tant bien que mal ses histoires. Où en veut-il venir avec sa morale en action et avec ses maximes : *que la plus commune façon d'amollir les cœurs de ceux qu'on a offensés,* {quand ils ont} *[lorsqu'ayant la] vengeance en main [...], c'est de les émouvoir par soumission,* mais que d'autres fois *la constance* et la *résolution ont servi au même effet*[51] (à la bonne heure !) ; *que c'est un sujet merveilleusement vain, divers et ondoyant, que l'homme* (I, 1, 9a) (ce qui est bien dit, mais ce que chacun sait) ; que *nous ne sommes jamais chez nous, toujours au delà, dans la crainte, l'espérance ou le souvenir* (I, 3, 15c) ; que *les esprits non embesognés, comme les terres oisives, foisonnent en toutes sortes de folles herbes*; et *que l'âme qui n'a point de but établi se perd* (I, 8, 32a) ? On accorde tout cela ; comment le nier ? Et, chemin faisant, il semble si occupé surtout de son anecdote du moment, si adonné et affectionné à en deviser, comme Boccace le serait ou quelque Arabe conteur, qu'on ne se méfie pas d'un tel homme, qu'on est presque tenté de le ranger, comme il faisait de Rabelais, au rang des auteurs *simplement plaisants* (I, 10, 410a) ; on prend confiance, on est gagné plus qu'à demi.

Assurément, se dit-on, cet homme est avant tout un amuseur, et un amuseur avant tout amusé. Approchant de la quarantaine, le voilà qui s'est retiré chez lui, en son manoir rural, cherchant le repos et se voulant simplement rasseoir en soi ; mais son esprit, dans cette oisiveté nouvelle, et ne sentant plus la bride, lui a échappé, et s'est mis à enfanter

---

[51] S-B abrège [...] et modernise {...} la première phrase du premier chapitre des *Essais*, « Par divers moyens on arrive à pareille fin » (I, 1, 7a).

tant de chimères et de monstres fantasques les uns sur les autres, sans suite ni propos, que pour en contempler à son aise *l'ineptie et l'étrangeté* il a commencé de les enrôler par écrit, espérant avec le temps s'en faire honte à lui-même, mais s'en donnant plaisir en attendant (I, 8, 33a). Il nous met de la partie sans vergogne et de bonne grâce; il nous donne jour en bon voisin sur sa fantaisie; ce n'est pas là un commerce si gravement dangereux. Rêver, niaiser, moraliser en un lieu, est la devise.

Et puis ce qu'il nous dit en cet assaisonnement d'histoires qu'il va quêtant de partout et qu'il nous sert toutes fraîches et vives, à travers ce vrai ramage d'historiettes assemblées comme oiseaux en sa volière; ce qu'il nous récite à travers cette diversité d'adages que nous savons de reste, ce semble, et que le bon Sancho savait aussi, mais auxquels, dans cette bouche gasconne et sous ce parler figuré, nous trouvons une nouveauté piquante; ce qu'il nous dit moyennant tout cela, s'il y a à redire et à contredire, est-ce donc de si grave et si prompte conséquence? Car ce n'est pas l'homme même, en son essence générale, qu'il prétend nous enseigner, ce n'est pas la règle substantielle et souveraine; ce n'est que lui, Michel de Montaigne, qu'il nous débite en sa mince étoffe; – après tout, ce n'est que lui[52].

Sans plus de prélude, non, ce n'est pas lui seul qu'il nous débite; c'est nous en même temps que lui, c'est tout l'homme et la nature. S'il nous gagne si aisément, c'est qu'il nous a nous-mêmes pour auxiliaires et complices. «Chaque homme, il le sait bien, porte la forme entière de l'humaine condition.» (III, 2, 805b)

Et chez lui plus qu'ailleurs cette forme humaine est entière. On a tout dit sur Montaigne depuis plus de deux siècles qu'on en parle, et quand de grands et charmants esprits, Pascal en tête, y ont passé: il est pourtant une chose qu'on n'a pas assez fait ressortir, je le crois, c'est que Montaigne, ce n'est pas un système de philosophie, ce n'est pas même avant tout un sceptique, un pyrrhonien; non, Montaigne, c'est tout simplement la nature[53]:

---

[52] Paraphrase beuvienne de III, 2, 805c.

[53] A propos de Molière, S-B écrit: «J'ai dit en parlant de Montaigne, que Montaigne, c'était la nature; j'ai montré et j'ai suivi la nature en lui. Que n'ai-je pas maintenant à dire en ce même sens de Molière!» *Port-Royal, éd. cit.*, tome III, p. 271. Plus loin il continue: «Si Molière est tout nature, comme Montaigne, j'oserai dire qu'il l'est encore plus richement, plus généreusement surtout. La nature n'est pas, comme chez Montaigne, à l'état fréquent de nonchaloir sceptique, de malice et de ruse un peu taquine; de vigueur, sans doute, mais d'une vigueur qui s'amuse à mainte bagatelle et s'éparpille; de génie et d'invention, mais dans le détail seulement des pensées et de l'expression; elle n'est pas à l'état de repliement presque maniaque sur elle-même ou de curiosité sans fin, à la dérive, vers tout sujet: Montaigne donne à la fois dans ces deux

La nature pure, et civilisée pourtant, dans sa large étoffe, dans ses affections et dispositions générales moyennes, aussi bien que dans ses humeurs et ses saillies les plus particulières, et même ses manies ; – *la Nature au complet sans la Grâce.*

L'instinct, une fois éveillé, ne trompe pas : ce que les Jansénistes haïssent surtout dans Montaigne, c'est qu'il est, par excellence, l'homme naturel.

Montaigne a été élevé par un père tendre et soigneux de son éducation ; mais la religion ne l'a pas le moins du monde atteint, ni de bonne heure modifié : on lui a appris le latin dès le berceau plus que le Catéchisme. Son père, qui avait fait la guerre en Italie et vu le monde, espèce de philanthrope à idées originales, l'envoya élever au village, comme un Émile du seizième siècle, et le fit tenir sur les fonts de baptême par des gens de la plus abjecte fortune, pour lui apprendre à ne mépriser personne, surtout le pauvre peuple, et pour l'y rendre obligé et attaché. Ce bon père poussait le soin envers lui jusqu'à le faire éveiller au son de quelque instrument (I, 26, 174a). Ses premières études furent toutes de langues et d'expériences courantes, sans aucune combinaison abstraite et aucune fatigue. Il grandit de la sorte, doux, traitable, assez mol et oisif, et cachant sous ces dehors assez lents des imaginations déjà hardies. Son premier goût vif au Collége de Guyenne où on l'a placé, mais où la libéralité paternelle l'environne d'aise, sa première prédilection se déclare pour les *Métamorphoses* d'Ovide, cet Arioste d'autrefois[54]. C'est sa lecture favorite, enfantine et toute païenne ; ce sont les armes d'Achille sur lesquelles sa fantaisie soudaine s'est jetée ; et par là il *enfile* tout d'un train, nous dit-il, l'*Énéide*, Térence, Plaute et les comédies italiennes. Il joue les tragédies latines de Buchanan et de Muret à son collège, et juge déjà impertinents ceux qui trouvent à redire à ce plaisir ; à treize ans son cours d'études était fini. Ces autres plaisirs qui font le premier attrait de la jeunesse, et dont le juste retard commence aussitôt pour elle la difficile vertu, ces plaisirs sont d'abord les

---

extrêmes. Molière nous rend la nature, mais plus généreuse, plus large et plus franche, dans un train d'action, de pensée forte et non repliée, d'ardente contemplation, sans jamais de curiosité menue et puérile...» (pp. 272-3). Et encore : «Molière me paraît donc représenter la nature dans une acception entière et plus souveraine que je ne l'ai trouvée chez Montaigne, en qui elle est trop analysée» (p. 274). En note il ajoute alors : «Le visage traduit assez bien cette différence : Molière a la narine plus large, plus ouverte, et qu'enflera le souffle de la passion. Montaigne a le nez plus fin, la narine un peu mince» (p. 274, note 1).

[54] Voir François Rigolot, *Les Métamorphoses de Montaigne* (Paris : Presses Universitaires de France, 1988) et *infra*, III, p. 126, note 132.

siens, et il se souvient à peine de s'en être jamais privé. Son esprit libre par nature, et que l'éducation avait si peu contraint, avait, à part soi, sous cette forme d'abandon, des *remuements fermes*, des jugements *sûrs et ouverts* autour des objets, et *digérait* seul ses pensées sans aucune communication[55]. Le romanesque, qui n'est pas dans la nature, mais qu'une certaine imagination d'abord sophistiquée développe et caresse en nous, ne le tenta point. L'amour, qu'il aimait tant comme plaisir, et qu'il avouait le plus grand de ceux de nature, ne l'occupa jamais exclusivement comme passion. La chaleur moins téméraire et moins fiévreuse, plus générale et universelle, de l'amitié, eut en lui la préférence ; on sait combien vive il l'a éprouvée, comment admirable et belle il l'a dépeinte (I, 28, 183-195). Par tous ces endroits que je pourrais multiplier encore, il me paraît comme un exemplaire complet et tempéré de la nature même ; il est dans le milieu de l'humanité non chrétienne, mais civile, honnête et soi-disant raisonnable. Dans un temps de guerres civiles, il se maintient sans passion, sans ambition ; il s'acquitte de plusieurs charges avec honneur, sans cet éclat qui vous y attache à jamais, et il redevient vite, de Monsieur le Conseiller au Parlement, ou de Monsieur le Maire de Bordeaux, simplement homme. Être homme, voilà sa profession ; il n'a d'autre métier, n'approfondissant rien de trop particulier, de peur de se perdre, de s'expatrier hors de cette profession humaine et générale. Il n'a pas seulement en lui, nous dit-il, de quoi examiner, pour la science, un enfant des classes moyennes à sa première leçon ; mais, en deux ou trois questions, de mesurer et de tâter à nu la qualité du jeune esprit, voilà ce qu'il peut faire. Ainsi il vit, actif et dégagé, faisant des pointes perçantes dans chaque chose, et rentrant à tout moment dans une sorte d'oubli, dans l'état naturel et libre des facultés, pour se retremper à la source même : homme avant tout, et après tout.

L'âge lui a amené des changements, mais graduels, mais selon l'âge. En fait de goût et de lectures, il a passé d'Ovide à Lucain, de Lucain à Virgile, c'est-à-dire, du premier abandon égayé de l'enfance à une certaine élévation plus enflée et plus stoïque, qui s'est bientôt rabattue elle-même à plus de juste douceur. Ainsi, par rapport à l'argent, d'abord il fut prodigue, dépensier et vivant un peu à l'aide de ses amis ; et puis, en un second temps, il a de l'argent, et le soigne, le serre un peu trop ; et puis, après quelques années, un bon démon le tire de cette vie sottement

---

[55] Tout ceci est tiré du chapitre « De l'institution des enfans » (I, 26) que S-B avait annoté copieusement sur son exemplaire personnel des *Essais*. Voir « Montaigne annoté par S-B, » *supra*, pp. 52-55.

resserrée, et le détend dans une juste mesure, en une sorte de tierce vie plus plaisante et mieux réglée[56] : « C'est que je foys courir ma despense quand et quand [= avec] ma recepte ; tantost l'une devance, tantost l'aultre, mais c'est de peu qu'elles s'abandonnent » (I, 14, 65b). Ce sont les trois temps correspondants d'Ovide, de Lucain et de Virgile.

Il s'est marié à trente-trois ans, cédant un peu à la coutume ; il est devenu père ; il a rempli fort convenablement ses devoirs nouveaux, tout déréglé qu'on l'avait pu croire ; il les a tenus mieux qu'il n'avait espéré ni promis. Il vieillit, menant ainsi chaque chose en sa saison ; et parlant de la vie : « J'en ai veu l'herbe, dit-il, et les fleurs, et le fruict, et en veois la seicheresse : *heureusement, puisque c'est naturellement* » (III, 2, 816c). Le mot revient comme la chose. Montaigne, en tout (plus je le considère, et plus je m'y confirme), c'est donc la pure nature.

Et pour que ceci ne se perde pas dans l'esprit comme une locution trop fréquemment et vaguement usitée, qu'on me laisse y revenir en tous sens, et traverser, percer, pour ainsi dire, tout droit devant moi avec cette vue.

Il y a du Montaigne en chacun de nous[57]. Tout goût, toute humeur et passion, toute diversion, amusement et fantaisie, où le Christianisme n'a aucune part et où il est comme non avenu, où il est, non pas nié, non pas insulté, mais ignoré par une sorte d'oubli facile et qui veut se croire innocent, tout état pareil en nous, qu'est-ce autre chose que du Montaigne ? Cet aveu qu'à tout moment on fait de la nature jusque sous la loi dite *de Grâce*, cette nudité inconsidérée où l'on retombe par son âme naturelle et comme si elle n'avait jamais été régénérée, cette véritable *Otaïti*[58] de notre âme pour l'appeler par son nom, voilà proprement le domaine de Montaigne et tout son livre. Ne nous étonnons pas

---

[56] Ceci figure déjà dans les notes sur l'exemplaire des *Essais*. Voir *supra*, p. 54.

[57] Il faut compléter ces propos par ceux que l'on trouve dans l'article sur Commynes : « Ceux qui ne voudraient se composer qu'une petite bibliothèque française toute moderne ne sauraient se dispenser d'y admettre et Montaigne et Commynes. Ce sont des hommes qui ont nos idées et qui les ont dans la mesure et dans le sens où il serait bon de les avoir, qui entendent le monde, la société, particulièrement l'air d'y vivre et de s'y conduire, comme nous serions trop heureux de l'entendre encore aujourd'hui ; des têtes saines, judicieuses, munies d'un sens fin et sûr, riches d'une expérience moins amère que profitable et consolante, et comme savoureuse. Ce sont des conseillers et des causeurs bons à écouter après trois ou quatre siècles comme du premier jour ; Montaigne sur tous les sujets et à toutes heures, Commynes sur les affaires d'État… » « Philippe de Commynes, » 7 janvier 1850, repris dans les *Causeries du Lundi*, *éd. cit.*, I, p. 241.

[58] Pays de la pure nature. Cf. Diderot, *Supplément au Voyage de Bougainville* (après 1772 ; publié en 1796).

que Pascal ait eu tant de peine à se débarrasser de lui, Montaigne étant encore moins la philosophie que la nature : c'est le *moi*. Ce n'est la philosophie, en un sens, que parce qu'on a déjà chez lui la nature toute pure qui se décrit et se raconte.

Pascal a foudroyé Montaigne ; il a serré ses pensées pour l'accusation capitale, et les a confrontées dans une violence permise au seul croyant, – je dis permise, si finalement le résultat s'y trouve. Et pourtant, afin de se bien expliquer Montaigne et cette indulgence de *tant de personnes d'esprit qui n'y reconnaissent pas le venin*, comme s'en plaint Arnauld dans *l'Art de penser*, il faut, sauf à revenir ensuite aux conclusions de Pascal, délier le faisceau de son accusation, éparpiller de nouveau chaque chose, comme elle l'est dans ce libre auteur, et se donner l'impression diversifiée de l'ensemble[59]. Eh bien ! à tout prendre, les trois quarts de Montaigne ne diffèrent pas au fond de ce qui a cours ailleurs en littérature choisie, de ce qu'on lit dans les poëtes d'abord, chez qui on ne l'a pas repris parce qu'ils l'ont dit sans intention malicieuse : les Anciens presque tous, Virgile doutant des mânes obscurs et nous soupirant son *placeant ante omnia sylvæ*[60] ; Horace avec *son linquenda tellus*[61] ; le Tourangeau Racan dans sa pièce de *la Retraite*, dans son Ode moins connue à Bussy :

[59] « Cette impression ressort encore mieux quand on recourt aux plus anciennes éditions des *Essais*, à la première de toutes (1580), qui n'a que deux livres, et même à celle de 1588 (la cinquième), qui a les trois livres plus *six cents* additions aux deux premiers. Ces éditions, et surtout celle de 1580, font un effet tout autre que celui auquel nos *Montaigne* d'après Coste [Pierre Coste, éditeur protestant des *Essais*, Londres, 1724, 3 vol.] nous ont accoutumés. On y surprend mieux le dessein primitif, comme dans les premières impressions de La Bruyère et de La Rochefoucauld. Le Père Niceron [dans ses *Mémoires pour... la République des lettres*, Paris, 1727-45] (après Coste) a très-bien remarqué que le texte de Montaigne est plus suivi dans ces éditions de début que plus tard à partir de la cinquième, *parce que ce texte, qui ne contenoit d'abord que des raisonnements clairs et précis, a été coupé et interrompu par les différentes additions que l'auteur y a faites, par-ci, par-là, en différents temps*. Cela est évident dès les premiers chapitres en comparant, et même à simple vue d'œil : moins de citations, pas une note, peu ou pas d'indications de nom pour les auteurs cités ; des extraits bien moins chargés de ses lectures ; des chapitres extrêmement coupés pour la plupart ; enfin on sent aussitôt le gentilhomme amateur dont la plume court, et le premier jet d'une fantaisie qui s'est ensuite bien des fois repliée sur elle-même, et qu'à leur tour les éditeurs, depuis mademoiselle de Gournay [allusion à l'édition posthume préparée par Marie de Gournay et publiée en 1595], ont jalonnée et comme numérotée à chaque pas. » (note de S-B)

[60] « à nous autres plaisent surtout les forêts, » *Bucoliques*, v. 62.

[61] « il nous faut quitter la terre, » *Odes* II, xiv.

Donnons quelque relâche à nos travaux passés :
Ta valeur et mes vers ont eu du nom assez
Dans le siècle où nous sommes.
Il faut aimer notre aise, et, pour vivre contents,
Acquérir par raison ce qu'enfin tous les hommes
Acquièrent par le temps.

[...]

Que sert à ces galants ce pompeux appareil
Dont ils vont dans la lice éblouir le soleil
Des trésors du Pactole ?
La gloire qui les suit, après tant de travaux,
Se passe en moins de temps que la poudre qui vole
Du pied de leurs chevaux.

[...]

Employons mieux le temps qui nous est limité ;
Quittons ce fol espoir, par qui la vanité
Nous en fait tant accroire :
Qu'Amour soit désormais la fin de nos désirs ;
Car pour eux seulement les Dieux ont fait la gloire,
Et pour nous les plaisirs ![62]

Maynard dans sa belle *Ode à Alcipe* :

Alcipe, reviens dans nos bois,
Tu n'as que trop suivi les Rois....[63]

dans laquelle, pour l'engager à jouir de sa fin de journée, il lui dit que tout meurt, tout, les villes, les empires, le Ciel même avec son soleil :

Et l'Univers qui, dans son large tour,
Voit courir tant de mers, et fleurir tant de terres,
Sans savoir où tomber, tombera quelque jour ![64]

La Fontaine en mille endroits de ses fables les plus sues :

Mais voit-on que le somme en perde de son prix ?[65]

---

[62] Honorat de Bueil, seigneur de Racan (1589-1670), « Ode à Bussy, » in *Poésies*, éd. L. Arnould (Paris : Hachette, 1930), tome I, strophes 2, 4 et 6, pp. 69-70.

[63] François Maynard (ou Mainard) (v.1582-1646), « Ode à Alcipe, » in *Œuvres poétiques*, éd. G. Garrisson (Paris : A. Lemerre, 1885-88), tome III, vv.1-2, p. 213.

[64] *Ibid.*, p. 216, vv.82-4. « Voir Sénèque, chœur *d'Hercule au mont Œta*, acte III : *Quis mundum capiet locus* ? » (note de S-B) « Quel lieu contiendra l'univers ? » *Tragédies*, éd. L. Hermann (Paris : Belles Lettres, 1967), tome II, p. 177, v.1118. C'est le Chœur qui parle. Hercule est ici le portrait idéal du sage stoïcien.

[65] « Songe d'un habitant du Mogol, » *Fables* XI, iv, v.36, in *Œuvres complètes*, éd. J.-P. Collinet (Paris : Gallimard, 1991), tome I, p. 432.

Chaulieu dans *Fontenay*[66], Voltaire dans son Épître *à Horace*[67].... C'est assez. Mais combien des pensées de Montaigne ne se trouvent épicuriennes que dans ce sens-là, c'est-à-dire de l'épicuréisme des poëtes ! «Si ma santé me rid et la clarté d'un beau jour, me voylà honneste homme» (II, 12, 565a).

Une autre part à faire dans Montaigne est celle de l'érudit. Il y a maint chapitre (et on les pourrait citer presque tous) où, comme dans celui qui a pour titre *De l'Incertitude de notre jugement* (I, 42), la pensée de l'auteur n'est là évidemment que pour servir de prétexte, d'enseigne, telle quelle, à ces histoires qu'il savait et ne voulait pas perdre occasion de débiter. Il était du seizième siècle en cela, et, comme par l'autre côté il touchait aux poëtes et rêveurs atteints de la muse, par celui-ci il tombait dans l'Aulu-Gelle et le Macrobe, dans le compilateur d'anecdotes et le collecteur de *Stromates* [*mélanges* ou *miscellanées*], allant à la chasse aux épigraphes, aux apophthegmes, aux jolis textes et curiosités de toutes sortes, comme Ménage et l'abbé de Marolles, si l'on veut, ou La Monnoie.

Il faudrait encore faire une part en lui à l'écrivain amoureux d'écrire et de s'exprimer, aussi amoureux de le faire, quoi qu'il en dise, que purent l'être Pline et Cicéron.

Voilà peut-être, au vrai et au naïf, les trois quarts de Montaigne, et ce qui, pour n'être pas chrétien, n'est certes pas réputé impie, en détail, là où on le rencontre chez les auteurs qu'on s'attend à trouver profanes, ou chez nous-même : mais l'autre quart chez Montaigne a donné l'éveil ; en mettant expressément à part la religion, en la faisant si grande et si haute, et la voulant si fort révérer, qu'il lui coupe toute communication avec le reste de l'homme, il s'est trahi ; on s'est alarmé. Ce que chez l'ordinaire des auteurs on laisse passer ou qu'on traite comme des curiosités indifférentes, des naïvetés et des enfances de l'homme, a paru grave chez lui ; tout a pris un sens ; on l'a vu partout cauteleux.

M. de Saci pourtant, s'il avait lu Montaigne lorsque Pascal lui en parla ; M. de Saci, en qui la règle était d'aller et de demeurer tout entier, par tous les points de son être et de sa vie, sous la volonté de Dieu (*in lege Domini fuit voluntas ejus die ac nocte*)[68], aurait eu, j'en suis sûr, une réplique toute prête ; il aurait dit (je ne réponds que du sens)[69]:

---

66 Guillaume Amfrye de Chaulieu (1639-1720), *Poésies*, éd. M. Lémontey (Paris : Froment, 1825).

67 *Épîtres. Satires, Contes, Epigrammes* (Paris : Garnier, s.d.), p. 234.

68 «sa volonté fut de suivre, jour et nuit, la Loi de Dieu.»

69 Ici commence la fameuse prosopopée où S-B fait parler Saci.

«Cet auteur à qui vous prêtez tant d'esprit, lui composant son système, qu'il l'ait eu ou non, trouve à coup sûr, sans système, son appui et, pour parler bonnement, son compère au sein de la plupart des hommes, même soi-disant Chrétiens, mais qui vivent comme si la Croix n'était pas. – J'aime les bois et m'y promène en rêvant, et je m'y retire vers la fin de ma vie, à mon aise, dénouant toute autre obligation et *n'épousant que moi.* Où est le Christianisme? – J'aime cette fleur, ce rayon, ce gazon sur lequel le somme est doux, et où le songe m'apporte mille chimères; je me complais à cette tente d'ici-bas, comme si elle avait été dressée à demeure. Où est le Christianisme? – J'aime l'étude et les curiosités de mœurs et de coutumes, et les livres de voyages, et le Diable habillé en cent façons depuis la mode cannibale, un peu nue, jusqu'à l'italienne, sans m'inquiéter s'il est Diable ou non, mais seulement s'il est plaisant. Où est le Christianisme? – Je lis Montaigne à mes heures perdues, et sans autre but que de lire. Où est le Christianisme?»

M. de Saci pourrait ainsi continuer longtemps; mais, pour ne pas courir le risque d'altérer dans notre conjecture sa simple et stricte parole, et d'y omettre surtout les textes d'or qu'il emprunterait à la Sagesse sacrée, je reprendrai en mon nom, tenant à bien fixer sur l'entière étendue de la ligne morale ces frontières absolues du Jansénisme et de tout Christianisme rigide. A ce point de vue, le Montaigne, et tout ce qui se peut naturaliser sous ce nom, s'étend bien plus loin qu'on ne pense. Sous un air de se particulariser, de se réduire en singulières manies, il a touché le coin d'un chacun, et a été d'autant mieux, dans son portrait, le peintre et le pipeur de la majorité des hommes, qu'il s'est le plus minutieusement détaillé lui seul. Chacun a son lopin en lui[70].

Êtes-vous critique; aimez-vous, par goût trop cher, ces miscellanées de l'esprit; aimez-vous, comme dit Bayle, *faire des courses* sur toutes sortes d'auteurs (Montaigne *dit faire une charge ou deux*; et, avec son esprit *primesautier* (II, 10, 409b), ce qu'il n'a pas vu en un livre dès la première charge, il ne le voit guère en s'obstinant); aimez-vous donc cette gaie maraude au réveil; en prenez-vous de toutes mains, comme La Fontaine:

J'en lis qui sont du Nord et qui sont du Midi[71];

---

[70] «Nous sommes tous de lopins», écrit Montaigne (II, 1, 337a). Albert Thibaudet parlera du «lopinisme» de Montaigne, c'est-à-dire d'une pensée qui procède par fragments, par «lopins.»

[71] «Épître à Mgr. l'évêque de Soissons [Pierre-Daniel Huet (1630-1721)», in *Œuvres complètes*, éd. p. Clarac (Paris: Gallimard, 1958), p. 649, v.23.

faites-vous ce métier à toute verve et par entraînement, sans nulle règle ni crainte de dériver ? Prenez garde, Chrétien, c'est du Montaigne.

Êtes-vous philologue, et adonné aux pistes des noms et des mots – comme il l'est par endroits, à ce début du chapitre *des Destriers* (I, 48, 287a) ; dans cette science à mille détours, si vous n'avez toujours présent et inscrit le grand nom, le Verbe éternel, si vous suivez et adorez l'écho tout le jour, le plus lointain écho, et qu'il vous mène ; ou si vous êtes poëte, et si c'est la rime, autre piste de mot, qui trop loin vous tire ; quel que soit le gibier favori auquel on s'oublie et qui fourvoie en ensorcelant[72], prenez garde, c'est du Montaigne.

Vous êtes moraliste, et vous observez le monde ; vous n'avez qu'un soin, voir ce qui est et le bien dire, le bien atteindre d'un mot droit frappé. Les ridicules surtout, les vices vous piquent au jeu, et votre satire ingénieuse prend sur eux revanche et victoire. Né chrétien et Français, vous allez aussi loin qu'il se peut en cette pente difficile, et l'on ne sent presque nulle part en tout votre livre (tant vous regardez d'un ferme et libre coup d'œil !), ni que vous êtes sujet soumis à une Cour, ni que vous vivez chrétien sous le joug d'une grâce ou d'une loi. Parce que vous finissez ce livre, si piquant de tout point, par un chapitre élevé et sincère, empreint d'une sorte de Cartésianisme religieux, vous croyez l'avoir couronné et consacré suffisamment. Et pourtant, malgré cette Croix qui se dresse à la pointe du dernier chapitre, prenez garde, ô La Bruyère ! c'est quasi du Montaigne.

Vous êtes docte, érudit ; vous employez l'érudition à haute fin, à la démonstration évangélique : quoi de plus grand ? Élève de Bochart[73], vous courez à toutes les origines reculées des peuples, et il vous plaît de suivre dans leurs plus douteux rameaux la dispersion par le monde des fils de Noé : à la bonne heure ! Mais l'érudition vous possède ; elle vous tient clos dans votre palais d'évêque, quand vos ouailles vous attendent et vous réclament ; elle vous enchantait dans votre solitude d'Aulnay, [74] et vous promène dans ses méandres de questions, si bien que la démonstration évangélique elle-même ne semble par moments qu'un fil commode entre vos mains, pour enchaîner et tresser toutes vos rares glanures. Une sorte de scepticisme circule et se joue au fond de tout

---

[72] « Se rappeler, précédemment, page 84 de ce volume (livre II, chap. IX) » (note de S-B). Le chapitre « Des destries » (I, 48) est antérieur au chapitre « Des armes des Parthes » (II, 9).

[73] Samuel Bochart (1599-1667), célèbre orientaliste.

[74] Pierre-Daniel Huet était abbé d'Aulnay.

cela[75]; prenez garde, Monsieur d'Avranches[76], prenez garde, c'est du Montaigne.

Vous êtes chrétien, vous êtes saint, et la charité même; mais cette affabilité riante que vous avez, et qui est un don, se remplit des images qu'elle produit. Si vous parlez, si vous écrivez, tout s'anime; vous donnez de graves conseils, et les images gracieuses se pressent, et vous les prodiguez; elles vous sourient de plus belle, et vous les redoublez. Votre plume involontairement s'égaie et s'amuse, et caresse sa fleur: prenez garde, aimable saint, cher saint François de Sales, c'est du Montaigne.

On pourrait pousser en vingt autres sens, et ce serait faire du Montaigne, en en parlant[77]. Et je ne prétends pas dire, on le veut bien croire, que tous ces auteurs, ces hommes qui s'oublient à quelque goût humain, à quelque humeur personnelle, qui se prennent à l'un de ces piéges dressés en lui comme en nous à fleur de terre, soient des impies et des anti-chrétiens: il n'y a qu'un Père Garasse[78] pour soutenir cela; mais je prétends que, sincères et peut-être très-religieux d'ailleurs, ces hommes sont inconséquents sur ce point, qu'ils échappent par cette tangente à l'exact Christianisme, et retombent plus ou moins à la bonne loi naturelle[79].

---

[75] «Voir, si l'on veut, la *Démonstration évangélique*; au chapitre VIII de la *Proposition* IV: Apollon, Pan, c'est Moïse; Priape, Esculape, c'est Moïse; Minos, Rhadamante, Orphée, Aristée, Protée, c'est encore Moïse, vrai Protée en effet. Au chapitre XI, l'auteur nous apprend qu'aucune nation de la Grèce n'a gardé autant de rites hébraïques que les *Athéniens*! On ne s'y attendait guère. Passe encore quand il soutient que les Juifs et les Spartiates étaient frères germains.» (note de S-B)

[76] Après avoir été évêque de Soissons, Huet occupa le siège épiscopal d'Avranches.

[77] «Pardon, pardon! mais ceci encore: un écrivain artiste qui se dirait: 'Ç'a toujours été mon unique méthode: oublier, oublier dans les intervalles, et à chaque fois, sur chaque sujet, recommencer comme de plus belle, après le sommeil; recommencer l'art, la jeunesse, la Grèce, la matinée: seul moyen d'avoir la fraîcheur et la fleur, ce que les Grecs appellent *Thalia*.' Pur Montaigne.» (note de S-B)

[78] Sur Garasse, voir *supra*, note 13.

[79] «Allons plus au fond: que veux-je faire en tout ceci? Inculquer le Jansénisme et le plaider? Oh! non pas. Mon but est surtout historique, on le sait; mais il est philosophique aussi, qu'on me permette de le dire, plus philosophique peut-être qu'il ne paraît. Je tiens à faire ressortir et à montrer, tantôt le côté abrupt, tantôt le côté plausible du point de vue janséniste, à indiquer l'état et le remède chrétien, s'il se peut, mais au moins, mais au pis, à noter le mal humain, à démasquer la fourbe humaine et l'inconséquence presque universelle. C'est ce que je crois de plus vrai, après tout; aux moments même où j'ai le malheur de ne pas espérer la réparation et le mieux, c'est encore dans ce sens réel que m'apparaît en fait la généralité des choses. – Entre Montaigne et Pascal, serré ici que nous sommes, toute ambiguïté cesse; lâchons le mot: rien n'est plus voisin d'un chrétien à certains égards qu'un sceptique, mais un sceptique mélancolique et qui n'est pas sûr de son doute. J'aurais encore atteint mon but quand mon travail sur Port-

Il en est, sachons-le bien, du cœur de presque chacun comme de certains pays où le Christianisme, en s'implantant, n'a guère fait que recouvrir et revêtir à la surface l'ancien culte qu'on y reconnaîtrait encore. Ainsi dans une Églogue sur Naples :

> Paganisme immortel, es-tu mort ? On le dit ;
> Mais Pan tout bas s'en moque, et la Sirène en rit[80].

Ce paganisme-là, immortel en ce monde jusque sous le Christianisme et plus raffiné dès lors, plus compliqué au cœur que l'ancien, se peint et brille dans sa réflexion la plus lucide en tout Montaigne.

Montaigne est, à ma conjecture, l'homme qui a su le plus de flots. Du flux et du reflux, il ne semble en avoir cure, ni de la grande loi régulière qui enchaîne la mer aux cieux : mais les flots en détail, il en sait de toute couleur et de toute risée ; il y plonge en des profondeurs diverses, et en rapporte des perles et toutes sortes de coquilles. Surtout il s'y berce à la surface, et s'y joue, et les fait jouer devant nous sous prétexte de se mirer, jusqu'à ce qu'il en vienne un tomber juste à nos pieds, et qui soit notre propre miroir : par où il nous tient et nous ramène.

Il y réussit mieux que tel écrivain de son temps, naturel et riche aussi, bien mieux que le très-païen Rabelais, par exemple[81]. Mais Rabelais est une manière de poëte, et un poëte fumeux. Sa pensée s'enveloppe, se dérobe à tout moment dans le tourbillon montant de sa fantaisie. Il a d'ailleurs des mares trop infectes par endroits, pour que tous aillent aisément s'y mirer. Montaigne, au contraire, sauf quelques taches vilaines, est en général limpide, attrayant ; le cardinal Du Perron l'appelait *le Bréviaire des honnêtes gens*[82], et il en est à toute page le miroir.

Un caractère de Port-Royal, une de ses originalités pour nous en ce moment, c'est, dans tout son cours, de n'offrir pas trace de Montaigne.

Royal ne serait que l'histoire d'une génération de Chrétiens, écrite en toute droiture, par ce sceptique-là, respectueux et contristé. – Et n'était-il point un de nos pareils celui qui a dit : 'Je suis assez profondément sceptique pour ne pas craindre par moments de paraître chrétien.» (note de S-B). La fin de cette note est de 1867. En fait, comme on l'a noté, ce mot, attribué à « un de nos pareils », est de lui-même. La citation se trouve, reproduite et accompagnée de sa signature, sur un exemplaire de son roman, *Volupté*, ayant appartenu à la Princesse Julie Bonaparte (collection Lovenjoul). Voir *Volupté*, éd. Pierre Poux (Paris : Édition des Presses françaises/ Société « Les Belles-Lettres », 1927), tome.I, p. xii.

[80] Sainte-Beuve, « Églogue napolitaine » in *Poésies complètes* (Paris : A. Lemerre, 1879), tome I, p. 326.

[81] Sur Rabelais voir notre Introduction, *supra*, pp. 12 sq.

[82] Pour Huet, c'était « le bréviaire des honnêtes paresseux. » *Huetiana*, éd. de 1723, p. 15. Cf. *Essais*, éd. Villey, p. 1222.

On approfondira, en avançant, le cas particulier de Pascal ; mais chez les autres, comme nous les connaissons déjà, dans cette suite d'hommes de Dieu, de Saint-Cyran à Saci, pas un point moral ou littéraire, pas un bout auquel on puisse rattacher de près ni de loin le nom du tentateur. M. d'Andilly[83] au plus est effleuré. La sauvegarde ici consiste dans, cette règle unique, partout appliquée : *In lege Domini*...[84], toute leur vie, nuit et jour, rangés et ramassés sous la Croix !

Sur un fait de méthode, sur un seul, on se surprend à relever entre eux et lui une rencontre de bon esprit et de justesse : il s'agit de l'éducation des enfants. Montaigne est un grand ennemi de la logique scolastique ; il en veut à *Baroco et Baralipton*[85], qui rendent leurs suppôts, dit-il, crottés et enfumés : « Nostre enfant est bien plus pressé ; il ne doibt au paidagogisme que les premiers quinze ou seize ans de sa vie ; le demouant est deu à l'action. Employons un temps si court aux instructions nécessaires. Ce sont abus : ostez toutes ces subtilitez espineuses de la dialectique, de quoy nostre vie ne se peult amender ; prenez les simples discours de la philosophie, sçachez les choisir et traicter à poinct : ils sont plus aysez à concevoir qu'un Conte de Boccace.... »[86] Arnauld, le dogmatique Arnauld, aussi croyant à la vérité démontrable que Montaigne l'est peu, a réalisé pourtant le vœu de celui-ci et presque répété son mot en cette même *Logique*, où le philosophe est si mal traité. Il la composa, par manière de *divertissement*, pour le jeune duc de Chevreuse (fils du duc de Luines), dans la vue de lui aplanir cette étude réputée si ardue, et se faisant fort de la lui apprendre *en quatre ou cinq jours*. Est-ce à dire, comme le veut Montaigne, que la chose devienne aussi facile qu'un Conte de Boccace ? Arnauld, quoi qu'il en soit, a comme tenu ici la gageure du gai penseur, lequel, après avoir essuyé la terrible page, est cité plus honorablement et mis à contribution au paragraphe suivant sur les inconvénients de *l'esprit de dispute*: Arnauld, pour le ton, en aurait dû mieux profiter.

A cet article de l'éducation des enfants, il est un autre endroit par où Montaigne et Port-Royal ont l'air de se toucher, mais pour se séparer aussitôt. Le principe dans les petites Écoles était d'employer le moins possible la rigueur physique ; je ne sais même si on y recourait du tout ;

---

[83] Arnauld d'Andilly (1589-1674), frère aîné du Grand Arnauld, traducteur d'ouvrages religieux.

[84] On trouvera la phrase latine complète plus haut, p. 103, note 68.

[85] Ces mots désignent des formes de syllogisme dans l'enseignement scolastique. Voir I, 26, 161a.

[86] «*Essais*, livre I, chapitre xxv» (note de S-B). En fait : I, 26, 163c et a.

il n'y est pas question de fouet[87]. On renvoyait les indociles, s'il y en avait M. de Saint-Cyran, dans une lettre écrite de Vincennes à M. de Rebours, dit: «Je croirois beaucoup faire pour eux, quand même je ne les avancerois pas beaucoup dans le latin jusqu'à douze ans, pourvu que je leur fisse passer le premier âge dans l'enceinte d'une maison ou d'un monastère à la campagne, en leur permettant tous les passe-temps de leur âge, et ne leur faisant voir que l'exemple d'une bonne vie dans ceux qui seroient avec moi....» Mais là finit toute ressemblance dans les deux modes d'institution, ressemblance qui n'a l'air d'en être une que par opposition aux méthodes d'alentour. M. de Saint-Cyran ne pensait pas que ce fût une préparation si nécessaire au labeur de la vie de faire éveiller les enfants au son d'un instrument, comme on avait fait pour Montaigne (I, 26, 174a); et quand celui-ci s'écrie en une sorte d'ivresse: «Combien leurs classes seroient plus décemment jonchées de fleurs et de feuillées que de tronçons d'osier sanglants! J'y ferois pourtraire la Joye, l'Alaigresse, et Flora, et les Grâces...» (I, 26, 166c), il passe les bornes, comme un enfant d'Aristippe[88] qui oublie le mal d'Adam; et Port-Royal aurait trop aisément de quoi répondre[89].

Montaigne, qui parle si bien de modération (I, 30, 197a), et qui met la sagesse dans le milieu, en sort lui-même, à sa manière, en ces moments où il la fait si *joyeuse*, et *triomphante*, et *suprême*; on se rappelle la page célèbre (*Essais*, liv. I, chap. XXV)[90]; qu'on la relise encore! son talent d'écrivain triomphe plus que tout en cette espèce d'hymne passionné qu'il entonne à sa fabuleuse sagesse. Je crois voir Épicure qui

---

[87] «Dans un livre intitulé: *les Règles de l'Éducation des Enfants*, par M. Coustel, un des maîtres de Port-Royal, on peut voir (tome I, p. 177), le seul chapitre où la *verge* soit nommée, et encore plutôt comme figure.» (note de S-B)

[88] Chef de l'école cyrénaïque, qui fondait le bonheur sur le plaisir.

[89] «Le *mal d'Adam*, le mal de tout mortel! Dans cet Hymne antique *à Apollon*, qu'on rapporte à Homère, et dont la partie première est si sublime, au moment où le jeune Dieu, arrivant dans l'Olympe, y introduit aussitôt l'amour du chant et de la lyre, il est dit: «Et toutes les Muses en chœur, se répondant avec leurs belles voix, se mettent à chanter les dons incorruptibles des Dieux et les misères infinies des hommes, lesquels, ainsi qu'il plaît aux Immortels, vivent insensés et impuissants, et ne peuvent trouver un remède à la mort ni une défense contre la vieillesse!» (note de S-B)

[90] En fait: livre I, chapitre 26, «De l'institution des enfans»: «Pour n'avoir hanté cette vertu supreme, belle, triumphante, delicieuse pareillement et courageuse, ennemie professe et irreconciliable d'aigreur, de desplaisir, de crainte et de contrainte, ayant pour guide nature, fortune et volupté pour compagnes; ils sont allez, selon leur foiblesse, faindre [inventer] cette sotte image, triste, querelleuse, despite [maussade], menaceuse, mineuse, et la placer sur un rocher, à l'escart, emmy [parmi] des ronces, fantosme à estonner terrifier] les gens.» (I, 26, 161c)

sort de table la couronne de fleurs un peu dérangée, la démarche un peu chancelante, dans un demi-délire. Je ne sais quelle verve d'expression l'emporte, et, pour parler sa langue, quelle *fureur* de poésie *le ravit et le ravage* (I, 37, 231-2c). Mais les maux réels, inévitables, où sont-ils ? les pleurs du berceau à la tombe ; les sueurs du chemin ; l'agonie, la mort ici-bas, qui est *le comble éternel*, ce *dernier acte* qui, si belle qu'on fasse la pièce, est *toujours sanglant* (*Pensées* 165-210).

Pascal aussi met l'humanité dans le milieu, et la grandeur de l'âme humaine à n'en point sortir ; et plein de ses angoisses, de celles de ses frères, mais comptant l'Homme-Dieu dans l'humanité (ce qui change tout), il s'écrie à la face de l'autre*: Qui tient le juste milieu? qu'il paroisse et qu'il le prouve!* (*Pensées* 44-82)

III

Suite de Montaigne ; arrière-fond. – De ces mots qui jugent. – Sur le repentir. – Sur l'immortalité; que l'esprit est un traître. – Son chapitre capital, Apologie de Raimond Sebond. – Dogmatisme latent ; tactique. – Labyrinthe et but. – Style d'enchanteur. – Langue individuelle. – Postérité; influence. – Convoi idéal de Montaigne. – Les funérailles encore de M. de Saci.

Assez de prélude ; assez faire la part de ce que j'ai appelé les trois quarts de Montaigne : reste le dernier part, le centre de la place, à pénétrer. J'irai hardiment. Pascal et les hommes de Port-Royal, en étant si décidés, si durs, et quelques-uns (je l'ai regretté) si violents de ton, contre Montaigne sur le chapitre de la religion, ne l'ont pourtant pas calomnié. Quelle que soit en lui la part naïve, oublieuse et entraînée, il y a l'arrière-fond réfléchi et voulu, qui donne à tout un sens et en fait comme une amorce. Tout ce qui se pouvait donc remuer, chez ces hommes religieux, d'inimitié et d'effroi contre la nature ainsi repeinte, contre ce perpétuel paganisme sous main adoré, s'est aussitôt rassemblé sur Montaigne, une fois sa pointe aperçue, et y a déchargé les tonnerres. La méthode de celui-ci, aux endroits qui l'ont décélé, peut se qualifier à bon droit perfide. Il excepte d'ordinaire la religion, et la met hors de cause, comme trop respectable pour qu'on en parle ; ce qui ne l'empêche pas, chemin faisant, d'en parler. Il est contre la traduction et la lecture des Écritures, et il s'arrange bien mieux en ce sens, comme en beaucoup d'autres, de l'habitude catholique romaine que de l'exigence des Réformés. Il y a du politique sage en cela, et autre chose encore. Il veut laisser au prêtre seul l'usage, dit-il, de ces *saintes et divines chansons* (I,

56, 320a) (il entend les Psaumes) ; lui laïque, lui simple auteur de fantaisie, il ne vise si haut ; le simple *Patenôtre* est assez ; il dirait volontiers, à force de faire respectables ces livres et ces sujets de réflexion éternelle :

> Sacrés ils sont ; que personne n'y touche ![91]

Plus la porte du temple est haute, et moins on court risque de s'y heurter le front. Ce genre d'extrême en pareille matière, il le sait, touche de près à la désuétude. Il s'accommoderait à merveille de certains pays où, la cérémonie faite, on est libre, où l'on est cardinal *et honnête homme*. C'est là ce qui ressort de tout son livre[92]. Je sais qu'il est mort convenablement, comme Gassendi, comme La Rochefoucauld, avec tous les témoignages sacramentels ; il a *fait une fin*: sans prétendre juger la personne en ce moment insondable, le livre du moins est ouvert à tous, et je le juge.

Maint chapitre, celui *des Prières* (I, 56), celui *du Repentir* (III, 2), seraient aussi décisifs, à les serrer de près, que *l'Apologie de Raimond Sebond* (II, 12). Même en ces chapitres, il se pourrait opposer, contrairement à l'esprit général, telle phrase juste, modérée en religion, incontestable[93].

C'est bon sens, oubli parfois, ruse peut-être. On ne sait jamais sur quoi compter avec ces sortes d'hommes, Bayle, Montaigne ; on peut dire d'eux, comme Pascal de l'Opinion, qu'ils sont d'autant plus fourbes qu'ils ne le sont pas toujours[94]. Mais ici le causeur va s'excuser, sans doute, par son peu de mémoire, car il se vante de l'avoir *mer-*

---

[91] Voltaire, « Le Pauvre diable » (daté de 1758, en fait 1760) in *Œuvres complètes* (Paris : Renouard, 1819), tome XII, p. 129, v.1. Voltaire se moque de Le Franc de Pompignan, auteur de « cantiques sacrés. » S-B substitue « que » à « car » : « Tenez, prenez mes cantiques sacrés ;/ Sacrés ils sont car personne n'y touche… »

[92] « Mademoiselle de Gournay, dans sa Préface, ne le défend contre Baudius, sur l'article religieux, que comme un excellent Catholique et *puissant pilier de la foi des simples*; – oui, des *très-simples* » (note de S-B). Dans la Préface de 1595 on lit : « Ayant besoin de fortifier la foy des simples […] des tres-grandes et des tres-simples ames… » Ed. F. Rigolot, *Montaigne Studies* I (1989), pp. 34-5.

[93] « Ainsi le chapitre *des Prières* finit par une pensée aussi sensée que pieuse de ton, comme s'il avait craint d'être allé un peu loin. En collationnant avec la première édition (1580), on remarque toutes les phrases de précaution qu'il avait négligées d'abord et qu'il a successivement ajoutées, en même temps que d'autre part il doublait la dose de malice. » (note de S-B)

[94] A noter que Pascal ne dit pas cela de l'Opinion mais de l'imagination (*Pensées* 44-82).

veilleuse en défaillance[95]. Pascal s'est chargé de lui en donner; il lui a tenu lieu de mémoire coordonnante et centrale; il a forcé les faits de coexister fermement les uns à côté des autres, et d'articuler en cette confrontation ce qu'ils avaient dans l'âme. Il a dit comme Jansénius, et en usant de la règle de saint Augustin, qui conclut du sens aux mots plutôt que des mots au sens: «Nous qui savons ce que vous pensez, nous ne pouvons ignorer pourquoi vous dites ces choses.»[96]

Pascal (car c'est Pascal déjà, autant que Montaigne, que nous étudions au cœur en ce moment) a dit encore: «Un mot de David, un de Moïse, comme celui-ci, *que Dieu circoncira les cœurs* (Deutér. XXX, 6), fait juger de leur esprit. Que tous les autres discours soient équivoques et qu'il semble douteux s'ils sont de philosophes ou de Chrétiens, un mot de cette nature détermine tous les autres. Jusque-là l'ambiguïté dure, et non pas après» (*Pensées* 279-690). L'inverse, la contre-partie de la proposition est vraie pour Montaigne: s'il est des mots qui déclarent, il en est qui décèlent; s'il en est qui consacrent tout un ensemble de pensées, il en est qui le trahissent. Ce sont de ces mots de droite ou de gauche, des éclairs qui traversent toute la région[97]. Les mots *sales* de Montaigne, toutes les fois qu'il touche de près et au fond à l'homme, ce certain rire avilissant, avec lequel il lui tire et lui achève de déchirer sa guenille, voilà, sous tout l'enjouement et la fleur du propos, sous cette fausse gentillesse, ce par quoi il s'échappe bien assez. Car ces mots humiliants à dessein (écoutez-les), il ne les articule jamais comme Pascal avec douleur, mais avec un malin plaisir et presque en se frottant les deux mains de contentement. Ces seuls accents le jugeraient. On a fait un livre intitulé *le Christianisme de Montaigne*[98], comme on en a fait un *sur le Christianisme de Bacon*[99]. M. De Maistre a fort éventé celui-ci; quant à Montaigne, le simple coup d'œil eût dû avertir, et je ne vois pas ce qu'on gagnerait, à toute force, à faire conclure qu'il peut bien avoir paru très-bon catholique, sauf à n'avoir guère été chrétien[100].

---

[95] En fait, Montaigne écrit: «si *monstrueuse* en défaillance» (I, 9, 34a).

[96] «Précédemment, page 112 de ce volume (livre II, chapitre x).» (note de S-B)

[97] «Ainsi ce mot de Molière en parlant du pauvre: «Où la vertu va-t-elle se nicher!» (note de S-B). Mot rapporté par Voltaire dans sa «Vie de Molière», *Œuvres complètes* (Paris: Renouard, 1821), tome XLII, p. 67.

[98] Étude de Jean Labouderie (Paris: Demonville, Leclerc & Merlin, 1819).

[99] Joseph de Maistre, *Examen de la vie de Bacon où l'on traite différentes questions de philosophie rationnelle* [ouvrage posthume] (Paris: Poussielgue-Rusand; Lyon: Pelagaud, Lesne & Crozet, 1836), 2 tomes.

[100] «Comme jeu de rhéteur, et en se faisant avocat, on trouverait surtout dans le *Journal de Voyage* de Montaigne *en Italie*, et dans les dévotions qu'il y raconte, de quoi

Il existe, dans chaque auteur qui pense, un ensemble, un esprit, et comme une atmosphère morale au sein de laquelle certaines croyances, même non produites, sont devinées; on sent du moins qu'elles y pourraient vivre. Ou bien, au contraire, on comprend qu'elles y jureraient aussitôt, et qu'elles seraient là comme des monuments hors de leur ciel. Ainsi l'idée de repentir, de conversion, de *coup de grâce*, qui est le fond et le moyen du vrai Christianisme, n'est pas concevable avec le milieu des observations et comme dans le courant d'air de Montaigne, A vingt ans, pense-t-il, nos âmes sont *dénouées* (I, 57, 327a); on est ce qu'on sera, et on promet tout ce qu'on pourra; notre force se montre, ou jamais. N'espérez guère correction, si défaut il y a. On n'extirpe pas les qualités originelles, on les couvre, on les cache[101]. Il est, si l'on cherche bien, en chacun de nous, une forme *nôtre*, une *forme maîtresse*, qui lutte contre l'institution et contre le flot des passions contraires[102]. Voilà ce qui dure et triomphe: on ne réforme que l'apparence. Tout cela est très-vrai en général; mais est-ce tout? En racontant la vie et l'âme de nos solitaires, en cherchant même à poursuivre en eux, par delà leur conversion, les restes de cette première et maîtresse nature, avons-nous tout expliqué? n'y a-t-il pas eu, à un certain moment prescrit, je ne sais quelle infusion nouvelle, un ressort imprévu et inconnu qui a donné?[103] De nos jours même, en ce temps très-peu fertile, ce semble, en miracles, j'ai ouï parler à plus d'un chrétien clairvoyant de quelqu'un de sa connaissance qui s'était modifié soudainement par un coup intérieur, qui était devenu autre et méconnaissable dès lors, entrant tout d'un coup

étayer cette thèse où se sont aventurés Dom Devienne [Charles Jean-Baptiste d'Agneaux Devienne (1728-1792), auteur d'un *Eloge historique de Montaigne et dissertation sur sa religion* (Paris, 1775)] et M. La Bouderie [Jean Labouderie, voir note 98 *supra*]. Mais ce qui me frappe le plus dans ces humbles notes de voyage, et ce que j'aimerais à y remarquer, c'est le positif et le minutieux matériel du détail, c'est à quel point Montaigne voyageant ne faisait point selon la mode de nos jours, où l'on jette tout d'abord ses phrases et où l'on plaque, en quelque sorte, ses impressions au-devant des faits. Lui, il prenait patience, voyait et recueillait tout peu à peu, et se laissait faire: la réflexion viendra en son lieu. – (J'ai traité depuis ce sujet, *Montaigne en voyage*, au tome II des *Nouveaux Lundis* [voir *infra*, pp. 201 sq.]).» (note de S-B)

101 Sainte-Beuve cite III, 2, 810b sans indiquer que ce sont les mots-mêmes de Montaigne.

102 Mélange de citations et de paraphrase de III, 2, 811b.

103 «Ce repentir qui vient *à certain instant prescript*, Montaigne n'y croit pas, et le trouve, dit-il, *un peu dur à imaginer et à forcer*: 'Je ne suys pas la secte de Pythagoras, *que les hommes prennent une âme nouvelle quand ils approchent des simulacres des Dieux pour recueillir leurs oracles*.» (Chapitre *Du repentir* [III, 2, 812c]). Ce Pythagore est bien trouvé, mais nous en sommes à saint Paul.» (note de S-B)

dans le bien qu'il avait fui ou haï jusque-là, et y marchant jusqu'au bout avec persévérance ? En un mot, bien que sans écho retentissant, n'y a-t-il pas toujours lieu au tonnerre et à la voix, sur le chemin de Damas ? – Je ne pose moi-même que des questions.

Ce que nous disons là du repentir, il faut le redire de l'idée d'*immortalité*: elle fuit peu à peu en lisant Montaigne. Il ne croit volontiers qu'à la jeunesse : à vingt ans donc, on est en puissance ce qu'on sera ; à trente, on a le plus souvent fait ses plus grandes choses. Si, plus tard, la science et l'expérience semblent augmenter, la vivacité, la promptitude, la fermeté, ces autres parties bien plus *nôtres, se fanissent et allanguissent.* La vieillesse *nous attache plus de rides en l'esprit qu'au visage*[104]; il ne se voit presque point d'âmes, en avançant, qui ne sentent *l'aigre et le moisi* (III, 2, 817b) (Amyot disait le *rance*): «Puisque c'est le privilége de l'esprit, continue l'agréable malicieux, de se r'avoir de la vieillesse, je lui conseille, autant que je puis, de le faire : qu'il verdisse, qu'il fleurisse ce pendant, s'il peult, comme le guy sur un arbre mort (III, 5, 844b). «Et il ajoute en branlant la tête : *Je crainds que c'est un traistre* (ibid.). Voilà de ses mots. Affirmons pour lui. Il n'a pas l'idée de ce perfectionnement inverse spirituel et moral, de cette maturité croissante de l'être intérieur sous l'enveloppe qui se flétrit, de cette éducation perpétuelle pour les cieux, seconde naissance, jeunesse immortelle, qui se garde et se gagne, qui s'augmente en s'épurant, qui se renouvelle d'autant qu'elle dure davantage, et qui fait que parfois, pour ce printemps éternel, le vieillard en cheveux blancs n'est qu'en fleur. – Illusion peut-être, utopie dernière, mais de celles qu'un Franklin lui-même caressa !

Le chapitre capital de Montaigne, et de plus longue haleine, dans lequel sa vigueur s'est donné le plus de champ, est celui qu'il intitule : *Apologie de Raimond Sebond* (II, 12). Nous sommes au centre : ici tout porte, tout est ménagé, calculé, tortueux, disant le contraire en apparence de ce que le maître conclut à part soi et qu'il insinue. Mais, à presser l'intention, le soi-disant pyrrhonisme ne tient pas ; ce rôdeur universel sait où en venir. Je concevrais un chapitre intitulé, non *pas le Christianisme de Montaigne*, mais *le Dogmatisme de Montaigne*, qui serait précisément tiré de là. L'appareil est géométrique chez Spinosa, il est sceptique chez l'autre ; mais le fond ne me paraît pas plus dou-

---

[104] «'*Et les rides du front passent jusqu'à l'esprit*', a dit Corneille [«Epître au roi», *Œuvres complètes*, éd. A. Stegmann (Paris : Éditions du Seuil, 1963), p. 900. v.22]; mais de ces vers-là dans Corneille, quand on en ferait provision, on ne conclurait jamais à rien de diminuant pour l'essence humaine ; car l'*atmosphère* morale, justement, y est tout autre, fortifiante et toute généreuse.» (note de S-B)

teux[105]. Même après Pascal, et pour dégager ce dogmatisme clandestin, ne craignons pas d'entrer un peu avant en ce chapitre singulier.

Il paraît avoir été composé à l'intention de la reine Marguerite (femme de Henri IV), cet aimable et délicieux écrivain, égal dans sa manière à Montaigne, savante, curieuse de doctes entretiens, très-peu prude de mœurs, et non moins dégagée que lui de toute espèce d'idée gênante. Elle finit pourtant par prendre le parti de la dévotion, et eut quelque temps pour aumônier Vincent de Paul[106], qui commençait à percer, et qui allait bientôt devenir le précepteur du futur cardinal de Retz. Retz, la reine Marguerite et Montaigne, voilà bien le trio qu'on imagine.

Montaigne donc, autrefois, dans sa jeunesse, pour complaire à son excellent père qui était un zélé partisan du grand mouvement littéraire de François Ier, mais qui en était par l'ardeur et l'enthousiasme plus que par le savoir[107], avait traduit un livre latin d'un auteur espagnol du quinzième siècle, maître Raimond de Sebond[108]. Dans ce livre, intitulé *Theologia naturalis*, on trouvait Dieu et la nécessité de la foi prouvés, autant que possible, rationnellement, par la vue du monde et des créatures; c'était, à quelques égards, un essai anticipé de ce que seront *l'Existence de Dieu* par Fénelon, les livres de Clarke, de Paley[109]. C'était, à d'autres égards, une réminiscence quintessenciée de saint

---

[105] «Que notre grand sceptique fût au fond très-décidé de jugement, lui-même il s'échappe à l'articuler quelque part en termes assez formels: 'Je fois coustumièrement entier ce que je fois, et marche *tout d'une pièce*; je n'ay guères de mouvement qui se cache et desrobe à ma raison, et qui ne se conduise, à peu prez, *par le consentement de toutes mes parties, sans division, sans sédition intestine*; mon *jugement* en a la coulpe ou la louange entière; et la coulpe qu'il a *une fois*, il l'a *tousjours*; car *quasi dez sa naissance il est un..., et en matière d'opinions universelles, dez l'enfance je me logeay au poinct où j'avois à me tenir*.'» (*Du repentir* [III, 2, 812b]) (note de S-B)

[106] Sainte-Beuve cite saint Vincent de Paul (1581-1660) sur son exemplaire personnel des *Essais* par contraste avec Montaigne. Voir «Montaigne annoté par S-B,» *supra*, p. 66.

[107] Voir l'article de S-B sur François Ier (mai 1847), repris dans les *Portraits littéraires*, éd. G. Antoine (Paris: Laffont, 1993), pp. 747-766: «Montaigne, qui était de la génération suivante, nous a montré son digne père...» (p. 750). S-B parle aussi du père de Montaigne au livre III de *Port-Royal* (tome II, p. 457, note) et dans son article sur Gui Patin (25 avril 1853, repris dans les *Causeries du Lundi*, tome VIII, p. 99).

[108] *La Théologie naturelle de Raymond Sebon, traduite nouvellement en François par Michel, Seigneur de Montaigne [...]* (Paris: Gilles Gourbin & Michel Sonnius, 1569, 2e édition 1581). S-B n'avait sans doute pas lu tout l'ouvrage mais il en connaissait l'«Extrait» de l'édition de 1581, rédigé par Aimé Martin et publié au tome IV de l'édition des *Essais* procurée par J.-V. Le Clerc (Paris: Garnier, 1865-6), pp. 332 sq.

[109] Samuel Clarke (1675-1729) et William Paley (1743-1805), théologiens anglais, auteurs d'ouvrages «naturalistes» sur l'existence de Dieu.

Thomas d'Aquin (II, 12, 440a), et une intention d'expliquer, de faire concevoir par des raisons naturelles les mystères tels que la Trinité, le Péché originel, l'Incarnation[110]. La traduction que Montaigne en avait faite parut en 1569, d'après le vœu qu'avait exprimé son père mourant, charmé et consolé de cette lecture. L'ouvrage essuya quelques objections. Les uns (c'étaient les Chrétiens) disaient que c'était ouvrir une porte dangereuse que de prétendre appuyer par la raison ce qui est du ressort de la révélation et de la foi ; d'autres accusaient les raisonnements de Sebond d'être faibles et de ne pas prouver ce qu'ils prétendaient. C'est dans la vue apparente de répondre à ces deux ordres d'objections que Montaigne intitule son chapitre *Apologie* de Sebond.

Il commence par les premiers, mais il faut voir avec quel respect affiché et quel ménagement ! A ceux, dit-il, qui s'effraient, par zèle de piété, de voir la raison en jeu pour la démonstration de la foi, il n'a que peu à opposer, il le sent. D'une part, il sait bien que la foi seule, venue par voie extraordinaire et surnaturelle, peut tout ; mais de l'autre, il craint bien que les moyens humains ne soient les seuls par lesquels *nous la jouissions* (II, 12, 441a). Car, si nous tenions à Dieu même par la foi vive, verrait-on tout ce qu'on voit parmi les Chrétiens, tant de contradictions entre la parole et les actions, tant d'inconséquences ? et ici il se lance en toutes sortes d'exemples avec un malin plaisir, parlant directement contre la suffisance de ces moyens humains que la Grâce n'a pas touchés et bénis. Où en veut-il venir ? De son Raimond de Sebond, il est évident déjà qu'il n'a guère souci dans tout ce qui va suivre. Il l'a traduit autrefois pour faire plaisir à son père, aujourd'hui, sous air de le défendre, il a bien un autre but, il va plutôt le réfuter ; ou, du moins, il ne

---

[110] « Précisément ce qu'était dans le dessein primitif de M. de La Mennais [Félicité de Lamennais (1782-1854)], encore catholique, son *Esquisse* de philosophie. Toutes ces mêmes tentatives s'oublient sans cesse et recommencent. – Dans son *Essai sur les meilleurs ouvrages écrits en prose française* (en tête du *Pascal* de Lefèvre [J.-J. Lefèvre (1779-1858), célèbre libraire et éditeur parisien]), François de Neufchâteau [Nicolas-Louis François de Neufchâteau (1750-1828)] cite plusieurs passages de la *Théologie naturelle*, et il ajoute : 'Le livre de Raymond Sebond est qualifié par Montaigne de *livre d'excellente doctrine*; et cette version faite avec tant de soin, de gravité et de candeur, aurait dû épargner à notre philosophe les reproches de scepticisme et d'irréligion, que des zélateurs indiscrets n'ont pas craint de lui prodiguer ; mais rien n'est si commun que ces jugements téméraires...' [*Œuvres de Blaise Pascal* (Paris : Lefèvre, 1819) tome I, p. clxv] L'auteur de l'estimable *Essai* fait preuve lui-même de grande *candeur* en cet endroit ; François de Neufchâteau avait été un enfant célèbre, et il garda toute sa vie quelque chose d'*enfant*. Ses vers restèrent toujours puérils ; quant à sa prose, elle se nourrit d'érudition, de curieuses recherches, et cet *Essai* lui fait honneur, en même temps que profit à qui le lit ; mais il faut, à tout moment, intervenir pour l'idée.» (note de S-B)

cherche qu'une occasion couverte de parler en tout sens de la chose religieuse, d'y *peloter* (II, 12, 443c) à droite et à gauche, et de pousser sa pointe. Aussi, à force de ménager d'abord ceux qui veulent la foi à part et au-dessus de la raison, il leur donnerait plutôt gain de cause, et il se borne à remarquer, d'un ton soumis, que, comme pis-aller, comme essai élémentaire et grossier de concevoir les choses de Dieu, la méthode de Sebond, si incomplète qu'elle soit, a son utilité, qu'elle peut ramener quelques esprits, qu'il en sait un qui a été convaincu par là: enfin dit-il, «la foy venant à teindre et illustrer les arguments de Sebond, elle les rend fermes et solides» (II, 12, 447a).

Mais, quand il arrive à ceux qui (non plus par zèle de piété) accusent les arguments de Sebond d'être faibles et de ne rien prouver, oh ! c'est alors qu'il fait le dégagé et le franc: « Il fault, s'écrie-t-il, secouer ceulx-cy un peu plus rudement, car ils sont plus dangereux et plus malicieux que les premiers» (II, 12, 448a). Mais c'est lui-même qui redouble à l'instant sa malice. Que va-t-il faire en effet? Pour réfuter ces derniers, il ne trouve rien de mieux que de renchérir soudainement sur eux d'un air outré à dessein, et de leur dire en substance: «Je crois bien que les arguments de ce pauvre Sebond sont faibles, qu'ils ne prouvent pas grand'chose; mais, insensés! malheureux frénétiques d'orgueil (car il fait semblant d'être en colère et de relever le gant pour la majesté divine outragée), quels sont les arguments, dites-moi, qui soient bons et qui prouvent quelque chose en pareille matière? Quels sont les raisonnements auxquels on n'en puisse opposer d'autres aussi concluants, ou plutôt aussi peu concluants?»[111] Et là-dessus, comme s'il s'emportait de bonne foi, il entame une longue énumération et discussion, à perte de vue, de toutes les causes d'erreur et d'impuissance de la raison humaine isolée, par rapport aux croyances. Le rôle de Montaigne en tout ce chapitre, une fois bien compris, est singulièrement dramatique; il y a toute une comédie qu'il joue, et dont il ne prétend faire dupe que qui le veut bien.

Montaigne sur Sebond joue le même personnage que Bayle sur les Manichéens[112].

Ce qu'il veut en fin de compte, c'est (ne l'oublions pas) de faire la vérité des choses de la révélation si haute, si uniquement fondée en soi, si à pic et plantée toute seule à la pointe de son rocher, qu'on n'aille

---

[111] Paraphrase beuvienne de II, 12, 448-9.

[112] Dans son article intitulé «Du génie critique et de Bayle» (1er décembre 1835), S-B rappelait que Bayle lisait «Plutarque et Montaigne de préférence» et que son style s'apparentait à celui de Montaigne «avec moins de soin à aiguiser l'expression.» Article repris dans *Portraits littéraires*, éd. G. Antoine (Paris: Laffont, 1993), pp. 251 et 258.

guère songer à y mettre pied: *fantosme à estonner les gens* (I, 26, 161c)! voilà le mobile et le but. Tout ce qu'il dit, chemin faisant, contre la certitude humaine par rapport à toute question, est bien moins pour ruiner l'homme même en nature et en réalité que pour ruiner la croyance transcendante au cœur de l'homme; son objet atteint, et à ceux qui admettraient que la foi à de telles choses est chimère, il saurait bien (j'imagine) que dire à l'oreille, en causant, sur sa manière de concevoir le monde et l'homme, et de convenir de certains points. Le scepticisme exorbitant de ce chapitre n'est qu'une méthode de *grand tour* pour arriver[113].

Mais, quoique ceci puisse déjà sembler assez compliqué, c'est encore trop simple lorsqu'il s'agit de Montaigne. Avec lui, tout devient possible à la fois: *Distinguo*, comme il dit, est le plus universel membre de sa logique (II, 1, 335b). Aussi, en même temps que règne en ce chapitre le dessein général indiqué, dans le détail mille autres intentions et diversions s'entre-croisent. Ainsi nulle part la vigueur de Montaigne et ses *remuements fermes* (I, 26, 176a) ne se déclarent mieux; ailleurs c'est un *déjoueur*, ici un jouteur. Toutes ses *verves* se débrident. Quelle mâle étreinte que celle de ce paresseux! quelle ardeur en tout sens! quelle inépuisable ressource d'arguments, de faits, d'images! Cette vigueur d'escrime (II, 12, 558a) d'un esprit librement dialectique, qui se pique au jeu et n'en peut plus sortir, est à compter pour beaucoup. Il y a beaucoup encore de cet acharnement moins innocent, amer, salissant pour l'homme, qu'éprouvent en eux par accès tous les grands esprits qui ont coupé la chaîne d'or, et qui se précipitent avec d'ironiques ricanements, en faisant tournoyer leurs semblables; il y a ce que j'appellerai le *rire inextinguible* de l'homme déchu, du grand homme non restauré, qui prend à la gorge; ce rire d'Hamlet, dans lequel mourut Molière, dans lequel vieillit, se sèche et maigrit Voltaire. Sous l'accent et l'entrain de ce chapitre, je crois saisir beaucoup de cela, de ce mauvais spasme convulsif. Enfin, puisque j'en suis au *distinguo*, j'y distingue encore, et plus qu'ailleurs, l'écrivain que j'appelle *simplement amusé*, lequel se sentant en bonne et chaude veine, ne s'arrête plus, mais redouble et se laisse mener en tous sens par les figures de sa pensée[114].

---

[113] S-B a déjà parlé du scepticisme de Montaigne à propos de l'*Entretien avec M. de Saci*, *supra*. Dans son article du 29 mars 1852 sur les *Pensées* de Pascal il écrit encore: «Il y avait des incrédules au temps de Pascal; le XVIe siècle en avait engendré un assez grand nombre, surtout parmi les classes lettrées; c'était des païens plus ou moins sceptiques, dont Montaigne est pour nous le type le plus gracieux et dont nous voyons se continuer la race dans Charron, La Mothe Le Vayer, Gabriel Naudé.» *CL* V, p. 526.

[114] Paraphrase beuvienne de II, 10, 410a, à propos de Boccace et Rabelais.

Montaigne commence tout d'abord par se moquer de l'homme, qu'il suppose isolé et *dépourvu de la Grâce et connaissance divine*: « Qui luy a persuadé (à cette misérable et chestive créature) que ce bransle admirable de la voulte céleste, la lumière éternelle de ces flambeaux roulants si fièrement sur sa teste, les mouvements espoventables de cette mer infinie, soyent establis et se continuent tant de siècles pour sa commodité et pour son service ?» (II, 12, 450a) Et en disant ainsi, il ne s'aperçoit pas, ou plutôt il s'aperçoit très-bien, qu'il ne fait autre chose que réfuter ce même Raimond de Sebond dont il prétexte l'apologie, et qui plaidait tout au contraire les causes finales et l'arrangement de l'univers par rapport à l'homme[115]. Pour rabattre, dit-il, cette présomption humaine[116], il va prendre tous les animaux successivement, les hirondelles, chiens, faucons, éléphants, bœufs, pies, araignées..., qui ont chacun leurs instincts, leur langage, leur industrie, leur talent, leur délibération, pensement et conclusion, leur fidélité, quelques-uns même (comme on le dit des éléphants) une sorte de vénération et de religion, et qui tous sont par conséquent nos confrères: on a l'antipode de Descartes, qui des animaux faisait des automates, comme le pensaient d'après lui Port-Royal et Pascal. Et ce dernier, qui avait fait la machine arithmétique, ne trouvait pas un animal si difficile à concevoir en effet comme pur automate.

C'est vers cet endroit du chapitre que se rencontre cette énergique pensée, si souvent citée :

> Quant à la force, il n'est animal au monde en butte de tant d'offenses que l'homme : il ne nous fault point une baleine, un éléphant et un crocodile, ny tels aultres animaux, desquels un seul est capable de deffaire un grand nombre d'hommes : les pous sont suffisants pour faire vacquer la dictature de Sylla ; c'est le desjeuner d'un petit ver que le cœur et la vie d'un grand et triumphant Empereur. (II, 12, 462a)

Pascal a imité et réinventé cette pensée de Montaigne à propos de Cromwell, le Sylla moderne ; le *petit grain de sable* y fait l'office de

115 « Sebond disait, traduit par Montaigne : 'Homme, jette hardiment ta vue bien loin autour de toi, et contemple si de tant de membres, de tant de diverses pièces de cette grande machine, il y en a aucune qui ne te serve. [...] Ce ciel, cette terre, cet air, cette mer, et tout ce qui est en eux, est continuellement embesogné pour ton service. Ce branle divers du soleil, cette constante variété des saisons de l'an, ne regardent que ta nécessité. [...] Écoute la voix de toutes les créatures, qui te crie [...]; le ciel te dit : Je te fournis de lumière le jour, afin que tu veilles ; d'ombre la nuit, afin que tu dormes...' [*Théologie, éd. cit.*, chapitre xcvii, fol.98 v°] On voit que, dans l'*Apologie*, Montaigne fait juste la *palinodie*.» (note de S-B)

116 « Le moyen que je prens pour rabatre cette frenaisie...» (II, 12, 448a)

l'insecte qu'on ne nomme pas (*Pensées* 750-176). Il n'a pas moins repris et refait cette pensée quand il a dit[117]:

«L'homme n'est qu'un roseau le plus foible de la nature, mais c'est un roseau pensant. Il ne faut pas que l'univers entier s'arme pour l'écraser; une vapeur, une goutte d'eau suffit pour le tuer; mais, quand l'univers l'écraseroit, l'homme seroit encore plus noble que ce qui le tue, parce qu'il sait qu'il meurt; et l'avantage que l'univers a sur lui, l'univers n'en sait rien.» (*Pensées* 200-347)

On a remarqué comme à l'instant la pensée de Montaigne s'achève, se couronne et se réintègre en Pascal. Même, quand celui-ci emploie de ces mots qu'on ne dit pas d'ordinaire, et qui marquent la bassesse de l'homme, comme on sent que c'est franc chez lui, tout de bon, à bonne fin, et pour l'en tirer après l'y avoir plongé! Quand il parle de ces misères qui nous *tiennent à la gorge*, comme on sent qu'il en veut réellement finir avec elles, tandis que l'autre a toujours l'air de vouloir plutôt s'en caresser le menton! Montaigne pourtant lui-même a ici, en maint endroit, de la bien haute et bien franche, de la très-sincère éloquence:

«Ce furieux monstre à tant de bras et à tant de testes (*une armée*), c'est toujours l'homme, foible, calamiteux et misérable; ce n'est qu'une fourmilière esmeue et eschauffée: *It nigrum campis agmen*[118]; un souffle de vent contraire, le croassement d'un vol de corbeaux, le fauls pas d'un cheval, le passage fortuit d'un aigle, un songe, une voix, un signe, une brouée matinière, suffisent à le renverser et porter par terre. Donnez-luy seulement d'un rayon de soleil par le visage, le voylà fondu et esvanoui; qu'on luy esvente seulement un peu de poulsière aux yeulx comme aux mouches à miel de nostre poëte [Virgile], voylà toutes nos enseignes, nos légions, et le grand Pompeius mesme à leur teste, rompu et fracassé.» (II, 12, 475a)

Pascal à son tour, en y repassant, n'a pu au mieux qu'égaler l'éloquence poignante de ces endroits.

Après en avoir fini de cette comparaison et correspondance de l'homme aux animaux, qui le doit rabattre, Montaigne en vient aux

---

[117] «Qu'on m'accorde de citer ce qui est d'ailleurs si connu; le complet *vis-à-vis* est ici nécessaire.» (note de S-B)

[118] «Le noir bataillon s'avance dans la plaine, » *Énéide* IV, v. 404.

sectes des philosophes, les unes après les autres, depuis Thalès, et il triomphe dans leurs variations[119]. Il le faut voir remuant, ralliant toutes les pièces de son érudition, d'ordinaire éparse, pour en faire armes de l'un à l'autre, et les battre coup sur coup séparément. Puis, quand il a fini de les exterminer et qu'il respire, il a grand soin pourtant, de peur qu'on ne s'y méprenne, d'avertir la reine Marguerite et son lecteur que ce dernier tour d'escrime qui consiste à se perdre pour perdre un autre, à s'ôter les armes de la raison pour les mieux enlever à l'adversaire, est un coup *désespéré* dont il ne se faut servir que rarement (II, 12, 558a).

Et, continuant d'user de ce coup désespéré, au moment même où il semble s'avertir et vouloir s'arrêter, il prend l'homme, non plus dans la comparaison avec les animaux, non plus dans les systèmes changeants des philosophes, mais en lui-même et dans les moyens prétendus directs de trouver la vérité ; il met à la question la raison, les sens, et c'est ici qu'on lit : « Ce ne sont pas seulement les fiebvres, les breuvages, et les grands accidents qui renversent nostre jugement, les moindres choses le tournevirent [...] » (II, 12, 564a) ; et tout ce qui suit, et qui rappelle directement la pensée de Pascal : « L'esprit de ce souverain juge du monde n'est pas si indépendant qu'il ne soit sujet à être troublé par le premier tintamarre qui se fait autour de lui.... » (*Pensées* 48-366)

En suivant à cet endroit du texte les pensées de Montaigne, nous marchons coup sur coup sur les souvenirs de Pascal qu'elles ont suscités. Les *Pensées* de celui-ci ne sont, à les bien prendre, que le chapitre de l'*Apologie de Sebond* refait avec prud'homie. On saisit dès lors l'intention et le fil entier de notre étude, l'importance accordée à cette première conversation du nouveau converti, qui comprend déjà sa préoccupation dernière, et pourquoi toute cette dissection prolongée de Montaigne au sein de Pascal à laquelle nous nous livrons.

Au reste, dans ses nombreuses pensées sur la vanité, la faiblesse et la contradiction de l'homme, que Pascal reproduit, et dont il s'empare en les couronnant, comme des minarets, de la Croix, ce qui doit frapper plus que la ressemblance qui est toute simple et voulue, et qui eût été avouée sans doute si l'auteur avait publié lui-même son ouvrage, – ce qui me frappe, c'est la différence du ton et le sérieux du dessein opposé au jeu de l'escrime[120]. Là où l'un se mire et se berce au brisant des flots, l'autre cingle et rame. L'un s'égaie et s'enivre en son naufrage ; l'autre,

---

[119] Plus loin, S-B montre Montaigne « prenant les philosophies une à une, deux à deux, et les entrechoquant, les culbutant l'une par l'autre et l'une sur l'autre. » *P-R* III, p. 344.

[120] Nouvelle référence à l'adresse à la Princesse (II, 12, 558a).

nuit et jour, sous l'étoile ou sous la nue, nage à l'aide d'un débris vers la plage de la patrie éternelle. Misère, faiblesse et néant, des deux côtés c'est le refrain ; onde sur onde, sable sur sable, univers mouvant :

> On me verrait dormir au branle de sa roue[121],

de sa *roue* ou de son *tourniquet*, dirait Montaigne[122], et il se gaudit et gausse : ce sont misères d'animal. – Misères de grand seigneur, misères de roi dépossédé, nous crie Pascal ! Courage et prière ! il faut reconquérir son royaume.

C'en est assez sur cette *Apologie de Sebond*, que Montaigne, après l'avoir poussée encore longuement, termine par une pompeuse citation de Plutarque et très-suspecte d'intention ici, pour dire que Dieu seul *Est*, et qu'à part lui, l'Éternel, le Nécessaire et l'Immuable, il n'y a que passage et écoulement de l'être. Vue en courant, cette page religieuse de Plutarque fait comme tenture ; considérée de près, par le lieu où elle se trouve transposée et d'après ce qui précède, elle acquiert un sens plutôt spinosiste et *panthéiste*, comme on dit. A force de faire Dieu grand et haut, en dehors de tout rapport avec la création et avec l'homme, on s'en passe très-bien à titre de Dieu providentiel et intelligent. M. Buffon à sa manière, et par le trône magnifiquement isolé où il recule et installe son Dieu, ne procède guère à autre fin[123].

Au demeurant, notre idée sur Montaigne, s'est éclaircie, ce semble, et a passé de la conjecture à la certitude ; nous tenons la clef glissante, et, bon gré mal gré, si glissante et si sorcière qu'elle soit, et fût-elle même plus sorcière que cette clef du Conte de la *Barbe-Bleue*, elle nous reste à la main ; nous pouvons désormais ouvrir chez lui, si l'envie nous en prend, toute l'enfilade de ses pensées et arrière-pensées, ce labyrinthe de cabinets et de chambres où il se plaît, sans qu'on sache jamais, non plus que de Pygmalion, dans laquelle il couche.

Il n'y a de riant que l'apparence. Montaigne, en ce chapitre et dans tout son livre, a fait comme un démon malin, un enchanteur maudit, qui, vous prenant par la main, et vous introduisant avec mille discours séduisants dans le labyrinthe des opinions, vous dit à chaque pas, à chaque marque que vous voulez faire pour vous retrouver : « Tout ceci n'est qu'erreur ou doute, n'y comptez pas, ne regardez pas trop, en espoir de

---

[121] « Qu'à son gré désormais la Fortune me joue, / On me verra dormir au branle de sa roue. » Boileau, « Épistre V », vv. 23-24, in *Œuvres complètes*, éd. A. Adam & F. Escal (Paris : Gallimard, 1966), p. 121. S-B substitue le conditionnel « verrait » au futur « verra ».

[122] A notre connaissance, le mot « tourniquet » ne se trouve pas dans les *Essais*.

[123] Pour s'être passé de Dieu, Buffon, lui, sera inquiété par la Sorbonne.

vous diriger au retour; la seule chose sûre est cette lampe que voici; jetez le reste: cette lampe sacrée nous suffit.» Et quand il vous a bien promené, égaré et lassé dans les mille dédales, tout d'un coup il souffle, ou d'une chiquenaude il éteint; et l'on n'entend plus qu'un petit rire[124].

Que succède-t-il alors? Est-ce le doute universel qu'il a voulu; et ce doute-là, quand il est final, ne forme-t-il pas une conclusion immense? Quelle est-elle en effet? *un petit Juif marchant à pas comptés*[125], Spinosa, va vous le dire: dans l'embarras où vous êtes, la lampe éteinte et le labyrinthe écroulé, c'est lui qui vous recueillera. Un grand ciel morne, un profond univers roulant, muet, inconnu, où de temps en temps, par places et par phases, s'assemble, se produit et se renouvelle la vie; l'homme éclosant un moment, brillant et mourant avec les mille insectes, sur cette île d'herbe flottante dans un marais: voilà, mathématiques ou pyrrhonisme de forme à part, la grande solution suprême[126]. Tout ce que Montaigne y a prodigué de riant et de flatteur au regard n'est que pour faire rideau à l'abîme, et, comme il le dirait, pour *gazonner* la tombe (I, 26c, 161c).

Le Spinosisme donc (je prends exprès le nom le plus terne) comme bassin et couvercle d'airain à cette mer dont nous avons vu trembler et rire en tout sens l'écume et les flots![127]

---

[124] «Que Montaigne, après vous avoir mené loin, vous plante là, son disciple Gabriel Naudé [libertin érudit (1600-1653)] le savait bien, et le pratiquait aussi sous air d'érudition; dans son *Mascurat* [*Jugement de tout ce qui a esté imprimé contre le Cardinal Mazarin, communément appelé le Mascurat*, 1649, in-4°, pamphlet dialogué], un des deux interlocuteurs, Saint-Ange, dit à l'autre: *Tu fais justement comme ces vaches qui attendent que le pot au lait soit plein pour le renverser.* Voilà en bons termes gaulois l'éternelle méthode.» (note de S-B). Sur cet ouvrage voir «Naudé et le rationalisme critique, » dans René Pintard, *Le Libertinage érudit dans la première moitié du XVIIe siècle* (Paris: Boivin, 1943), tome I, pp. 442-476.

[125] «Alors un petit Juif, au long nez, au teint blème, / Pauvre mais satisfait, pensif et retiré, / Esprit subtil et creux, moins lu que célébré, / Caché sous le manteau de Descartes, son maître, / Marchant à pas comptés, s'approcha du grand Être.» Voltaire, «Les Systèmes» [1772] in *Œuvres complètes* (Paris: Renouard, 1819), tome XII, p. 205, vv. 26-30.

[126] «Ce serait une étude à suivre, un compte à réclamer, et comme une liquidation après faillite, en ce triste jeu des opinions humaines, que la même solution forcément finale, le même *caput mortuum* (selon la différence des époques, des langues, et des humeurs particulières), se produisant, se dérobant par des milieux et sous des aspects aussi différents que Montaigne, Spinosa, Condorcet, Hégel; car je les appelle des aspects, des appareils différents d'une seule et même fin.» (note de S-B)

[127] «Tout procès est désagréable à soutenir: celui-ci, où Port-Royal nous a engagé contre Montaigne, nous a bien coûté. Que nous eussions mieux aimé le pouvoir prendre comme lui-même il s'est offert, *de biais*, sans violence! Ce qui se trouve vrai quand on

Une des grandes causes du succès de Montaigne, et même la condition essentielle et unique, sans laquelle tout le reste eût été comme non avenu, l'instrument de son charme et sa vraie baguette d'enchantement, c'est son style[128]. Le style, quand on l'a au degré de Montaigne, devient la boîte d'indulgence plénière auprès de la postérité. Il est beaucoup pardonné chez les neveux à ceux qui ont véritablement peint. Les irrégularités de plan, d'idées, les licences et les familiarités, les petitesses, tout se colore, tout s'embellit d'une spécieuse nuance, et devient matière à plaisir, à louange toujours nouvelle. Le style, c'est un sceptre d'or à qui reste, en définitive, le royaume de ce monde.

Montaigne a eu, plus qu'aucun peut-être, ce don d'exprimer et de peindre ; son style est une figure perpétuelle, et à chaque pas renouvelée ; on n'y reçoit les idées qu'en images ; et on les a, à chaque moment, sous des images différentes, faciles et transparentes pourtant. A peine un court intervalle nu et abstrait, la simple largeur d'un fossé, le temps de sauter ; et l'on recommence. Une quelconque de ses pages semble la plus fertile

---

presse et qu'on tord son livre, ne l'est pas également quand on ne fait que l'ouvrir et le feuilleter ; on hésite, et l'on se reprendrait, malgré tout, à répéter alors ce qu'une muse aimable a si bien exprimé :

A travers les vieux pins qui peuplent la campagne,
Des pas qu'on n'entend plus sont restés imprimés :
Je crois suivre les pas du paisible Montagne,
Je crois saisir dans l'air ses accents ranimés.
Aux lèvres des vieillards je cherche son sourire,
Sa railleuse vertu, sa facile pitié,
Ces préceptes du cœur que son cœur sut écrire,
    Et son amour pour l'amitié.
    Que ce livre est beau ! que je l'aime !
    Le monde y paraît devant moi :
    L'indigent, l'esclave, le roi,
    J'y vois tout ; je m'y vois moi-même.
Bords heureux, de sa cendre il vous légua l'honneur ;
Tout ce qu'il cultiva nous instruit, nous attire,
    Et les fruits que l'on en retire
Ont un goût de sagesse, un parfum de bonheur.
Il est doux, en passant un moment sur la terre,
D'effleurer les sentiers où le sage est venu ;
D'entretenir tout bas son malheur solitaire
Des discours d'un ami qu'on pense avoir connu....

(Madame Desbordes-Valmore, *le Retour à Bordeaux.)* [*Œuvres poétiques*, éd. M. Bertrand (Presses Universitaires de Grenoble, 1973), tome II, p. 600, vv.42-58.] Nous suivons un peu sa méthode malgré nous, en ne craignant pas d'enregistrer cette contradiction ouverte entre notre conclusion et notre affection.» (note de S-B)

[128] S-B a fait de nombreux commentaires sur le style de Montaigne. Voir *Allem*, pp. 354-5, notes 267 et 269.

et la plus folle prairie, un *champ libre et indompté* (I, 51, 306a) : longues herbes et *gaillardes* (ibid.), parfums sous l'épine, fleurs qui émaillent, insectes qui chantent, ruisseaux là-dessous, le tout fourmillant et bruissant (*scaturiens*)[129]. Il n'avait pas la conception d'ensemble ni l'invention d'un vaste dessein ; à quoi bon tant combiner et se tant lasser ? L'invention du détail et le génie de l'expression lui tenaient lieu des autres parties, il le savait bien ; il rachetait sans peine et retrouvait tout par là : « Je n'ay point d'aultre sergeant de bande à ranger mes pièces que la fortune » (II, 10, 409a). Tout donc s'animait, tout se levait dans son discours à la libre voix de ce sergent de fortune, et chaque pensée à la hâte, casque ou pompon en tête, faisait recrue. Quelle jeune armée ! un peu bigarrée, dira-t-on ; car tout fait montre : la pensée est sortie enharnachée comme elle a pu, toujours trait en main, toujours prompte et vive. La *couture* de l'idée à l'image est si en dedans qu'on ne la voit ni qu'on n'y songe : pensée, image, chez lui, c'est tout un : *junctura callidus acri*[130]. Quant à la couture *de l'image à l'image*, il la supprime et va son train de l'une à l'autre, enjambant comme un Basque agile, d'un jarret souple, d'un pied hardi. Voici entre mille un exemple, à peine choisi, de cette série de métaphores qui déjouent la règle prudente des rhéteurs ; il s'agit des auteurs du temps qui ne craignent pas d'insérer dans leurs écrits de grands fragments des Anciens et de se risquer à la comparaison :

« Il m'adveint, l'aultre jour, de tomber sur un tel passage ; j'avois traisné languissant aprez des paroles françoises si exsangues, si descharnées et si vuides de matière et de sens, que ce n'estoit voirement que paroles françoises : au bout d'un long et ennuyeux chemin, je veins à rencontrer une pièce haulte, riche et eslevée jusques aux nues. Si j'eusse trouvé la pente doulce et la montée un peu alongée, cela eust esté excusable : c'estoit un précipice si droit et si coupé, que, des six premières paroles, je cogneus que je m'envolois en l'aultre monde ; de là je descouvris la fondrière d'où je venois, si basse et si profonde, que je n'eus oncques puis le cœur de m'y ravaler. Si j'estoffois l'un de mes discours de ces riches despouilles, il esclaireroit par trop la bestise des aultres [...] »[131].

Ainsi il *se traîne* d'abord après des paroles *exsangues*, comme sur un *chemin* ; l'idée de chemin l'emporte, il la suit. Puis ce qui était une *pièce*

---

[129] Ce mot latin signifie « bouillonnant » (cf. *aqua scaturiens* : source d'eau vive).

[130] Perse, *Satires* V, v.14 : « te montrant artiste par le caractère ingénieux des combinaisons verbales. » *Les Satires de Perse*, éd. F. Villeneuve (Paris : Hachette, 1918), p. 113.

[131] « *Essais*, Livre I, chapitre xxv » (note de S-B). En fait : I, 26, 147a.

élevée jusques aux nues deviendra une *dépouille* dont il craindrait de *s'étoffer*, et l'étoffe aussitôt prend un reflet qui *éclaire*.

Montaigne est comme l'Ovide et l'Arioste du style[132]; son heureuse rhapsodie d'images, d'un bout à l'autre, jusque dans ses reliefs les plus divers, est tout d'un pan; on marche avec lui de pensée en pensée dans les métamorphoses.

Dans Shak[e]speare, dans Molière, en ces génies qui ont la création d'ensemble, l'imagination aisément enfante des êtres entiers, des personnages doués de l'action et de la vie: chez Montaigne, cette création figurée ne se produit qu'à l'intérieur des phrases et sur les membres de chaque pensée; mais elle se produit aussi vivante, et de près aussi merveilleuse, aussi poétique que l'autre. Chaque détail, chaque moment de l'idée se revêt et prend figure en passant; c'est tout un monde. Aussi le plaisir d'y vivre, cet art d'animer et d'exprimer, ce goût de faire mouvoir et se succéder sans fin toute cette gent familière et d'en suivre les marionnettes jusqu'au bout entre-t-il pour beaucoup chez Montaigne, je ne me lasse pas de le faire sentir: et Pascal, qui dans son style, lui, s'amuse si peu et reste le maître, n'en a pas assez tenu compte. Montaigne appelle la langue le *boute-dehors*, et elle est souvent chez lui le *boute-en-train*[133].

Malebranche a fort bien senti ce coin de Montaigne, mais en déprimant trop les autres portions, et en le voulant réduire à la seule beauté d'imagination, à ce qui fait le *bel-esprit*; il proteste contre cet agrément de tour et cet éclat de parole qu'il rapporte aux sens, contre cet art naturel qu'a l'auteur des *Essais* de *tourner l'esprit* du lecteur *à son avantage par la vivacité toujours victorieuse de son imagination dominante*[134].

Malebranche a beau faire; ce qu'il dit là contre l'imagination dans le style, Arnauld le lui rendra; tout occupé à combattre les imaginations métaphysiques du bel écrivain, le vieux docteur écrit à Nicole: «Je ne trouve guère moins à redire à sa rhétorique qu'à sa logique, surtout dans les *Méditations*; car il est si guindé, et il affecte si fort de ne rien dire simplement, qu'il est lassant.»[135] Et on ne lit Malebranche plus qu'Arnauld aujourd'hui, qu'à cause des endroits où celui-ci le trouvait *lassant*.

---

[132] Voir *supra*, p. 98, note 54.

[133] On ne trouve pas «boute-dehors» mais «boute-hors» chez Montaigne, au sens de faculté d'exprimer ou de faire sortir (I, 10, 39a; II, 12, 570a); «boute-en-train» est également absent des *Essais*.

[134] «*De la Recherche de la Vérité*, livre II, partie III, chapitre V.» (note de S-B). Voir la fin du chapitre intitulé «Du livre de Montaigne» (Paris: Garnier, s.d.), tome II, p. 370.

[135] Lettre CCCCLIV à M. Nicole, «Sur le système du Père Malebranche» in *Œuvres* d'Antoine Arnauld (Lausanne: Sigismond d'Arnay, 1775), tome II, p. 370.

Montaigne, d'autres l'ont relevé, a beaucoup de Sénèque pour le trait, mais il ne l'a pas tendu comme lui, et il le jette, même quand il le darde, plus au naturel et d'un air plus cavalier[136]. Sénèque et Plutarque, il y puise incessamment, nous dit-il, comme les Danaïdes (I, 26, 146c). On a lu, à son chapitre *des Livres*, l'admirable jugement et parallèle qu'il fait de tous deux (II, 10, 413a), et aussi de Virgile avec Lucrèce (III, 5, 849b et 872-3b), et des autres. Comme écrivains français, il estimait, parmi ceux qui l'avaient précédé, Froissart[137], Commynes[138], surtout Amyot[139], qu'il caractérise et célèbre en des termes incomparables, par une louange vraiment généreuse. Mais il ne s'asservit à aucun, et écrit à sa façon, usant à bon droit de l'anarchie d'alors:

«Il en est de si sots {qu'ils} [qui] se destournent de leur voye un quart de lieue pour courir aprez un beau mot.... Je tors [bien] plus volontiers une bonne sentence pour la coudre sur moy, que je ne {destourne} [tres-bien] mon fil pour l'aller quérir. Au {contraire} [rebours], c'est aux paroles à servir et à suyvre. Et que le gascon y arrive, si le françois n'y peult aller.... Le parler que j'aime, c'est un parler simple et naïf, tel sur le papier qu'à la bouche, un parler succulent et nerveux, court et serré, non tant délicat et peigné comme véhément et brusque:

Hæc demum sapiet dictio, quæ feriet[140];

---

[136] «De Thou et Sainte-Marthe ont traduit dans leur latin ce titre d'*Essais* par *Conatus*; c'est *Lusus* qu'il faudrait; *Conatus* est un contre-sens par rapport à Montaigne. Ce n'en serait pas un à l'égard d'un Sénèque ou d'un La Bruyère, qui ont l'*effort* heureux, mais qui l'ont.» (note de S-B). En effet, *conatus* a le sens d'*effort*; et *lusus*, de *jeu*.

[137] Montaigne cite trois fois Froissart dans les *Essais* (I, 27, 180a; II, 10, 417a; II, 25, 688a). Voir l'article de S-B sur Froissart du 24 octobre 1853. Montaigne, «assez pareil de nature» à Froissart, range celui-ci parmi «les historiens *simples*, qui ramassent tout ce qui leur vient à leur connaissance et qui enregistrent *à la bonne foi* toutes choses sans choix et sans triage.» Et S-B de citer quelques lignes de Montaigne sur la «franche naïveté» de Froissart (II, 10, 417a). *Causeries du Lundi*, tome IX, p. 93. Voir aussi l'article du 4 février 1850 consacré au *Discours sur l'Histoire de Guizot* où l'on trouvait déjà une citation du même passage et le commentaire de Montaigne sur les bons historiens. *Causeries du Lundi*, tome I, p. 330.

[138] Montaigne cite trois fois Commynes dans les *Essais* (II, 10, 419a; II, 34, 736a; III, 8, 940b). Voir l'article du 7 janvier 1850 sur ce chroniqueur, déjà cité à la note 57, *supra*, p. 100, à propos du fameux mot de S-B: *Il y a du Montaigne en chacun de nous.*

[139] Montaigne cite trois fois Amyot dans les *Essais* (I, 24, 124a; I, 46, 277a; II, 4, 363a) et lui donne la palme parmi les écrivains français. L'article de S-B sur Amyot, publié dans *Le Constitutionnel*, le 25 août 1851 a été repris dans les *Causeries du Lundi*, tome IV, pp. 450-470.

[140] «L'expression sera bonne si elle frappe.» Épitaphe de Lucain.

plustost difficile qu'ennuyeux, esloigné d'affectation; desréglé, descousu et hardy: chasque loppin y face son corps; non pedantesque, non fratesque, non plaideresque, mais plustost soldatesque...»[141]

Et ailleurs, parlant du gascon des hautes-terres, il semble définir sa propre langue, son vrai style:

«Il y a bien au-dessus de nous, vers les montaignes, un gascon que je treuve singulièrement beau, sec, bref, signifiant, et, à la vérité, un langage masle et militaire plus qu'aultre que j'entende, aultant nerveux, puissant et pertinent, comme le françois est gracieux, délicat et abondant.» (II, 17, 639a)[142]

Ce François si bien qualifié, et qui sent sa plaine, c'est Amyot; ce Gascon, c'est lui.

Car il y avait, à cette seconde époque du seizième siècle, et malgré l'anarchie qu'aujourd'hui nous y reconnaissons, une manière de langue centrale, et qui se crut par instants établie, celle de l'école de Du Bellay et de Ronsard en vers[143], de Pasquier en prose[144], tous personnages qu'aimait et prisait fort Montaigne, mais sans en dépendre. Dès la première édition des *Essais* en 1580, il obtint un grand succès; mais les critiques non plus ne manquèrent pas. On voit par une lettre de Pasquier[145] quel genre de reproche cet ami et admirateur sincère lui adressait: particulièrement beaucoup de locutions•impropres, et tirées de l'usage gascon. Pasquier, le rencontrant aux États de Blois (1588), les lui démontra,

[141] «Livre I, chapitre xxv [en fait: I, 26, 171a, c; 172a]. Ne sent-on pas l'entrain venir? L'écho s'en mêle, le redoublement jaillit et fait cascade: il y a du lyrique dans Montaigne. – Je m'étais amusé à noter et à rassembler une foule de traits qui dépeignent en lui ce *lyrisme*, ce que les poëtes appellent la *sainte manie*; mais il faut se borner.» (note de S-B)

[142] «Livre II, chapitre XVII.» (note de S-B)

[143] Pour l'opinion de Montaigne sur Du Bellay et Ronsard, voir I, 26, 171a et II, 17, 661a. Dans son article de juin 1867 sur Joachim du Bellay, S-B écrit à propos de certains passages de la *Deffence et Illustration de la langue françoyse*: «Ne semble-t-il pas qu'on lise déjà Montaigne? Du Bellay l'a devancé de trente ans.» *Nouveaux Lundis*, tome 13, p. 306.

[144] Sur Pasquier, Montaigne reste silencieux dans les *Essais*; mais Pasquier parle de leur amitié dans ses lettres. Voir *infra*. L'article de S-B sur Pasquier, publié dans *Le Constitutionnel* le 6 janvier 1851, a été recueilli dans les *Causeries du Lundi*, tome III, p. 249-269.

[145] *Lettres* (Paris: A. L'Angelier, 1586; 1619), tome II, pp. 377 sq. Citée dans l'édition Villey des *Essais*, pp. 1206-1210.

livre en main[146]; mais il parut, à l'édition prochaine, que Montaigne n'en avait tenu compte. Sous air de faire bon marché de sa manière, et tout en accusant son langage de n'avoir rien de *facile* et de *poli*, et d'être altéré par *la barbarie du crû*, il allait son train, gardait ses aises, choyait et retâtait son livre (le plus chéri des livres), et donnait champ à son originalité. Balzac l'a pris au mot et y a été dupe[147]. Il a regretté que Montaigne fût venu avant Malherbe, avant que celui-ci eût dégasconné la Cour; il a requis à ce titre indulgence pour Montaigne, qui, – je me l'imagine présent, – fait de son mieux pour ne pas rire[148]. Comme si le Gascon en tout temps (demandez à Montesquieu et à Bayle) n'eût pas trouvé moyen de l'être. Quoi qu'il en soit, sa langue, à lui, était et elle est restée une langue individuelle; honneur en un sens et bonheur! après deux siècles et demi, rien n'y est usé. Mademoiselle de Gournay, dans sa Préface de l'édition de 1635, a dit du langage des *Essais*: «C'est, en vérité, l'un des principaux cloux qui fixeront la volubilité de notre vulgaire françois, continue jusques ici.»[149] Il n'en fut rien; la langue s'acheva et se fixa sans Montaigne. Balzac *rhétorisa* sans lui. Vaugelas, dans ses excellentes *Remarques* publiées en 1647, où le bel *usage* passe en loi, et où M. Coëffeteau[150] tient le dé, fait aussi une grosse part à Amyot (*le grand Amyot*, comme il l'appelle)[151], mais à quel titre? «Et quelle gloire n'a point encore Amyot depuis tant d'années, quoiqu'il y ait un si grand changement dans le langage? quelle obligation ne lui a point notre langue, n'y ayant jamais eu personne qui en ait mieux su le génie et le caractère que lui, ni qui ait usé de mots, ni de phrases si natu-

---

[146] «Entre autres, *jouir*, pris activement, *jouir la vie, la vie se peult jouir*, ce qui n'est pas sans grâce. – Parmi les mots de son invention qui ont réussi, on lui attribue celui d'*enjoué*, dont le parrainage lui sied bien. Sans aller vérifier, on aime à y croire. C'est comme pour cette expression d'esprit *lumineux*, qu'on rapporte à Messieurs de Port-Royal: le mot et la chose.» (note de S-B) Sur *enjoué*, voir *supra*, p. 88, note 33.

[147] «Balzac et bien d'autres; par exemple, ce bon M. de Plassac [frère du chevalier de Méré, ami de Pascal] qui, dans le volume de ses *Lettres*, publié en 1648, écrit naïvement au milieu de toutes sortes d'éloges sur Montaigne: «J'ai regret qu'il ait si fort méprisé l'élocution, et que le peu de soin qu'il en a pris le fasse lire avec moins de plaisir....» Et pour y remédier, il se met, comme échantillon, à transcrire, en le traduisant à la moderne, le chapitre *De la vanité des paroles* [I, 51, 305-7]. L'impertinent!» (note de S-B)

[148] «Dissertation critique» in *Œuvres de Balzac* (Rouen: Berthelin, 1657), pp. 19-20; voir l'édition Villey des *Essais*, pp. 1211-12.

[149] En fait, dès la préface de 1595, Marie de Gournay écrivait: «c'est le clou qui fixera la volubilité de nostre idiome, continue jusqu'icy.» Éd. F. Rigolot, *Montaigne Studies* I (1989), p. 31.

[150] Nicolas Coëffeteau (1574-1623), orateur ecclésiastique qui oppose une juste mesure de la prose aux excès de l'éloquence sacrée.

[151] Sur Amyot, voir *supra*, p. 127, note 139.

rellement françoises, sans aucun mélange des façons de parler des provinces, qui corrompent tous les jours la pureté du vrai langage françois.»[152] L'éloge d'Amyot en ces termes équivaut presque à une critique de Montaigne, qui figure d'ailleurs très-rarement, si même il y figure, dans les citations de Vaugelas[153].

Pascal, du moins, qui en était nourri, en sauva mainte audace, mainte façon énergique de dire et de nommer; mais l'ensemble même des tours et des libertés de Montaigne fut laissé là-bas ou plutôt là-haut, en dehors de la nouvelle route royale qui s'inaugurait.

Montaigne resta l'homme dépareillé et le livre non classé, «le Bréviaire des honnêtes paresseux et des ignorants studieux, nous dit Huet, qui veulent s'enfariner de quelque connoissance du monde et de quelque teinture des Lettres. A peine trouverez-vous un gentilhomme de campagne qui veuille se distinguer des preneurs de lièvres, sans un Montaigne sur sa cheminée.»[154] Il fut bien plus; il fut le livre favori et comme un arsenal particulier pour chaque grand écrivain sérieux et nouveau: La Bruyère, Montesquieu, Jean-Jacques [Rousseau] (style et pensée), réintroduisirent, chacun à leur manière, dans le grand courant de la langue beaucoup de Montaigne.

Et puis, les siècles littéraires réguliers ayant eu leur cours, et la liberté recommençant, il suffit désormais que Montaigne ait dit d'une manière pour qu'elle ait passe-port à l'instant et prérogative, si on l'appuie de son nom. Mademoiselle de Gournay, en se trompant sur le

---

[152] Claude Favre de Vaugelas (1585-1650), *Remarques sur la langue française*, éd. A. Chassang (Paris: Léopold Cerf, 1880), tome I, Préface, pp. 36-7.

[153] «C'est dans ce livre, d'ailleurs si recommandable, de Vaugelas, qu'on lit au sujet du mot *insulter*: 'Ce mot est fort nouveau, mais excellent pour exprimer ce qu'il signifie. M. Coeffeteau l'a vu naître un peu devant sa mort, et il me souvient qu'il le trouvoit si fort à son gré, qu'il étoit tenté de s'en servir; mais il ne l'osa jamais à cause de sa trop grande nouveauté, tant il étoit religieux à ne point user d'aucun terme qui ne fût en usage! Il augura bien néanmoins de celui-ci, et prédit ce qui est arrivé [...]. Voilà dans son esprit, et comme dans sa *religion*, la vraie fondation de la langue académique: sommes-nous assez loin de Montaigne?» (note de S-B).

[154] *Huetiana*, éd. de 1723, p. 15. Voir *supra*, p. 107, note 82. «Parmi ces gentilshommes amateurs, j'ai déjà cité M. de Plassac. Voici maintenant ce que je lis dans une lettre du chevalier de Méré, son frère, à M. Mitton [Daniel Mitton, ami de Pascal, don't trois fragments des *Pensées* font mention]: 'Vous savez dire des choses, et vous devez être persuadé qu'il n'y a rien de si rare. Vous souvenez-vous que madame la marquise de Sablé nous dit qu'elle n'en trouvoit (de cet art) que dans Montaigne et dans Voiture, et qu'elle n'estimoit que cela?' [*Lettres* de M. le chevalier de Méré, lettre CLXXIV (Paris, 1682, tome II, pp. 604-5)]. M. de Plassac, M. de Méré, nous tenons la monnaie de Saint-Évremond.» [«Il fait, par ce mélange, une variété qui plaît toujours» *Œuvres*, éd. de 1753, tome IX, p. 70; voir l'édition Villey des *Essais*, p. 1220] (note de S-B)

centre de son influence, a eu raison d'ajouter: «Son crédit s'élèvera chaque jour, empêchant que de temps en temps on ne trouve suranné ce que nous disons aujourd'hui, parce qu'il persévérera de le dire ; et le faisant juger bon, d'autant qu'il sera sien.»[155] Tout mot contresigné *Montaigne* a gagné ses éperons, il est d'emblée hors de page. Et pour la pensée également: *Montaigne l'a dit*, c'est le contraire du vieil adage routinier, *le maître l'a dit*, et on l'accepte d'autant mieux[156].

Nous finissons. Toute cette gloire et ce bonheur de Montaigne, cette influence que nous pourrions suivre et dénoter encore par reflets brisés en plus d'un de nos contemporains, cette louange mondaine universelle, et la plus flatteuse peut-être où l'on ait atteint, parce qu'elle semble la plus facile et qu'elle a usé bien des colères, tout cela me remet le grand but en idée ; et nous qui venons d'assister au convoi et aux funérailles de M. de Saci, je me demande ce que seraient à nos yeux les funérailles de Montaigne ; je me représente même ce convoi idéal et comme perpétuel, que la postérité lui fait incessamment. Osons nous poser les différences ; car toute la morale aboutit là.

Montaigne est mort: on met son livre sur son cercueil; le théologal Charron et mademoiselle de Gournay, – celle-ci, sa fille d'alliance, en guise de pleureuse solennelle, – sont les plus proches qui l'accompagnent, qui mènent le deuil ou portent les coins du drap, si vous voulez. Bayle et Naudé[157], comme sceptiques officiels, leur sont adjoints. Suivent les autres qui plus ou moins s'y rattachent, qui ont profité en le lisant, et y ont pris pour un quart d'heure de plaisir; ceux qu'il a guéris un moment du solitaire ennui, qu'il a fait penser en les faisant douter; La Fontaine, madame de Sévigné comme cousine et voisine[158]; ceux comme La Bruyère[159], Montesquieu[160] et Jean-Jacques[161], qu'il a piqués

---

[155] Préface de 1595 des *Essais*, éd. F. Rigolot, *Montaigne Studies* I (1989), p. 31.

[156] Montaigne s'était lui-même beaucoup moqué des références scolastiques à l'autorité d'Aristote (*Aristoteles dixit*). Voir F. Rigolot, «Montaigne et Aristote, » dans *Aristote dans la culture littéraire de la Renaissance*, éd. Ullrich Langer (Genève: Droz, 2002), pp. 47-63.

[157] Sur Gabriel Naudé, voir *supra*, p. 123, note 124.

[158] Sur le goût de Mme de Sévigné pour Montaigne, voir *supra* notes p. 92.

[159] «En beaucoup d'opinions comme en style il [La Bruyère] se rejoint assez aisément à Montaigne.» *Portraits littéraires*, éd. G. Antoine (Paris: Laffont, 1993), p. 276.

[160] «Montesquieu écrivain a, avant tout, comme compatriote Montaigne.» *CL* XV, p. 94.

[161] Rappelons ce passage des *Confessions* que cite S-B dans son article du 4 novembre 1850 sur cet ouvrage: «Je mets Montaigne à la tête de ces *faux sincères* qui veulent tromper en disant vrai. Il se montre avec des défauts, mais il ne s'en donne que d'aimables: *il n'y a point d'homme qui n'en ait d'odieux*. Montaigne se peint ressem-

d'émulation, et qui l'ont imité avec honneur; – Voltaire à part, au milieu; – beaucoup de moindres dans l'intervalle, pêle-mêle, Saint-Évremond[162], Chaulieu[163], Garat...[164], j'allais nommer nos contemporains, nous tous peut-être qui suivons....[165] Quelles funérailles! s'en

---

blant, mais de profil. Qui sait si quelque balafre à la joue, ou un œil crevé du côté qu'il nous a caché, n'eût pas totalement changé la physionomie?...» *CL* III, p. 81.

[162] Dans son article du lundi 26 mai 1851 sur «Saint-Évremond et Ninon», S-B écrit: «je ne saurais mieux le définir [Saint-Évremond] qu'une sorte de Montaigne adouci.» *CL* IV, p. 171.

[163] S-B citait plus haut le *Fontenay* de Chaulieu. Voir *supra*, p. 103, note 66.

[164] Dominique-Joseph Garat (1749-1833), auteur de *Mémoires* sur le XVIIIe siècle et sur la Révolution.

[165] «Ce cortège, Sainte-Beuve y eût pu ajouter d'autres noms. Voici, du moins, quelques notes de lui qui nous paraissent ici à leur place. Dans un article du 31 octobre 1864 sur le *Journal* et les *Mémoires de Mathieu Marais*, nommant Pierre de l'Estoile [le chroniqueur (1546-1611)], il dit que cet écrivain «appelait Montaigne son *vade-mecum* et qu'il avait pour lui la même prédilection que Mathieu Marais avait pour Bayle» (*Nouveaux Lundis*, tome IX, p. 32); – dans l'article du 28 décembre 1863 sur *Vaugelas*, il dit de La Mothe le Vayer que celui-ci «n'est guère qu'un Montaigne un peu tardif et alourdi» (*Nouveaux Lundis*, tome VI, p. 387); dans un article du 5 janvier 1852 sur *Patru* [ami de Boileau (1604-1681)], il range cet auteur «libre de croyance et sans impiété formelle» parmi ceux qui, alors, tenaient «quelque peu de la religion de Montaigne et de Charron» (*Causeries du Lundi*, tome V, p. 292).; – dans une préface pour les *Maximes* de La Rochefoucauld (1853), il parle de «la philosophie pratique de Montaigne et de La Fontaine, si voisine d'ailleurs de celle de La Rochefoucauld» (*Causeries du Lundi*, tome XI, p. 411); – dans l'article du 10 mars 1862, sur *Louis XIV et le duc de Bourgogne*, il met Fénelon comme éducateur dans la famille de Montaigne «et même de Rabelais» (*Nouveaux Lundi*, tome II, p. 123) [...]; – dans l'article du 11 mars 1850 sur les *Lettres de la marquise du Deffand*, il rapporte que Mme du Deffand défendait Montaigne contre Walpole qui ne le goûtait pas; «elle s'en étonne, dit S-B, elle lui oppose ses raisons en maint endroit: 'je suis bien sûre que vous vous accoutumerez à Montaigne; on y trouve tout ce qu'on a jamais pensé, et nul style n'est aussi énergique; il n'enseigne rien, parce qu'il ne décide de rien; c'est l'opposé du dogmatisme: il est vain, – eh! tous les hommes ne le sont-ils pas? Et ceux qui paraissent modestes ne sont-ils pas doublement vains? Le *je* et le *moi* sont à chaque ligne; mais quelles sont les connaissances qu'on peut avoir, si ce n'est par le *je* et le *moi*? Allez, allez, mon tuteur, c'est le seul bon philosophe et le seul bon métaphysicien qu'il y ait jamais eu.» (*Causeries du Lundi*, tome I, p. 426); – dans l'article du 13 novembre 1854, intitulé *De la poésie de la nature*, il montre Saint-Lambert lisant Montaigne, et le lisant même «sur son gazon fleuri, sous un prunier en fleur», et il ajoute: «Je le lui passe, quoique ce ne soit pas le moment» (*Causeries du Lundi*, tome XI, p. 54); – dans l'article du 2 mars 1863 sur *Ducis épistolier* [Jean-François Ducis (1733-18160], il rappelle que Sedaine, au dire de Ducis, «aimait passionnément Molière, Montaigne et Shakespeare» (*Nouveaux Lundis*, tome IV, p. 329); – dans son article du 22 octobre 1862 sur *André Chénier*, il remarque que ce poète «possédait à fond son Montaigne, son Rabelais» (*Nouveaux Lundis*, tome III, p. 333); – dans son article du 22 septembre 1862, intitulé *De la connaissance de l'homme au XVIIe et au XVIIIe siècles*, Sainte-

peut-il humainement de plus glorieuses, de plus enviables au *moi*? Mais qu'y fait-on? A part mademoiselle de Gournay qui y pleure tout haut par cérémonie, on y cause; on y cause du défunt et de ses qualités aimables, et de sa philosophie tant de fois en jeu dans la vie, on y cause de soi. On récapitule les points communs: «Il a toujours pensé comme moi des matrones inconsolables», se dit La Fontaine. – «Et comme moi, des médecins assassins», s'entredisent à la fois Le Sage et Molière. – Ainsi un chacun. Personne n'oublie sa dette; chaque pensée rend son écho. Et ce *moi* humain du défunt qui jouirait tant s'il entendait, où est-il? car c'est là toute la question. *Est*-il? et s'il est, tout n'est-il pas changé à l'instant? tout ne devient-il pas immense? Quelle comédie jouent donc tous ces gens, qui la plupart, et à travers leur qualité d'*illustres*, passaient pourtant pour raisonnables? Qui mènent-ils, et où le mènent-ils? où est la bénédiction? où est la prière? Je le crains, Pascal seul, s'il est du cortége, a prié[166].

Beuve place dans le cortège de Montaigne, parmi les auteurs du XVIIIe siècle, un souverain et écrivain étranger, Frédéric [II de Prusse], «le plus sensé, le plus éclairé (quand il ne goguenarde pas trop), le plus ami de la raison et, pour tout dire, le plus cousin de Bayle et de Montaigne parmi les écrivains porte-couronne» (*Nouveaux Lundis*, tome III, p. 238); – dans un article du 1er décembre 1832 sur *Béranger*, il disait de celui-ci: «c'est un rusé ignorant, à la manière de Montaigne» (*Portraits contemporains*, tome I, p. 116); – mais dans l'article du 11 novembre 1861 sur la *Correspondance de Béranger*, il fait ces remarques plus intéressantes: «Sa philosophie diffère peu de celle de Montaigne, de ce Michel dont l'Éloge en ce temps-là était mis au concours par l'Académie et que lui, sans tant de façons, il lisait et relisait sans cesse. Il ne m'eût fallu peut-être que sa fortune [disait-il] pour le valoir de tous points, génie à part cependant. Mais que cet homme-là m'a volé d'idées!» (*Nouveaux Lundis*, tome I, p. 174); – dans le même article (p. 190), Sainte-Beuve dit que Béranger «va plus loin qu'Horace et Montaigne»; – dans un article du 16 août 1853 sur *Tœpffer* [Rodolphe Tœpffer, le romancier et dessinateur suisse (1799-1846)], il écrit de cet auteur: «Sans y mettre tant d'artifices, il procède comme Courier [Paul-Louis Courier de Méré (1772-1825)], ou plutôt c'est un Montaigne, né près du Léman, et qui cherche à racheter sa rudesse et certains sons rauques par du mordant et du vif (*Causeries du Lundi*, tome VIII, p. 424); – déjà dans un précédent article sur *Tœpffer* (1er octobre 1846), il avait dit que Tœpffer «suit à sa manière le procédé de Montaigne, de P.-L. Courier.» (*Portraits littéraires* [éd. G. Antoine, Paris, Laffont, 1993, p. 1039]).» (*Allem*, pp. 365-7, note 377)

[166] Sainte-Beuve a rapporté, à l'occasion, les opinions de certains écrivains sur Montaigne. Il entendait juger ainsi non pas Montaigne lui-même mais la critique qu'en faisaient ces écrivains. On trouvera ainsi des remarques de Bossuet (*CL* X, p. 203); de Grimm (*CL.*, tome VII, pp. 314-5); de Daunou (*Portraits contemporains*, tome IV, p. 344); de Thiers (*CL* IV, p. 65); de Nisard (*Ibid.*, tome III, p. 353); de M. Biot, même, à qui l'Académie française donna une mention pour son *Eloge de Montaigne* (*NL* II, p. 87). Il note (article du 30 septembre 1861 sur Louis Veuillot) que Veuillot est trop sévère pour Montaigne «qui, de sa personne lui agrée peu» (*NL* I, p. 57). C'est que lui l'aime et le goûte. Dans une *Leçon d'ouverture à l'Ecole normale*, traitant de la *tradition en lit-*

Mais M. de Saci, comment meurt-il? Vous le savez; nous avons suivi son cercueil de Pomponne à Paris, de Saint-Jacques-du-Haut-Pas à Port-Royal des Champs, par les neiges et les glaces. Nous avons ouvert le cercueil avec Fontaine, nous avons revu son visage non altéré; une centaine de religieuses, *plus brillantes de charité que les cierges qu'elles portaient dans leurs mains*, l'ont regardé, ce visage d'un père, à travers leurs pleurs; les principales, en le descendant à la fosse, lui ont donné de saints baisers, et toutes ont chanté jusqu'au bout la prière qui crie grâce pour les plus irrépréhensibles. Et puis, les jours suivants, dans le mois, dans l'année, les voilà qui se mettent à mourir, et les Messieurs aussi; ils meurent coup sur coup, frappés au cœur de cette mort de M. de Saci, joyeux de le suivre, certains de le rejoindre, certains moyennant l'humble et tremblant espoir du Chrétien, et redisant volontiers, comme lui, d'une foi brûlante et soupirante*: 0 bienheureux Purgatoire*! – Et ceux qui survivent se sentent redoubler de charité envers les hommes, et de piété envers Dieu, à son souvenir.

Or, s'il y a une vérité, si tout n'est pas vain (auquel cas la vie de M. de Saci en vaudrait bien encore une autre), s'il y a une morale, – j'entends une morale absolue, – et si la vie aboutit, lequel de ces deux hommes a le plus fait, et le plus sûrement ensemencé son sillon sur la terre? A l'heure où tout se juge, lequel sera trouvé moins léger?[167]

---

térature (12 avril 1858), il nomme Shakespeare comme le seul «grand homme littéraire» qui se soit produit hors de la tradition, encore dit-il n'être pas sûr qu'il soit hors de la tradition véritablement, et il demande: «N'a-t-il pas lu Montaigne et Plutarque?» puis il se reprend pour ajouter une définition à lui de ces deux écrivains: «ou mieux, ces ruches de réserve de l'antiquité où tant de miel est déposé?» (*CL* XV, p. 366); – d'Argenson, cependant, n'admettait le Montaigne qu'à petites doses: il le considérait comme le «meilleur philosophe moral que nous ayons en français», mais il le trouvait «plus profond que sublime»; il écrivait de lui: «Ses passages sont plus agréables que ses traités et sa bonne grâce est au-dessus de son autorité", et encore: «Jamais Montaigne n'est mieux que *cité*; on ne lui trouve pas tant de grâces à lire tout de suite» (article du 17 novembre 1855, sur le marquis d'Argenson, *CL* XII, p. 148); – Sainte-Beuve qui, dans un article sur Mme de Sévigné (22 octobre 1849) disait qu'elle est «un de ces sujets qui sont perpétuellement à l'ordre du jour en France», comme «La Fontaine, comme Montaigne» (*CL* I, p. 49), écrit dans son article du 26 septembre 1859 sur François Villon, non pas qu'il faut lire des citations de Montaigne, mais qu'il faut tout entier le lire et le relire, et il s'écrie: «Qu'ils sont rares les auteurs comme Horace et Montaigne qui gagnent à être sans cesse relus, compris, entourés d'une pleine et pénétrante lumière, et pour qui semble fait le mot excellent de Vauvenargues: *la netteté est le vernis des maîtres*!» (*CL* XIV, p. 282). (*Allem* p. 367, note 378, avec additions et corrections appropriées)

[167] S-B termine sur le mode interrogatif, conformément à la philosophie de Montaigne («Que sçay-je?» II, 12, 527b) et en mettant en pratique ce qu'il avait dit plus tôt: «Je ne pose moi-même que des questions» (*supra*, p. 114).

NOUVEAUX DOCUMENTS SUR MONTAIGNE[1]

Pendant que le vaisseau de la France va un peu à l'aventure, qu'il gagne les mers inconnues et s'apprête à doubler ce que nos pilotes (si pilote il y a) appellent à l'avance le Cap des Tempêtes, pendant que la vigie au haut du mât croit voir se dresser déjà à l'horizon le spectre du géant Adamastor[2], bien d'honnêtes et paisibles esprits s'obstinent à continuer leurs travaux, leurs études, et suivent jusqu'au bout et tant qu'ils peuvent leur idée favorite. Je sais, à l'heure qu'il est, tel érudit qui compare plus curieusement que jamais les diverses Éditions premières de Rabelais, des Éditions (notez-le bien) dont il ne reste qu'un exemplaire unique, et dont un second exemplaire serait introuvable : de cette collation attentive des textes jaillira quelque conséquence littéraire assurément, et philosophique peut-être, sur le génie de notre Lucien Aristophane. Je sais tel autre savant qui a placé sa dévotion et son culte en tout autre lieu, en Bossuet, et qui nous prépare une Histoire complète, exacte, minutieuse, de la vie et des ouvrages du grand évêque. Et comme les goûts sont divers, et que les *fantaisies humaines se découpent* en cent façons (c'est Montaigne qui dit cela [III, 12, 1049c]), Montaigne aussi a ses dévots, lui qui l'était si peu : il fait secte. De son vivant, il avait eu sa *fille d'alliance* (II, 17, 661c), Mlle de Gournay[3], qui s'était vouée solennellement à lui, et son disciple

[1] Premier article sur Montaigne daté du lundi 28 avril 1851, publié dans *le Constitutionnel* et recueilli au tome IV des *Causeries du Lundi*, pp. 76-96. Le titre original de l'article précise que ces documents ont été « recueillis et publiés par M. le docteur Payen ([en]1850). » Le docteur Jean-François Payen (1800-1870) partagea sa vie entre la médecine et ce que S-B appelle la « montaignologie. » Il publia ses *Documents inédits ou peu connus sur Montaigne* en quatre volumes (Paris : P. Jannet, 1847-1856). Ces documents sont conservés à la Bibliothèque Nationale de France. S-B reparle du docteur Payen, *infra*, p. 152 et p. 203, note 12.

[2] Fameux monstre dans les *Lusiades* de Camoëns (V, str. 37-70). Trad. E. Hippeau (Paris : Garnier, s.d.), pp. 15 sq.

[3] Sainte-Beuve fait mention de Mlle de Gournay à diverses reprises dans ses articles sur Montaigne. Voir *Port-Royal, supra*, p. 133. Voir aussi l'article sur Madame de Verdelin, cité dans notre Introduction, *supra*, pp. 37-8.

Charron[4], de plus près, le suivait pas à pas, ne faisant guère que ranger avec plus d'ordre et de méthode ses pensées. De nos jours, des amateurs, gens d'esprit, ont continué sous une autre forme cette religion: ils se sont consacrés à recueillir les moindres vestiges de l'auteur des *Essais*, à rassembler ses moindres reliques; et, en tête de ce groupe, il est juste de mettre le docteur Payen, qui prépare depuis des années un livre sur Montaigne, lequel aura pour titre:

> MICHEL DE MONTAIGNE, recueil de particularités inédites ou peu connues sur l'auteur des ESSAIS, son livre et ses autres écrits, sur sa famille, ses amis, ses admirateurs, ses contempteurs[5].

En attendant que s'achève un tel livre, occupation et amusement de toute une vie, le docteur Payen nous tient au courant, dans de courtes brochures, des divers travaux et des découvertes qui se font sur Montaigne.

Si l'on dégage ces petites découvertes, faites depuis cinq ou six ans, de tout ce qui s'y est mêlé de contestations, disputes, chicanes, charlataneries et procès (car il y a eu de tout cela), voici en quoi elles consistent:

En 1846, M. Macé a trouvé dans les manuscrits de la Bibliothèque (alors) royale, fonds Du Puy, une lettre de Montaigne adressée au roi Henri IV, du 2 septembre 1590.

En 1847, M. Payen a fait imprimer une lettre ou fragment de lettre de Montaigne du 16 février 1588, lettre altérée d'ailleurs et incomplète, provenant de la Collection de la comtesse Boni de Castellane.

Mais surtout en 1848, M. Horace de Viel-Castel a trouvé à Londres, dans le *British Museum*, une notable lettre de Montaigne, alors maire de Bordeaux, et adressée à M. de Matignon, lieutenant pour le roi dans cette même ville, à la date du 22 mai 1585. Cette lettre a cela de curieux, qu'elle nous montre pour la première fois Montaigne en plein exercice de sa charge, et dans toute l'activité et la vigilance dont il était capable. Ce soi-disant paresseux avait, au besoin, beaucoup plus de ces qualités actives qu'il n'en promettait.

M. Detcheverry, archiviste de la mairie à Bordeaux, a trouvé et publié (1850) une lettre de Montaigne, encore maire, aux *Jurats* ou échevins de cette ville, du 30 juillet 1585.

M. Achille Jubinal a trouvé dans les manuscrits de la Bibliothèque nationale, et il a publié (1850) une longue et remarquable lettre de

---

[4] Sur Pierre Charron, voir notre Introduction, pp. 39-42, *supra*, et les deux articles de 1854-55 sur lui, pp. 171-200, *infra*.

[5] En fait, à notre connaissance, aucun ouvrage de ce titre ne fut jamais publié.

Montaigne au roi Henri IV, du 18 janvier 1590, et qui se rejoint heureusement à celle qu'avait déjà trouvée M. Macé.

Enfin, pour ne rien omettre et pour rendre justice à chacun, dans *Une visite au château de Montaigne en Périgord*, dont la relation a paru en 1850, M. le docteur Bertrand de Saint-Germain a décrit les lieux et relevé les diverses inscriptions grecques ou latines qui se lisent encore dans la tour de Montaigne, dans cette pièce du *troisième* étage (le rez-de-chaussée comptant pour un) où le philosophe avait établi sa *librairie* et son cabinet d'études[6].

En rassemblant et en appréciant dans sa dernière brochure ces diverses notices et découvertes, qui toutes ne sont pas d'égale importance, M. le docteur Payen se laisse lui-même aller à quelque petit excès d'admiration; mais nous n'avons garde de le lui reprocher. L'admiration, quand elle s'applique à des sujets si nobles, si parfaitement innocents et si désintéressés, est vraiment une étincelle du feu sacré: elle fait entreprendre des recherches qu'un zèle plus froid aurait vite laissées et qui aboutissent quelquefois à des résultats réels. Pourtant, que ceux qui, à l'exemple de M. Payen, sentent en gens d'esprit et admirent si bien Montaigne, daignent se souvenir, jusque dans leur passion, des conseils du sage et du maître: «Il y a plus à faire, disait Montaigne en parlant des commentateurs de son temps, à interpréter les interprétations qu'à interpréter les choses; et plus de livres sur les livres que sur autre sujet: nous ne faisons que nous entregloser» (III, 13, 1069b). «Tout fourmille de commentaires; d'auteurs, il en est grand cherté» (III, 13, 1069c). Ils sont hors de prix, en effet, et bien rares de tout temps les *auteurs*, c'est-à-dire ceux qui augmentent réellement le trésor de la connaissance humaine. Je voudrais que tous ceux qui écrivent sur Montaigne et qui nous transmettent sur lui le détail de leurs recherches et de leurs découvertes, se représentassent en idée une seule chose, à savoir Montaigne lui-même les lisant et les jugeant. «Que penserait-il de moi et de la façon dont je vais parler de lui au public?» Combien une telle question, si on se la posait, retrancherait, ce semble, de phrases inutiles et raccourcirait de discussions oiseuses! La dernière brochure de M. Payen est dédiée à un homme qui a également bien mérité de Montaigne, à M. Gustave Brunet[7] de

---

[6] Ces quatre lettres se trouvent dans l'édition des *Œuvres complètes [OC]* aux pages 1395-6 (lettre du 16 février 1588); 1390-2 (lettre du 22 mai 1585); 1393-4 (lettre du 30 juillet 1585); 1397-9 (lettre du 18 janvier 1590). La pagination sera mise désormais entre parenthèses dans le texte.

[7] Érudit bordelais (1807-1896). Il fut le premier à soutenir que l'«exemplaire de Bordeaux» offrait un texte supérieur à celui présenté par Marie de Gournay dans son édition posthume de 1595. Voir Frame, *Montaigne in France, op. cit.*, p. 214.

Bordeaux. Celui-ci, dans un écrit où il faisait connaître d'intéressantes corrections ou variantes du texte même de Montaigne, parlant à son tour de M. Payen, disait: «Qu'il se décide enfin à publier le fruit de ses recherches, il n'aura rien laissé à faire aux *Montaignologues* futurs.»[8] Montaignologue ! que dirait Montaigne, bon Dieu ! d'un pareil mot forgé en son honneur ? O vous tous qui vous occupez si méritoirement de lui, mais qui ne prétendez point vous l'approprier, je pense, au nom de celui que vous aimez et que nous aimons tous aussi à plus ou moins de titres, n'ayez jamais, je vous prie, de ces mots-là, qui sentent la confrérie et la secte, l'érudition pédantesque et le *caquet scolastique* (II, 10, 419a), les choses qui lui répugnaient le plus.

Montaigne avait l'âme simple, naturelle, populaire, et des plus heureusement tempérées. Né d'un père excellent et qui, médiocrement instruit, avait donné avec un véritable enthousiasme dans le mouvement de la Renaissance et dans toutes les nouveautés *libérales* (II, 12, 508c) de son temps, il avait corrigé ce trop d'enthousiasme, de vivacité et de tendresse, par une grande finesse et justesse de réflexion ; mais il n'en avait point abjuré le fond originel. Il n'y a guère plus de trente ans que, lorsqu'on avait à parler du XVIe siècle, on en parlait comme d'une époque *barbare*, en ne faisant exception que pour le seul Montaigne : il y avait là erreur et ignorance. Le XVIe siècle était un grand siècle, fécond, puissant, très-savant, déjà très-délicat par portions, quoiqu'il soit bien rude et violent et qu'il ait l'air encore grossier par bien des aspects. Ce qui lui manquait surtout, c'était le goût, si l'on entend par goût le choix net et parfait, le dégagement des éléments du beau. Mais ce goût-là, dans les âges suivants, est trop vite devenu du dégoût. Pourtant, si en littérature il est indigeste, dans les arts proprement dits, dans ceux de la main et du ciseau, même en France, le XVIe siècle est fort supérieur par la qualité du goût aux deux siècles suivants ; il n'est ni maigre ni massif, ni lourd ni contourné. En art, il a le goût riche et fin, libre à la fois et compliqué, antique tout ensemble et moderne, tout à fait particulier et original. Dans l'ordre moral il reste inégal et très-mélangé. C'est le siècle des contrastes, et des contrastes dans toute leur rudesse, siècle de philosophie déjà et de fanatisme, de scepticisme et de forte croyance. Tout s'y entre-choque, s'y heurte ; rien ne s'y fond encore et ne s'y nuance. Tout y fermente, il y a chaos ; chaque coup de soleil y fait orage. Ce n'est pas un siècle doux ni qu'on puisse appeler un siècle de lumières, c'est un âge de lutte et de combats. La grande singularité de Montaigne, et ce qui

---

[8] G. Brunet, *Les Essais de Michel de Montaigne. Leçons inédites* (Paris : Techener, 1844), p. 50, note.

fait de lui un *phénomène*, c'est d'avoir été la modération, le ménagement et le tempérament même en un tel siècle.

Né le dernier jour de février 1533, nourri dès l'enfance aux langues anciennes tout en se jouant, éveillé même dès le berceau au son des instruments (I, 26, 174a), il semblait avoir été élevé moins pour vivre dans une rude et violente époque, que pour le commerce et le *cabinet des Muses* (III, 10, 1006b). Son rare bon sens corrigea ce que cette première éducation pouvait avoir d'un peu trop idéal et de trop poétique ; il n'en garda que cette habitude heureuse de tout faire et de tout dire avec fraîcheur et gaieté. Marié après trente ans à une femme estimable qui fut vingt-huit années sa compagne, il paraît n'avoir porté de passion que dans l'amitié (I, 28). Il a immortalisé la sienne pour cet Étienne de La Boëtie, qu'il perdit après quatre années de l'intimité la plus douce et la plus étroite[9]. Quelque temps conseiller au Parlement de Bordeaux, Montaigne se retira avant quarante ans du train des affaires et de l'ambition pour vivre chez lui, dans sa tour de Montaigne, jouissant de lui-même et de son esprit, adonné à ses observations, à ses pensées et à cette paresse occupée dont nous savons jusqu'aux moindres jeux et aux fantaisies. La première édition des *Essais* parut en 1580, composée de deux livres seulement, et dans une forme qui ne représente qu'une première ébauche de ce que nous avons par les éditions suivantes. Cette même année, Montaigne partit pour faire un voyage de Suisse et d'Italie. C'est pendant ce voyage que Messieurs de Bordeaux l'élurent maire de leur ville[10]. Il refusa d'abord et s'excusa ; mais bientôt, mieux averti, et sur le commandement du roi, il accepta cette charge « d'autant plus belle, dit-il, qu'elle n'a ni loyer ni gain, autre que l'honneur de son exécution » (III, 10, 1005b). Il l'exerça durant quatre années, depuis juillet 1582 jusqu'en juillet 1586, ayant été réélu après les deux premières années[11]. Montaigne, âgé de cinquante ans, rentrait donc dans la vie publique un peu malgré lui et à la veille des troubles civils qui, apaisés et sommeillant depuis quelque temps, allaient renaître plus terribles au cri de la Ligue. Quoique les leçons, en général, ne servent à rien, que l'art de la sagesse et surtout celui du bonheur ne s'apprennent pas, ne nous refusons pourtant point le plaisir d'écouter Montaigne, donnons-nous du moins le spectacle de cette sagesse et de ce bonheur en lui ; laissons-le

---

[9] Voir l'article sur « Etienne de La Boétie », pp. 151-169, *infra*.

[10] Le 1er octobre 1581 Montaigne arriva à Rome et reçut la lettre officielle des jurats de Bordeaux l'informant de son élection à la mairie de leur ville. *Journal de voyage, éd. cit.*, p. 211.

[11] Voir « Montaigne maire de Bordeaux », pp. 217-232, *infra*.

parler des choses publiques, des révolutions et des troubles, et de sa manière de s'y conduire. Ce n'est pas un modèle encore une fois que nous proposons, c'est une distraction que nous voulons prendre et offrir à nos lecteurs.

Et d'abord Montaigne, bien qu'il vive dans un siècle agité, orageux, et qu'un homme qui avait traversé la Terreur (M. Daunou) a pu appeler le siècle *le plus tragique de toute l'histoire*[12], Montaigne se garde bien de se croire né dans la pire des époques. Il ne ressemble pas aux gens préoccupés et frappés qui, mesurant tout à leur horizon visuel, estimant tout d'après leur sensation présente croient toujours que la maladie qu'ils ont est la plus grave que jamais la nature humaine ait éprouvée. Lui, il est comme Socrate, qui ne se considérait pas comme citoyen d'une seule ville, mais du monde ; il embrasse d'une imagination pleine et étendue l'universalité des pays et des âges ; il juge plus équitablement les maux mêmes dont il est témoin et victime : « A voir nos guerres civiles, qui ne crie, remarque-t-il, que cette machine se bouleverse et que le jour du Jugement nous prend au collet ? sans s'aviser que plusieurs pires choses se sont vues, et que les dix mille parts du monde ne laissent pas de galler le bon temps ce pendant (*de prendre du bon temps*) : moi, selon leur licence et impunité, admire de les voir si douces et molles. A qui il grêle sur la tête ; tout l'hémisphère semble être en tempête et orage » (I, 26, 157a). Et élevant de plus en plus sa pensée et son cœur, réduisant sa propre souffrance à ce qu'elle est dans l'immense sein de la nature, s'y voyant non plus seulement soi, mais des royaumes entiers, comme un simple point dans l'infini, il ajoute en des termes qui rappellent d'avance Pascal, et dont celui-ci n'a pas dédaigné d'emprunter le calque et le trait : « Mais qui se représente comme dans un tableau cette grande image de notre mère nature en son entière majesté ; qui lit en son visage une si générale et constante variété ; qui se remarque là-dedans, et non soi, mais tout un royaume, comme un trait d'une pointe très-délicate, celui-là seul estime les choses selon leur juste grandeur » (I, 26, 157a).

Ainsi Montaigne nous donne déjà une leçon, inutile leçon, et que je déduirai pourtant, puisque, au milieu de toutes les inutilités qui s'écrivent, celle-là en vaut bien peut-être une autre. Je ne prétends point atténuer la gravité des circonstances où se trouve engagé notre pays, et je crois qu'on a besoin en effet de mettre en commun toute son énergie, toute sa prudence et tout son courage pour s'aider et pour l'aider lui-

[12] Sainte-Beuve avait déjà noté cela sur son exemplaire personnel des *Essais*. Voir « Montaigne annoté par S-B », p. 52, *supra*.

même à en sortir avec honneur. Pourtant daignons réfléchir, et disons-nous qu'en laissant en dehors l'Empire, lequel, à l'intérieur, était une époque de calme et, avant 1812, une époque de prospérité, nous qui nous plaignons si haut, nous avons vécu paisiblement depuis 1815 jusqu'en 1830, quinze longues années ; que les trois journées de Juillet n'ont fait qu'inaugurer un autre ordre de choses qui, durant dix-huit autres années, a garanti la paix et la prospérité industrielle ; en total trente-deux années de calme. Des jours d'orage sont venus ; ils ont éclaté, ils éclateront sans doute encore. Sachons les traverser, mais ne nous écrions pas tous les jours, comme nous sommes disposés à le faire, qu'il ne s'est jamais trouvé sous le soleil d'orages pareils à ceux que nous traversons. Pour nous tirer de l'émotion présente, pour reprendre un peu de lucidité et de mesure dans nos jugements, relisons chaque soir une page de Montaigne.

Un jugement de Montaigne m'a frappé, en ce qui concerne les hommes de son temps, et il se rapporte assez bien également à ceux du nôtre. Notre philosophe dit quelque part (livre II, chapitre XVII [« De la præsumption »]) qu'il connaît bien assez d'hommes qui ont diverses parties très-belles : l'un, l'esprit ; l'autre, le cœur ; l'autre, l'adresse ; tel la conscience, tel autre la science ; plus d'un le langage ; enfin chacun a sa partie : « Mais de *grand homme en général*, et ayant tant de belles pièces ensemble, ou une en tel degré d'excellence, qu'on le doive admirer ou le comparer à ceux que nous honorons du temps passé, ma fortune ne m'en a fait voir *nul*... » (II, 17, 659a). Il fait bien ensuite une exception pour son ami Étienne de La Boëtie, mais c'est là un de ces grands hommes morts en herbe et en promesse, et sans avoir eu le temps de donner. Ce jugement de Montaigne m'a fait sourire. Il ne voyait pas de vrai et entier grand homme de son temps, qui était cependant celui des L'Hôpital, des Coligny, des Guises. Eh bien ! que vous en semble du nôtre où nous avons tant de personnages évidemment distingués comme du temps de Montaigne, l'un par l'esprit, l'autre par le cœur, un troisième par l'adresse, quelques-uns (chose plus rare) par la conscience, une quantité par la science ou par le langage ? mais l'homme complet nous manque aussi et se fait sensiblement désirer. Un des témoins les plus spirituels de nos jours le reconnaissait et le proclamait il y a quelques années déjà : « Notre temps, a dit M. de Rémusat, manque de grands hommes. »[13]

---

[13] Charles de Rémusat (1797-1875), *Essais de Philosophie* (Paris : Ladrange, 1842)], tome I, p. 22. Il sera cité à nouveau dans l'article sur « Etienne de La Boétie », *infra*, p. 155, note 15.

Comment se conduisit Montaigne dans ses fonctions de premier magistrat d'une grande cité ? Si on le prenait au mot et sur les premières apparences, on pourrait croire qu'il s'en acquitta un peu mollement et languissamment. Horace, faisant les honneurs de lui-même, n'a-t-il pas dit qu'à la guerre il laissa tomber à un certain jour son bouclier (*relicta non bene parmula*[14])? Ne nous hâtons pas de prendre au mot ces gens de goût qui ont horreur de se surfaire. En fait de vigilance et d'activité, ces esprits délicats et vifs sont sujets à tenir plus qu'ils ne disent. Tel qui se vante et qui fait grand fracas sera, j'en suis presque certain, moins brave qu'Horace au combat et moins vigilant au conseil que Montaigne.

En entrant en charge, Montaigne a bien soin de prévenir Messieurs de Bordeaux pour qu'ils ne s'attendent pas à trouver en lui plus qu'il n'y a en effet; il s'expose à eux sans apprêt: « Je me déchiffrai fidèlement et consciencieusement, dit-il, tout tel que je me sens être; sans mémoire, sans vigilance, sans expérience et sans vigueur; sans haine aussi, sans ambition, sans avarice et sans violence » (III, 10, 1005b). Il serait bien fâché, tout en prenant en main les affaires de la ville, de les prendre si à cœur qu'il l'a vu faire autrefois à son digne père, lequel y perdit à la fin sa tranquillité et sa santé. *Cet engagement âpre et ardent d'un désir impétueux* (III, 10, 1008-9b) n'est pas de son fait. Son opinion est « qu'il se faut prêter à autrui, et ne se donner qu'à soi-même » (III, 10, 1003b). Et redoublant sa pensée, selon son usage, par toutes sortes d'images et de formes familières et pittoresques, il dira encore que, s'il se laisse quelquefois pousser au maniement d'affaires qui lui sont étrangères, il promet « de les prendre en main, non pas au poumon et au foie » (III, 10, 1004b). Ainsi on est bien prévenu, il faut s'y attendre. M. le maire et Montaigne seront toujours deux personnes distinctes[15]; il se réserve sous sa charge et sous son rôle une certaine liberté et sécurité secrète. Il continuera de juger des choses à sa guise et avec impartialité, même en agissant loyalement pour la cause qui lui est confiée. Il sera loin d'approuver et même d'excuser tout ce qu'il voit dans son parti, et de même chez l'adversaire il saura bien discerner et dire: « Il fait méchamment cela, et vertueusement ceci » (III, 10, 1013c) – « Je veux, ajoute-t-il, que l'avantage soit pour nous, mais je ne forcène point (*je ne me mets point hors de moi*) s'il ne l'est. Je me prends fermement au plus sain des partis, mais je n'affecte pas qu'on me remarque spécialement ennemi des autres » (III, 10, 1013c). Et il entre dans quelques détails et applications

[14] « abandonnant piteusement mon bouclier.» Horace, *Odes* II, 7, v.10.

[15] « Le Maire et Montaigne ont tousjours esté deux, d'utile separation bien claire.» (III, 10, 1012b)

qui étaient piquantes pour lors. Observons toutefois, pour expliquer à notre tour et justifier cette profession un peu large d'impartialité, que les chefs des partis alors en présence, les trois Henri, étaient gens de renom et considérables à divers titres: Henri, duc de Guise, chef de la Ligue; Henri, roi de Navarre, chef opposé; et le roi Henri III, au nom de qui Montaigne était maire, et qui oscillait entre les deux. Quand les partis n'ont pas de chef ni de tête, quand ils se présentent par leur corps seul, c'est-à-dire par leur réalité la plus hideuse et la plus brutale, il est plus difficile et aussi plus hasardeux de se montrer envers eux si équitable et de faire à chacun sa part jusqu'au milieu de l'action.

Le principe qui dirigea Montaigne dans toute son administration fut de n'aller qu'au fait, au résultat, et de ne rien accorder à l'éclat et à la montre: « A mesure qu'un bon effet [action] est plus éclatant, pensait-il, je rabats de sa bonté » (III, 10, 1023b). Car il est toujours à craindre qu'il n'ait été produit plutôt pour être éclatant que pour être bon: «*Étalé, il est à demi vendu*» (III, 10, 1023b). Lui, il ne faisait pas ainsi, il n'étalait rien; il ménageait le plus doucement qu'il pouvait les esprits et les affaires; il usait utilement pour tous de ce don d'ouverture et de conciliation, de cet attrait personnel dont la nature l'avait pourvu, et qui est d'une si heureuse et si générale influence dans le maniement des hommes. Il aimait mieux prévenir le mal que de se donner l'honneur de le réprimer: «Est-il quelqu'un qui désire être malade, dit-il gaiement, pour voir son médecin en besogne? Et faudroit-il pas fouetter le médecin qui nous désireroit la peste pour mettre son art en pratique?» (III, 10, 1023b)[16]. Loin donc de désirer que le trouble et la maladie des affaires de la cité vînt rehausser et honorer son gouvernement, il a *prêté de bon cœur*, dit-il, *l'épaule à leur aisance et facilité* (III, 10, 1024b)[17]. Il n'est pas de ceux qu'enivrent et qu'entêtent ces honneurs de municipalité, ces *dignités de quartier*, comme il les appelle[18], et dont tout le bruit *ne se promène que d'un carrefour de rue à l'autre* (III, 10, 1022b): s'il était homme à se prendre à la gloire, il la verrait plus en grand et la mettrait plus haut. Je ne sais pourtant s'il voudrait changer de méthode et de procédé, même sur un plus vaste théâtre. Faire le bien public insensiblement lui paraîtrait toujours l'idéal de l'habileté et le comble du bonheur. «Qui ne me voudra savoir gré, dit-il, de l'ordre, de la *douce et muette*

[16] Sur son exemplaire personnel des *Essais*, Sainte-Beuve avait ajouté en regard de ce passage: «On a dit de Madame de Staël qu'elle jetait ses amis à l'eau pour se donner le plaisir de les repêcher.» Voir *supra*, p. 69.

[17] C'est-à-dire: il a fait de son mieux pour qu'elles soient aisées et faciles.

[18] A notre connaissance, cette formule est absente des *Essais*.

tranquillité qui a accompagné ma conduite, au moins ne peut-il me priver de la part qui m'en appartient par le titre de ma bonne fortune» (III, 10, 1024b). Et il est inépuisable à peindre en expressions vives et légères ce genre de services effectifs et insensibles qu'il croit avoir rendus, bien supérieurs à des actes plus bruyants et plus glorieux: «Ces actions-là ont bien plus de *grâce qui échappent de la main de l'ouvrier nonchalamment et sans bruit*, et que quelque honnête homme choisit après, et relève de l'ombre pour les pousser en lumière à cause d'elles-mêmes» (III, 10, 1023b). Ainsi la fortune servit à souhait Montaigne, et, même dans sa gestion publique, en des conjonctures si difficiles, il n'eut point à démentir sa maxime et sa devise, ni à trop sortir du train de vie qu'il s'était tracé: «Pour moi, je loue *une vie glissante, sombre et muette*» (III, 10, 1021b). Il arriva au terme de sa magistrature, à peu près satisfait de lui-même, ayant fait ce qu'il s'était promis, et en ayant beaucoup plus fait qu'il n'en avait promis aux autres.

La lettre récemment trouvée par M. Horace de Viel-Castel[19] vient bien à l'appui de ce chapitre où Montaigne s'expose et se juge lui-même dans cette période de sa vie publique. «Cette lettre (dit M. Payen) est toute d'affaires. Montaigne est maire; Bordeaux, naguère agité, semble préluder à de nouveaux troubles; le lieutenant pour le roi est absent. On est au mercredi 22 mai 1585; il est nuit, Montaigne veille, et il écrit au gouverneur de la province.»[20] La lettre, qui est d'un intérêt trop particulier et trop local pour être insérée ici, peut se résumer en ces mots: Montaigne regrette l'absence du maréchal de Matignon[21] et craint qu'elle ne se prolonge; il le tient et le tiendra au courant de tout, et il le supplie de revenir aussitôt que les affaires le lui permettront: «Nous sommes après nos portes et gardes, et y regardons un peu plus attentivement en votre absence... S'il survient aucune nouvelle occasion et importante, je vous dépêcherai soudain homme exprès, et devez estimer que rien ne bouge si vous n'avez de mes nouvelles» (p. 1391). Il prie M. de Matignon de songer pourtant qu'il pourrait bien aussi n'avoir pas le temps de l'avertir, «vous suppliant de considérer que telle sorte de mouvements ont accoutumé d'être si impourvus que, s'ils devoient avenir, on me tiendra à la gorge sans me dire gare» (p. 1391). Au reste, il fera tout pour pressentir à l'avance les événements: «Je ferai ce que je

[19] Lettre XXVI au maréchal de Matignon. *OC*, pp. 1390-2. Sainte-Beuve y avait déjà fait allusion dans une note sur son exemplaire des *Essais*. Voir *supra*, p. 68. La pagination sera désormais notée entre parenthèses dans le texte.

[20] «J.-F. Payen, *Nouveaux documents inédits*..., *op. cit.*, p. 10.» (note de S-B).

[21] Jacques de Goyon, comte de Matignon, maréchal et lieutenant-général du roi en Guyenne. Voir «Montaigne maire de Bordeaux», *infra*, p. 226, note 21.

pourrai pour *sentir* nouvelles de toutes parts, et, pour cet effet, visiterai et verrai le goût de toute sorte d'hommes» (p. 1391)[22]. Enfin, après avoir tenu le maréchal au courant de tout et des moindres bruits de ville, il le presse de revenir, l'assurant «que nous n'épargnerons cependant ni notre soin ni, s'il est besoin, notre vie pour conserver toutes choses en l'obéissance du roi» (p. 1392). Montaigne n'était pas prodigue de protestations et de phrases, et ce qui, chez d'autres, serait formule, est ici engagement réel et vérité.

Cependant les choses se gâtent de plus en plus; la guerre civile s'engage; des partis amis ou ennemis (il n'y a pas grande différence) infestent le pays. Montaigne, qui retourne en son manoir rural le plus souvent qu'il peut, et quand les affaires de sa charge, qui tire à sa fin, ne l'obligent point à être à Bordeaux, se trouve exposé à toute sorte d'injures et d'avanies: «J'encourus, dit-il, les inconvénients que la modération apporte en telles maladies; je fus pelaudé (*écorché*) à toutes mains. Aux Gibelins, j'étois Guelfe; aux Guelfes, Gibelin.» (III, 12, 1046b)[23]. Au milieu de ses griefs personnels, il sait assez détacher et élever sa pensée pour réfléchir avant tout sur les malheurs publics et sur la dégradation des caractères. Considérant de près le désordre des partis et ce qui s'y développe si vite d'abject et de misérable, il rougit de voir des chefs qui ont quelque renom s'abaisser et s'avilir par de lâches complaisances: car, en ces circonstances, nous le savons comme lui, «c'est au commandant de suivre, courtiser et plier, *à lui seul d'obéir*; tout le reste est libre et dissolu.» (III, 12, 1042b) – «Il me plaît, dit ironiquement Montaigne, de voir combien il y a de lâcheté et de pusillanimité en l'ambition; par combien d'abjection et de servitude il lui faut arriver à son but» (III, 12, 1042b). Méprisant l'ambition comme il le fait, il n'est pas fâché de la voir se démasquer ainsi dans ces pratiques et se dégrader à ses yeux. Pourtant, sa bonté de cœur l'emportant encore sur sa fierté et sur son mépris: «Mais ceci me déplaît, ajoute-t-il douloureusement, de voir des natures débonnaires et capables de justice se corrompre tous les jours au maniement et commandement de cette confusion... Nous avions assez d'âmes mal nées, sans gâter les bonnes et généreuses» (III, 12, 1042b). Pour lui, dans ce malheur, il cherche plutôt une occasion et un motif de se fortifier et de se retremper. Atteint en détail de mille offenses et de mille maux qui viennent *à la file*, et qu'il eût plus gaillardement souf-

---

[22] Sainte-Beuve gomme ou ajoute souvent certains mots en citant Montaigne.

[23] Dans le texte original, «Gibelin» et «Guelfe» sont au singulier. Sur son exemplaire des *Essais* Sainte-Beuve fait un commentaire sur la modération de Montaigne en regard de ce passage. Voir «Montaigne annoté par S-B», *supra*, p. 70.

ferts *à la foule* (III, 12, 1045b), c'est-à-dire tout à la fois; chassé par la guerre, par la contagion, par tous les fléaux (juillet 1585), il se demande déjà, du train dont vont les choses, à qui il aura recours, lui et les siens, à qui il ira demander asile et subsistance dans sa vieillesse, et, après avoir bien cherché et regardé tout alentour, il se trouve en définitive tout nu et *en pourpoint* (III, 12, 1045b). Car, «pour se laisser tomber à plomb et de si haut, il faut que ce soit entre les bras d'une affection solide, vigoureuse et fortunée: elles sont rares, s'il y en a» (III, 12, 1045b). A cette manière dont il parle, on voit assez que La Boëtie dès longtemps n'était plus. Montaigne alors sent que c'est en lui seul, après tout, qu'il peut se fonder dans la détresse et s'affermir, et que c'est le moment ou jamais de mettre en pratique ces hautes leçons qu'il a passé sa vie à recueillir çà et là dans les livres des philosophes; il se ranime, il arrive à toute sa vertu: «En un temps ordinaire et tranquille on se prépare à des accidents modérés et communs; mais, en cette confusion où nous sommes *depuis trente ans*, tout homme françois, soit en particulier, soit en général, se voit à chaque heure sur le point de l'entier renversement de sa fortune» (III, 12, 1046b). Et, loin de s'abattre et de maudire le sort de l'avoir fait naître en un âge si orageux, il s'en félicite tout à coup: «Sachons gré au sort de nous avoir fait vivre en un siècle non mol, languissant ni oisif» (III, 12, 1046b). Puisque la curiosité des sages va chercher dans le passé les confusions des États pour y étudier les secrets de l'histoire et, comme nous dirions, la physiologie du corps social à nu: «Ainsi fait ma curiosité, nous déclare-t-il, que je m'agrée aucunement de voir de mes yeux ce notable spectacle de notre mort publique, ses symptômes et sa forme; et, puisque je ne la puis retarder, je suis content d'être destiné à y assister et m'en instruire» (III, 12, 1046c). Je ne me permettrai pas de proposer à beaucoup de personnes une consolation de ce genre; la plupart des hommes n'ont pas de ces curiosités héroïques et acharnées, telles qu'en eurent Empédocle et Pline l'Ancien, ces deux curieux intrépides qui allaient droit aux volcans et aux bouleversements de la nature pour les examiner de plus près, au risque de s'y abîmer et d'y périr. Avec Montaigne pourtant, de la nature dont nous le savons, cette pensée d'observation stoïque ne laissait pas d'introduire quelque consolation jusque dans les maux réels. Considérant l'espèce d'état de fausse paix et de trêve précaire, le régime de sourde et profonde corruption qui avait précédé les derniers troubles, il se félicitait presque aussi de le voir cesser; car «c'étoit, dit-il de ce régime de Henri III, une jointure universelle de membres gâtés en particulier, à l'envi les uns des autres, et, la plupart, d'ulcères envieillis, qui ne recevoient plus ni ne demandoient guérison. Ce croulement donc m'anima certes plus qu'il ne m'atterra...» (III, 12, 1047b). Notez que sa santé, d'ordinaire plus faible, s'est trouvée ici remontée au niveau de son moral, et elle a eu de quoi suffire à ces diverses secousses, qui semblaient devoir l'abattre. Il eut la satisfaction de sentir qu'il avait quelque tenue contre la fortune, et qu'il fallait un plus grand choc que cela pour lui *faire perdre les arçons* (III, 12, 1047b).

Une autre considération plus humble et plus humaine le soutient dans ces maux, c'est cette consolation qui naît du malheur commun, du malheur partagé par tous, et de la vue du courage d'autrui. Le peuple surtout, le vrai peuple, celui qui est victime et non pillard, les paysans de ses environs le touchent par la manière dont ils supportent les mêmes maux que lui et pis encore. Cette contagion ou peste qui sévissait alors dans le pays, frappait surtout parmi ces pauvres gens; Montaigne apprend d'eux la résignation et la pratique de la philosophie. «Regardons à terre: les pauvres gens que nous y voyons épandus, la tête penchante après leur besogne, qui ne savent ni Aristote ni Caton, ni exemple ni précepte, de ceux-là tire nature tous les jours des effets de constance et de patience plus purs et plus roides que ne sont ceux que nous étudions si curieusement en l'école» (III, 12, 1040b). Et il continue de les montrer travaillant jusqu'à l'extrémité, même dans leur douleur, même dans leurs maladies, jusqu'au moment où la force leur manque: «Celui-là qui fouit mon jardin, il a ce matin enterré son père ou son fils... ils ne s'alitent que pour mourir» (III, 12, 1041b)[24]. Tout ce chapitre est beau, touchant, approprié, se sentant à la fois d'une noble élévation stoïque, et de cette nature débonnaire et populaire de laquelle Montaigne se disait à bon droit issu et formé. Il ne saurait y avoir au-dessus d'un tel chapitre, à titre de *consolation dans les calamités publiques*, qu'un chapitre de quelque autre livre non p !us humain, mais véritablement divin, d'un livre qui ferait sentir la main de Dieu partout, et non point par manière d'acquit comme le fait Montaigne, mais la main réellement présente et vivante. En un mot, la consolation que se donne Montaigne, à lui et aux autres, est aussi haute et aussi belle que peut l'être une consolation humaine sans la prière.

Il écrivait ce chapitre (XIIe du livre III)[25] au milieu même des maux publics qu'il dépeignait, et avant qu'ils eussent pris fin: il le terminait encore à sa manière poétique et légère, en le montrant comme un assem-

---

[24] Sur son exemplaire des *Essais* Sainte-Beuve note en regard de ce passage: «Il y a là sentiment d'égalité humaine.» («Montaigne annoté par S-B», *supra*, p. 69)

[25] «De la phisionomie» (III, 12, 1036-1063)

blage d'exemples, un *amas de fleurs étrangères*[26], auxquelles il n'avait fourni du sien que le *filet* pour les *lier* (III, 12, 1055b).

Voilà Montaigne en tout, et, quoi qu'il dise de sérieux. il le couronne par une grâce. Pour juger de sa manière, il suffit de l'ouvrir à toute page indifféremment et de l'écouter discourant sur n'importe quel sujet; il n'en est aucun qu'il n'égaie et qu'il ne féconde. Dans le chapitre « Des Menteurs » (I, 9, 34a), par exemple, après s'être étendu en commençant sur son défaut de mémoire, et avoir déduit les raisons diverses qu'il a de s'en consoler, il ajoutera tout à coup cette raison jeune et charmante: « D'autre part (grâce à cette faculté d'oubli), les lieux et les livres que je revois me rient toujours d'une fraîche nouvelleté » (I, 9, 35b)[27]. C'est ainsi que, sur tous les propos qu'il touche, il recommence sans cesse, et fait jaillir des sources de fraîcheur.

Montesquieu a dit dans une exclamation mémorable: « Les quatre grands poëtes, Platon, Malebranche, Shaftesbury, Montaigne ![28] « Combien cela est vrai de Montaigne ![29] Nul écrivain en français, y compris les poëtes proprement dits, n'a eu de la poésie une aussi haute idée que lui. « Dès ma première enfance, disait-il, la poésie a eu cela de me transpercer et transporter » (I, 37, 232c). Il estime avec un sentiment pénétrant que « nous avons bien plus de poëtes que de juges et interprètes de poésie, et qu'il est plus aisé de la faire que de la connoître » (I, 37, 231c). En elle-même et dans sa pure beauté, elle échappe à la définition; et celui qui la veut discerner du regard et considérer en ce qu'elle est véritablement, il ne la voit pas plus que *la splendeur d'un éclair* (I, 37, 231-2c)[30]. Dans l'habitude et la continuité de son style, Montaigne est

---

[26] Sur son exemplaire des *Essais* Sainte-Beuve écrit en regard de ce passage: « Joli. Oh le poète !» « Montaigne annoté par S-B », *supra*, p. 70)

[27] S-B ajoute « D'autre part » au texte de Montaigne.

[28] « Pensées diverses » in *Œuvres complètes* (Paris: Garnier, 1821), tome VII, p. 171.

[29] Dans son article du 21 octobre 1850 intitulé « Qu'est-ce qu'un classique ?» Sainte-Beuve avait déjà parlé de « Montaigne, ce vrai poète.» Placé parmi les autres grands auteurs, il achèverait d'ôter à ce coin charmant tout air d'école littéraire. (*CL* III, p. 52)

[30] Sainte-Beuve écrit ailleurs (dans son article du 4 décembre 1854 sur « William Cooper ou de la poésie domestique ») que Montaigne « penchait du côté du dérèglement » en poésie, préférant les sonnets de La Boétie adressés à sa maîtresse plutôt que ceux dédiés à sa femme. Il cite à ce propos la phrase de Montaigne: « Et moi je suis de ceux qui tiennent que la poésie ne rit point ailleurs comme elle fait en un sujet folâtre et déréglé » (I, 29, 196a) – phrase qu'il rappellera encore dans l'article sur « Victor de Laprade » du 16 septembre 1865 (*NL* I, p. 17). Et il ajoute: « Nous nous sommes trop souvenus en France de cette parole de Montaigne et nous nous sommes laissés aller à cette idée de folâtrie.» (*CL* XI, pp. 186-7).

l'écrivain le plus riche en comparaisons vives, hardies, le plus naturellement fertile, en métaphores, lesquelles, chez lui, ne se séparent jamais de la pensée, mais la prennent par le milieu, par le dedans, la joignent et l'étreignent. A cet égard, en obéissant si pleinement à son génie, il a dépassé et quelquefois excédé celui de la langue. Ce style bref, mâle, qui frappe à tout coup, qui enfonce et qui redouble le sens par le trait, ce style duquel on peut dire qu'il est une épigramme continuelle[31], ou une métaphore toujours renaissante, n'a été employé chez nous avec succès qu'une seule fois, et c'est sous la plume de Montaigne[32]. Si on voulait l'imiter, même en supposant qu'on le pût et qu'on y fût disposé par nature, si l'on voulait écrire avec cette rigueur, et cette exacte correspondance, et cette continuité diverse de figures et de traits, il faudrait à tout moment forcer notre langue à être plus forte et plus complète poétiquement qu'elle ne l'est d'ordinaire et dans l'usage. Ce style à la Montaigne, si conséquent et si varié dans la suite et l'assortiment des images, exige qu'on crée à la fois une partie du tissu même, pour les porter. Il faut de toute nécessité qu'on étende et qu'on allonge par endroits la trame pour y coudre la métaphore; mais voilà que, pour le définir, je suis presque amené à parler comme lui. Notre bon langage, en effet, notre prose, qui se sent toujours plus ou moins de la conversation, n'a pas naturellement de ces ressources et de ces fonds de toile pour une continuelle peinture; elle court et fuit vite, et se dérobe: à côté d'une image vive, elle offrira une soudaine lacune et défaillance. En y suppléant par de l'audace et de l'invention comme fait Montaigne, en créant, en imaginant l'expression et la locution qui manque, on paraîtrait aussitôt recherché. Ce style à la Montaigne serait, à bien des égards, en guerre ouverte avec celui de Voltaire. Il ne pouvait naître et fleurir que dans cette pleine liberté du XVIe siècle, chez un esprit franc et ingénieux, gaillard et fin, brave et délicat, unique de trempe, qui parut libre et quelque peu licencieux, même en ce temps-là, et qui s'inspirait lui-

---

[31] C'est ce que dit Montaigne lui-même à propos des vers de Lucrèce et, plus généralement, des grands auteurs latins: «leur langage est tout plein et gros d'une vigueur naturelle et constante; *ils sont tout épigramme.*» (III, 5, 873b)

[32] Dès 1827, Sainte-Beuve parlait, dans un article sur Tacite, de l'«énergie de Montaigne» (*Portraits littéraires* I, p. 239). En 1833, à propos de Heine, il écrivait: «Montaigne, qui fourmille d'images spirituelles à chaque phrase, a soin de rendre son trait aussi court que possible» (*Ibid.* II, p. 253). Voir aussi les commentaires sur les mêmes qualités de Montaigne dans les articles de 1836 sur Villemain (*Portraits contemporains* II, p. 372), de 1849 sur Hamilton (*CL* I, p. 93), de 1850 sur M. Pariset (*CL* I, p. 405), de 1860 sur Tocqueville (*CL* XV, p. 94). Voir aussi «Montaigne à Port-Royal», *supra*, pp. 124 sq.

même et s'enhardissait, sans s'y enivrer, à l'esprit pur et direct des sources antiques.

Tel qu'il est, Montaigne est notre Horace[33]; il l'est par le fond, il l'est par la forme souvent et l'expression, bien que par celle-ci il aille souvent aussi jusqu'au Sénèque[34]. Son livre est un trésor d'observations morales et d'expérience; à quelque page qu'on l'ouvre et dans quelque disposition d'esprit, on est assuré d'y trouver quelque pensée sage exprimée d'une manière vive et durable, qui se détache aussitôt et se grave, un beau sens dans un mot plein et frappant, dans une seule ligne forte, familière ou grande. Tout son livre, a dit Étienne Pasquier, est un vrai *séminaire* de belles et notables sentences[35]; et elles entrent d'autant mieux qu'elles courent et se pressent, et ne s'affichent pas; il y en a pour tous les âges et pour toutes les heures de la vie; on ne le peut lire quelque temps sans en avoir l'âme toute remplie et comme tapissée, ou, pour mieux dire, tout armée et toute revêtue. On vient de voir qu'il a plus d'un conseil utile et d'une consolation directe à l'usage de l'honnête homme né pour la vie privée et engagé dans les temps de trouble et de révolution. A quoi j'ajouterai encore un de ces conseils qu'il adresse à ceux qui, comme moi et comme bien des gens de ma connaissance, subissent les tourmentes politiques sans les provoquer jamais et sans se croire d'étoffe non plus à les conjurer. Montaigne, ainsi que ferait Horace, leur conseille, tout en s'attendant de longue main à tout, de ne pas tant se préoccuper à l'avance, de profiter jusqu'au bout, dans un esprit libre et sain, des bons moments et des intervalles lucides; il fait là-dessus de piquantes et justes comparaisons coup sur coup, et termine par celle-ci, qui me paraît la plus jolie, et qui d'ailleurs est tout à fait de circonstance et de saison: c'est folie et fièvre, dit-il, *de «prendre votre robe fourrée dès la Saint-Jean, parce que vous en aurez besoin à Noël»* (III, 12, 1050c).

---

[33] «Montaigne a été une espèce de classique anticipé, de la famille d'Horace, mais qui se livrait en enfant perdu, et faute de dignes alentours, à toutes les fantaisies libertines de sa plume et de son humeur.» «Qu'est-ce qu'un classique?» article du 21 octobre 1850, repris dans les *Causeries du Lundi* III, p. 49. Voir aussi «Montaigne en voyage», *infra*, p. 205, note 18.

[34] «Il a souvent du Sénèque», note Sainte-Beuve sur son exemplaire des *Essais* («Montaigne annoté par S-B, *supra*, p. 69). Sur le rapprochement avec Sénèque voir aussi «Montaigne à Port-Royal», *supra*.

[35] «Lettres» in *Œuvres* (Amsterdam, 1773) VIII, 1 «A M. Pithou» II, col.196-7. Cf. Montaigne, *Essais*, éd. Villey, p. 1208.

ÉTIENNE DE LA BOÉTIE : L'AMI DE MONTAIGNE[1]

La Boëtie [1530-1563] a été la passion de Montaigne ; il lui a inspiré son plus beau chapitre, ou du moins son plus touchant ; leurs deux noms sont à jamais inséparables, et sitôt qu'on parle d'amitié, on les rencontre des premiers, on les cite inévitablement, de même que lorsqu'on parle de l'amour d'une mère pour sa fille, on nomme madame de Sévigné. La Boëtie mérite donc l'intérêt non-seulement des érudits, mais de tous ceux qui s'occupent des Lettres au point de vue de la morale et des sentiments les plus chers à l'homme, Il a laissé peu d'écrits, et ces écrits, productions de première jeunesse, ne représentent que très-imparfaitement sa forme intime et définitive, et cette supériorité qu'il faut bien lui reconnaître, puisque Montaigne l'a si hautement saluée en lui. Il est curieux pourtant de l'étudier et de chercher à le deviner et à le découvrir dans ce qu'il a laissé. Dans ces dernières années et depuis quelque temps, La Boëtie a trouvé des investigateurs et des biographes qui se sont attachés particulièrement à le mettre en lumière. M. Léon Feugère[2], qui s'est fait si honorablement connaître par ses publications sur le seizième siècle, a donné en 1845 une *Étude sur la Vie et les Ouvrages de La Boëtie*; l'année suivante il publiait les *Œuvres complètes* de La Boëtie (traités, traductions, poésies latines et françaises), recueillies et réunies pour la première fois[3], et il mettait ainsi à la portée de tous ce qui n'était jusque-là que la curiosité et le partage de quelques-uns. Comme amateur des vieux livres, on peut souffrir de cette divulgation des choses rares ; comme partie du public et comme lecteur du commun, on ne saurait s'en plaindre. Un bibliophile des plus distingués, qui porte dans l'étude de Montaigne et de tout ce qui l'approche (et qui donc approche plus près de Montaigne que La Boëtie ?) une passion noble et

---

[1] Daté du 14 novembre 1853, c'est le seul article que S-B ait publié sur La Boétie. Il a été repris dans les *Causeries du Lundi* (Paris : Garnier, 1854), tome IX, pp. 140-161.

[2] Sur Léon Feugère (1810-1858), voir ce que dit plus loin S-B. Il est un « vulgarisateur » mais « dans le meilleur sens du mot », p. 154, *infra*.

[3] « Chez Jules Delalain, rue des Mathurins-Saint-Jacques. » (note de S-B)

élevée, M. le docteur Payen[4] a touché ce point dans un article inséré au *Bulletin du Bibliophile* (août 1846). En annonçant la publication de M. Feugère et en y applaudissant volontiers dans son ensemble, il a laissé percer un regret :

> Pourtant, bibliographiquement parlant, dit-il, je suis un peu blessé de cette sorte de profanation qui consiste à jeter à profusion à la multitude ce qui, jusque-là, avait été le partage de quelques lecteurs d'élite. Sans doute les grands génies dont s'honore l'intelligence humaine ont subi cette épreuve, et l'une de leurs gloires est d'y avoir résisté ; mais les Sonnets de La Boëtie ne le classeront pas avec Pindare, Anacréon, Horace... J'accorde qu'il ne perdra pas à être envisagé de près ; mais je crois qu'il gagnerait à être entrevu à distance. Le demi-jour seyait bien à cette grave figure du seizième siècle ; j'aimais à apercevoir cette grande âme, avec la perspective de trois cents années, Ses *Œuvres* d'ailleurs n'étaient point tellement rares qu'on ne pût les trouver en les cherchant, et la peine qu'on prend en ce cas est déjà du plaisir.

J'ai voulu citer cette expression fidèle d'un regret d'amateur, parce qu'elle se rattache à un sentiment plus général, à celui que porte tout antiquaire et tout ami des souvenirs dans l'objet favori de son culte, dans ce coin réservé du passé où l'on a mis son étude, son investigation sympathique et pieuse, une part de son imagination et de son cœur, et où l'on ne voudrait appeler que ceux qui sont dignes d'en tout apprécier et comprendre. Mais qu'y faire ? le siècle marche, les voies publiques s'étendent, les rues s'élargissent, le grand chemin est partout. Oui, tous bientôt vont passer devant cette ruine, devant cette chapelle et cet autel détourné, devant ce site sauvage et mystérieux dont on savait presque seul les sentiers et dont on avait, l'un des premiers, reconnu le caractère. Les indifférents vont en juger comme les autres. Il en est des vieux livres comme des vieux débris de cloître, comme de tout ce qui fut autrefois le domaine ou la religion d'un certain nombre. Sachons garder cette religion en nous, bien que désormais les profanes y soient de plus en plus admis pêle-mêle. Antiquaires, amateurs de tout genre, accoutumons-nous, jusque dans nos sujets de prédilection, à voir pénétrer et traverser les empressés et les indifférents. De quoi pourrait-on se plaindre à cet égard dans ce siècle de concours et de facilité universelle, lorsqu'on voit que ce ne sont plus, seulement les pèlerins et les fervents, mais les simples curieux et les touristes qui chaque année s'en vont en foule même à Jérusalem ?

---

[4] Sur Jean-François Payen (1800-1870) voir les « Nouveaux documents sur Montaigne, » *supra*, p. 135, note 1, et le portrait qui suit.

Aujourd'hui, en s'occupant tout spécialement de La Boëtie, M. Payen est venu payer tribut, à son tour, à cette noble mémoire, et lui convier des lecteurs. Dans la Notice qu'il publie[5], il est arrivé, à force de recherches, à quelques résultats nouveaux sur la vie et sur les écrits de cet ami de Montaigne : il a trouvé surtout, à la Bibliothèque impériale, un manuscrit du traité de *la Servitude volontaire*, provenant de Henri de Mesmes, manuscrit meilleur et plus correct que les imprimés, et qui lui a permis de donner de ce traité une édition qu'on peut dire définitive. Avant de passer moi-même à l'étude de La Boëtie et de profiter du travail de mes guides et de mes devanciers, de M. Payen et de M. Feugère, je tiens à faire équitablement entre eux la part, telle que je la conçois. M. le docteur Payen, qui au milieu des devoirs et de la pratique assidue de sa profession, a, depuis des années, concentré sa pensée la plus chère sur Montaigne, en l'étendant à tout ce qui intéresse cet objet principal de son admiration, est un de ces investigateurs ardents, sagaces, infatigables, qui ne connaissent ni l'ennui ni le dégoût de la plus ingrate recherche quand il s'agit d'arriver à un détail vrai, à un éclaircissement nouveau, à un fait de plus. Il est, si j'en ose parler d'après ceux qui le connaissent, de ces natures élevées, originales, qui ont besoin d'admirer, d'aimer, et qui, même dans l'ordre intellectuel, n'ont de satisfaction réelle que de se dévouer exclusivement à ce qu'ils aiment, à la mémoire illustre en qui leur sentiment de vénération et d'idéal s'est une fois logé. Tout ce qui y tient leur devient relique. « Je crains l'homme d'un seul livre, » a-t-on dit en plus d'un sens[6]. On a lieu de le craindre, en effet, si en présence de cet homme on parle inexactement et à la légère de ce qu'il possède à fond et qu'il a étudié de longue main : il n'a qu'un mot à dire pour dénoncer votre erreur et pour la révéler. Que d'autres craignent cet homme d'un seul livre : pour moi, quand c'est M. le docteur Payen, bien au contraire, je le cherche, j'aime à le voir d'abord et à le consulter ; et ce respect affectueux qu'il ressent pour l'objet de son étude, aisément lui-même il l'inspire. – M. Léon Feugère, cet autre éditeur qui a bien mérité de La Boëtie, n'est pas et ne prétend pas être un amateur aussi déclaré ni aussi opiniâtrement en quête sur tel ou tel point, un défricheur ni un investigateur bibliographique du même genre : il ne s'adresse qu'à ce qui peut intéresser plus généralement le public ; uni-

---

[5] «*Notice bio-bibliographique sur La Boëtie, l'ami de Montaigne, suivie de la Servitude volontaire, donnée pour la première fois, selon le vrai texte de l'auteur, d'après un manuscrit contemporain et authentique* (Paris : Firmin Didot, 1853). » (note de S-B)

[6] *Timeo hominem unius libri*. Formule attribuée à saint Thomas d'Aquin. Cette formule se trouve déjà dans « Montaigne à Port-Royal, » *supra*, p. 79, note 15.

versitaire des plus instruits, littérateur estimable, plein d'acquis, de culture, et utilement laborieux, il a pris à tâche de faire connaître avec étendue et de mettre aux mains de tout le monde des auteurs jusqu'ici peu répandus, et dont la lecture courante ne peut se faire qu'à l'aide d'un introducteur aussi complaisant qu'érudit. Sur Étienne Pasquier[7], sur Henri Estienne, sur La Boëtie, sur mademoiselle de Gournay encore, M. Feugère a fait une suite d'études consciencieuses et très-recommandables, qu'il ne faut point séparer des publications complètes ou partielles qu'il donne des Œuvres de ces vieux auteurs. Nul plus que lui n'aura contribué à vulgariser, dans le meilleur sens du mot, nos bons prosateurs du seizième siècle. Ainsi, par des voies différentes, nous arrivons à connaître plus entièrement et plus commodément La Boëtie, et nous apprenons sur son compte tout ce qu'on en peut savoir. Après cette justice rendue à des efforts et à des travaux qui me semblent si bien concourir et s'accorder, j'en viens à mon sujet même.

Étienne de La Boëtie[8], né à Sarlat en Périgord le 1er novembre 1530, était de deux ans l'aîné de Montaigne. Il fit ses études au collège de Bordeaux et montra une précocité surprenante. Le traité de *la Servitude volontaire*, qui, bien lu, n'est à vrai dire qu'une déclamation classique et un chef-d'œuvre de seconde année de rhétorique, mais qui annonce bien de la fermeté de pensée et du talent d'écrire, fut composé par lui, à seize ans, disent les uns ; à dix-huit ans, disent les autres. Comme toute la jeunesse de son temps, et l'un des premiers, il prit feu au signal poétique donné par Du Bellay et par Ronsard, et il fit des sonnets dans leur genre[9]. On a de lui également des vers latins, qui sont infiniment préférables. Il traduisit aussi en français un traité de Xénophon[10] et un autre de Plutarque[11]. Pourvu d'une charge de conseiller au Parlement de Bordeaux à l'âge de vingt-trois ans (1553), il s'y trouva, quatre ans après environ, le collègue de Montaigne (1557), et tous deux à l'instant se lièrent. Cette intimité occupa les cinq ou six dernières années de la vie de La Boëtie, car il mourut le 18 août 1563, d'une maladie contrac-

---

[7] Léon Feugère publia les *Œuvres choisies* d'Étienne Pasquier (Paris: Firmin-Didot, 1849). Voir l'article de S-B sur Pasquier, publié dans *le Constitutionnel* du 6 janvier 1851, recueilli dans les *Causeries du Lundi*, tome III, p. 249-269.

[8] « On prononce assez ordinairement La *Boëcie*: autrefois et dans le pays on prononçait le *t*, comme dans *amitié*. » (note de S-B)

[9] Sur les œuvres poétiques françaises de La Boétie, voir l'Appendice à la fin de cet article, *infra*, p. 168.

[10] *La Menagerie de Xenophon* in *Œuvres complètes*, éd. Feugère (Paris: Jules Delalain, 1846), pp. 105-266.

[11] *Les Regles de mariage de Plutarque*, *Ibid.*, pp. 273-318.

tée dans une tournée qu'il avait faite pour le service de sa charge : il n'avait pas accompli sa trente-troisième année[12].

Montaigne, dans une lettre à son père, a raconté en détail les principales circonstances de cette mort à la fois stoïque et chrétienne[13] : surtout il nous a tracé, dans son chapitre sur l'*amitié* (I, 28, 183-195), un admirable portrait de sa liaison avec celui qu'il appelait presque dès le premier jour du nom de frère. Ce qui nous frappe dans tous les endroits où Montaigne parle de La Boëtie, ce n'est pas seulement l'affection, c'est le respect et l'admiration, sentiments que Montaigne, en général, ne prodiguait pas, mais qu'il pousse jusqu'à l'apparence de l'illusion lorsqu'il parle de son ami. Ainsi, il proclame hardiment cet homme de mérite mort à trente-deux ans, et qui n'avait été promu qu'à des charges locales et aux *dignités de son quartier*, il le proclame *le plus grand homme*, à son avis, de tout le siècle[14] : il a connu, dit-il, bien des hommes qui ont de belles parties diverses, l'un l'esprit, l'autre le cœur, tel la conscience, tel autre la parole, celui-ci une science, celui-là une autre ; « mais de grand homme en général et ayant tant de belles pièces ensemble, ou une en tel degré d'excellence qu'on le doive admirer ou le comparer à ceux que nous honorons du temps passé, ma fortune ne m'en a fait voir nul[15] ; et le plus grand que j'aie connu au vif, je dis des parties naturelles de l'âme, et le mieux né, c'était Étienne de La Boëtie. C'était vraiment une âme pleine et qui montrait un beau visage à tous sens, une âme à la vieille marque, et qui eût produit de grands effets si sa fortune l'eût voulu... » (II, 17, 659a). En dédiant les vers latins de La Boëtie au chancelier de l'Hôpital, Montaigne développe cette même idée : il se console, dit-il, de voir tant de hasard présider au choix des hommes qui gouvernent les autres, et, là même où la chose publique est le mieux

---

[12] « Cette biographie de La Boëtie est devenue incomplète. Il faudrait maintenant consulter le *Discours sur la Renaissance des Lettres à Bordeaux au seizième siècle*, de M. Reinhold Dezeimeris, et aussi son opuscule intitulé : *Remarques et Corrections d'Etienne de La Boëtie sur le traité de Plutarque, etc.* (1867). M. Dezeimeris a retrouvé là un La Boëtie primitif, antérieur, philologue et tout à fait neuf, un La Boëtie admiré de Scaliger avant de l'être de Montaigne. – Ces humbles travaux d'histoire littéraire seraient sans cesse à retoucher et à remettre au courant : la vie n'y suffit pas. » (note de S-B)

[13] On trouvera cette lettre dans les *Œuvres complètes* [*OC*] de Montaigne, pp. 1347-60. S-B a aussi annoté cette lettre sur son exemplaire personnel des *Essais* (*supra*, pp. 71 sq.).

[14] « le plus grand homme, à mon advis, de nostre siecle. » Lettre à M. de Mesmes du 30 avril 1570, *OC*, p. 1362.

[15] « Des hommes bien distingués en ont jugé pareillement de nos jours : 'Notre époque manque de grands hommes', a dit M. de Rémusat. – 'Je ne vois nulle part le grand homme', a dit Tocqueville. » (note de S-B)

réglée, le discernement faire faute trop souvent sur ce point, en considérant qu'Étienne de La Boëtie, «l'un des plus propres et nécessaires hommes aux premières charges de France, {avait} tout du long de sa vie croupi méprisé ès cendres de son foyer domestique.»[16] Cet exemple paraît à Montaigne devoir consoler de tout mécompte d'ambition si on en avait; mais on ne voit point que La Boëtie ait nulle part exprimé un regret pareil en ce qui le concernait. Lorsqu'on lit les réflexions et fragments de cet autre généreux écrivain enlevé comme lui dès le début, de Vauvenargues, et qu'on en pénètre l'esprit, l'inspiration secrète, on voit certes un homme de pensée, mais on reconnaît encore plus un homme de caractère et d'action qui a manqué sa destinée et qui en souffre. Vauvenargues[17], ou *l'homme d'action mutilé et étouffé*, ce point de vue serait à développer et, je crois, ne serait qu'exact. Dans ce qu'on a de La Boëtie, il ne s'aperçoit rien de semblable. Magistrat, époux, n'étaient les malheurs de la patrie, il paraît satisfait de son sort. Il faut s'adresser à Montaigne pour entendre une plainte, pour apprendre que son ami était si loin d'être à la place où l'appelait son mérite, et pour être informé de cette supériorité en tout point qu'il était fier de lui décerner.

Comme c'est du véritable La Boëtie, déjà homme fait, que je veux m'occuper ici, j'ai hâte de me débarrasser de ce premier traité soi-disant politique, qui est comme sa tragédie de collége, la *Servitude volontaire* ou *le Contr'un*, œuvre déclamatoire, toute grecque et romaine, contre les tyrans, et qui provoque à l'aveugle le poignard des Brutus[18]. Les hommes de parti s'en sont servis en tout temps pour s'en faire une arme. Montaigne était sur le point de le publier innocemment dans ses *Essais*, pour donner une idée du talent précoce de son ami, lorsqu'il s'aperçut qu'il avait été devancé par les violents et les irrités du temps, qui, dans un recueil imprimé au lendemain de la Saint-Barthélemy, avaient mis le traité de La Boëtie avec d'autres discours du même genre, à cette fin de remuer et renverser l'État. En 89, et plus récemment, en des années rap-

[16] Lettre dédicace des *Poemata* de La Boétie au Chancelier Michel de l'Hospital. Voir Montaigne, *OC*, p. 1363. S-B remplace l'original *avoir* par l'imparfait *avait.*

[17] S-B esquisse par trois fois, dans cet article, un rapprochement entre La Boétie et Vauvenargues (voir notes 32 et 50, *infra*). Il l'avait déjà fait dans un article du 19 mai 1851 intitulé «André Chénier homme politique» où on lisait: «Supposez [...] un Étienne de La Boétie vivant en 89 et en 93, ou encore un Vauvenargues à cette double date, et vous aurez André Chénier. » (*CL* IV, p. 144). A noter que Vauvenargues avait écrit un petit texte sur l'amitié (*Œuvres complètes*, éd. H. Bonnier, Paris, Hachette, 1968, pp. 233-4).

[18] A comparer avec ce que dit S-B de la *Servitude volontaire* dans «Montaigne maire de Bordeaux, » *infra*, p. 223.

prochées de nous, on a remis en lumière ce traité toujours dans le même but, et pour en faire un brûlot et un brandon. En 1835 et 1836, on l'a réimprimé à part avec des préfaces à notre usage, comme on eût réimprimé une tragédie révolutionnaire de Charles IX, de Tibérius Gracchus, ou de Brutus[19]. Examiné en lui-même, le traité de la Boëtie ne laisse pas de soulever plus d'une question et de faire naître plus d'un doute. Dans quelle intention précise, et à quel âge au juste l'auteur l'a-t-il composé ? Montaigne, qui avait d'abord dit que c'était d'un garçon de dix-huit ans, a fini par dire de seize ans (I, 28, 194a, note 3)[20]. De Thou le suppose écrit de dix-huit à dix-neuf ans, sous l'impression des horreurs et sous le coup des cruautés que commit à Bordeaux le connétable de Montmorency, lorsqu'il y vint châtier la rébellion que la gabelle avait excitée en Guyenne (1548)[21]. D'Aubigné, en son *Histoire*, donne

[19] « A la date de 1789, on trouve une brochure intitulée *Discours de Marius, plébéien et consul, traduit en prose et en vers français du latin de Salluste, suivi du Discours d'Etienne de Lac Boëtie sur la Servitude volontaire, traduit du français de son temps en français d'aujourd'hui, par l'Ingénu, soldat dans le régiment de Navarre*; le tout dédié *aux Mânes de Chevert*. Pour corriger ce que le Discours de La Boëtie, ainsi reproduit, semblait avoir de provoquant en face de Louis XVI, on y disait par précaution, à la fin de la préface : 'Le Discours de La Boëtie ne convient que dans ces cas où il y a de grandes injustices. ' Puis on faisait un portrait supposé, ou par allusion, d'un chef de la noblesse oppresseur, d'un chef de la justice prévaricateur, d'un premier ministre despote : 'Voilà peut-être, concluait-on, contre qui le Discours de La Boëtie peut avoir quelque force ; mais contre la monarchie il n'en peut avoir, au moins parmi nous. Depuis que la France a eu un Fénelon et que le trône est occupé par un descendant du duc de Bourgogne, son élève, il n'est point à craindre qu'on oublie *Télémaque*. *Télémaque* a fait de nos rois des guides et des amis...' Il n'est pas impossible, à la rigueur, que l'éditeur *ingénu* de La Boëtie en 89 ait cru à ces niaiseries. Du moins l'éditeur de 1835, M. de La Mennais, a eu le mérite de la franchise ; il a fait sa préface et l'a dirigée contre qui de droit, absolument comme si l'on vivait sous Tibère : 'La Terreur a régné en Europe il y a quarante ans, disait-il : il serait curieux de voir aujourd'hui sur une couronne le bonnet rouge de Marat.' L'année suivante (1836), on réimprimait le même traité de *la Servitude volontaire, transcrit en langage moderne pour être plus à la portée d'un chacun voire des moins aisés*, par Adolphe Rechastelet, anagramme de Charles Teste (Bruxelles et Paris). Le commentaire est un réchauffé grossier de celui de La Mennais.» (note de S-B)

[20] « Dans ce traité, il est fait mention des nouveaux poëtes d'alors, Ronsard, Du Bellay, Baïf : or ils ne commencèrent à se faire connaître qu'en 1549-1550, et pas plus tôt ; cette date de l'apparition de la Pléiade est précise comme celle d'une insurrection. Il est donc de toute impossibilité que ces passages où il est question d'eux soient écrits antérieurement : ce qui donnerait à La Boëtie l'âge de vingt ans au moins, et non celui de dix-neuf ou de seize. Mais il a pu retoucher son traité et y ajouter çà et là quelques phrases après l'avoir composé. Je laisse ce point à discuter à M. le docteur Payen, dans un travail supplémentaire que je sais qu'il prépare. » (note de S-B)

[21] Allusion à la répression de la révolte de la gabelle par Anne de Montmorency en

à cet écrit une origine moins patriotique et plus personnelle; il suppose que l'idée en est venue à l'auteur dans un voyage à Paris. D'après cette version, La Boëtie voulant voir un jour la salle du bal au Louvre, un archer de la garde, qui lui trouva l'air d'un écolier, lui laissa tomber sa hallebarde sur le pied: «De quoi celui-ci criant justice par le Louvre, n'eut que des risées des Grands qui l'entendirent.»[22] Du ressentiment de cet affront serait né le pamphlet vengeur. Ceci n'irait à rien moins qu'à faire de La Boëtie une nature irritable et bilieuse comme celle d'Alfieri. Je crois qu'il faut renoncer à serrer de trop près l'explication à cette distance, et qu'on doit s'en tenir à une idée plus générale, qui reste vraie dans toutes les suppositions. Les nobles et généreuses natures, lorsqu'elles entrent dans la vie, et qu'elles ne connaissent point encore les hommes, ni l'étoffe dont nous sommes en majeure partie formés, passent volontiers par une période politique ardente et austère, par une passion stoïque, spartiate, tribunitienne, dans laquelle, selon les temps divers, on invoque les Harmodius, les Caton, les Thraséas, et où de loin les Gracques et les Girondins se confondent. Nous avons connu en grand cette maladie-là. Le livre de La Boëtie n'est autre chose qu'un des mille forfaits classiques qui se commettent au sortir de Tite-Live et de Plutarque, et avant qu'on ait connu le monde moderne ou même approfondi la société antique. Seulement, dans cet écrit si étroit et si simple d'idées, il y a de fortes pages, des mouvements vigoureux et suivis, d'éloquentes poussées d'indignation, un très-beau talent de style: on y sent quelque chose du poëte dans un grand nombre de comparaisons heureuses. Parlant, en un endroit, de la force de l'éducation qui va souvent jusqu'à corrompre et à changer la nature:

> Les semences de bien que la nature met en nous, dit-il, sont si menues et glissantes qu'elles ne peuvent endurer le moindre heurt de la nourriture (*de l'éducation*) contraire; elles ne s'entretiennent pas si aisément comme elles s'abâtardissent, se fondent et viennent à rien: ni plus ni moins que les arbres fruitiers qui ont bien tous quelque naturel à part, lequel ils gardent bien si on les laisse venir; mais ils le laissent aussitôt, pour porter d'autres fruits étrangers et non les leurs, selon qu'on les ente. Les herbes ont chacune leur propriété, leur naturel et singularité; mais toutefois le gel, le temps, le terroir, ou la main du jardinier y ajou-

---

1548. Voir Jacques-Auguste de Thou, *Histoire universelle* (Bâle: L. Brandmüller, 1742), tome I, p. 458.

[22] *Histoire universelle*, éd. A. Thierry (Genève: Droz, 1987), tome IV, livre 7, chapitre 2, p. 165.

> tent ou diminuent beaucoup de leur vertu : la plante qu'on a vue en un endroit, on est ailleurs empêché de la reconnaître[23].

Mais à côté de ces remarques justes et si bien rendues, il y a de singulières erreurs de fait, comme lorsque l'auteur suppose qu'on jouit à Venise d'une liberté républicaine complète dans le sens vulgaire du mot, et qu'il méconnaît et ignore le caractère de cette aristocratie mystérieusement constituée[24]. – Le petit traité de La Boëtie a, du reste, été fort bien apprécié récemment dans le savant ouvrage que M. Baudrillart a publié sur Bodin, et je ne puis mieux faire que d'y renvoyer[25].

J'ai hâte d'en venir chez La Boëtie au jeune homme mûr, guéri de sa première fièvre, au bon citoyen ; ami et gardien des lois de son pays, et au frère d'alliance de Montaigne. L'un avait vingt-cinq ans lorsqu'ils se connurent, et l'autre en avait vingt-sept. Dans cette amitié entre deux âmes déjà si faites et si égales, il y a ceci pourtant à remarquer que si quelque supériorité semble d'un côté, c'est plutôt de celui de La Boëtie, en ce sens que c'est lui qui exhorte son ami et qui, l'aîné des deux, paraît aussi le plus ferme dans la voie de la vertu et de la pure morale. Si l'on peut faire quelque part distincte entre eux, Montaigne serait plutôt le juge de l'esprit et des écrits de son ami, et La Boëtie le juge des mœurs. On a trois pièces de vers latins que La Boëtie adresse à Montaigne. La première est touchante. Elle fut sans doute écrite à l'occasion des premiers troubles civils et religieux qui déchirèrent la France (1560) ; elle ne s'adresse pas à Montaigne seul, mais aussi à un autre ami, M. de Bellot[26] :

> Montaigne, toi le juge le plus équitable de mon esprit, et toi, Bellot, que la bonne foi et la candeur antique recommandent, ô mes amis, ô mes chers compagnons, s'écrie le poëte (je traduis en resserrant un peu sa pensée), quels sont vos desseins, vos projets, vous que la colère des Dieux et que le destin cruel a réservés pour ces temps de misères ? Car, pour moi, je n'ai d'autre idée que de fuir sur des vaisseaux, sur des cour-

---

[23] *De la Servitude volontaire* ou *Contr'un*, éd. Malcolm Smith (Genève : Droz, 1987), p. 47.

[24] *Ibid.* , pp. 47-48.

[25] Henri Baudrillart, *Jean Bodin et son temps. Tableau des théories politiques et des idées économiques au XVIe siècle* (Paris : Guillaumin, 1853), pp. 68-73.

[26] Jean de Belot, conseiller au Parlement de Bordeaux, ami très proche de La Boétie et de Montaigne. Sur les rapports entre ce personnage et Montaigne et La Boétie, voir Donald M. Frame, *Montaigne : une vie, une œuvre 1533-1592*, préface et nouvelle bibliographie de François Rigolot (Paris : Champion, 1994), pp. 64-5, 86, 89. Il sera présent lors de la mort de La Boétie. Voir la Lettre de Montaigne à son père, *OC*, p. 1358.

> siers, n'importe où, n'importe comment. Dites, voyez : qu'y a-t-il, en effet, de mieux à faire, si toutefois on le peut encore ? Certes, l'extrémité est cruelle et le cœur m'en saigne ; mais j'en ai pris mon parti de dire un long, un éternel adieu à cette terre natale... Mieux eût valu de fuir, sans doute, avant la ruine de la patrie qu'après, et de s'être épargné ce spectacle funeste : pourtant, ne nous repentons point d'avoir rempli jusqu'au bout notre devoir de bon Français, et que notre piété se console même par ce qu'elle a fait d'inutile. Ah ! les Dieux aussi semblaient nous conseiller la fuite, lorsqu'ils nous ont montré ces continents nouveaux qui s'étendent à l'Occident, et que de hardis navigateurs, pénétrant dans l'Océan immense, ont découvert un autre soleil et d'autres terres. Il est à croire, puisqu'ils voulaient perdre notre Europe et la remettre en friche par les dissensions et par les guerres, que les Dieux, dans leur indulgence, préparaient un asile aux peuples fugitifs, et que c'est à cette fin qu'aux approches de ce siècle, du sein des vastes mers, ils ont fait jaillir un monde : – un monde vierge, humide encore, qui d'abord ne pouvait, dit-on, supporter qu'à peine les traces légères de quelques races errantes, et où maintenant le sol facile appelle la charrue, où les champs illimités n'attendent qu'un maître. C'est là qu'il faut aller, qu'il faut tendre à force de rames et à voiles déployées ; là où du moins je ne verrai point, ô France ! tes funérailles, et où, loin des discordes civiles, je pourrai, colon obscur, me refaire un humble domaine. Mais, quel que soit le lieu qui m'accueille dans ma fatigue (et plût à Dieu que ce fût avec vous, ô mes amis !), non, jamais je ne pourrai arracher de mon cœur le désastre de la patrie ; partout elle me suivra, je reverrai son image abattue et désolée. Ni la raison, ni l'âge ne m'en ôtera le soin, ni l'Océan, jetant entre elle et moi son large intervalle. A ce prix, inquiet sur ce seul point, rassuré sur le reste, je me résigne à vivre en exil, à ne point revoir la maison natale, et, avec cette amère certitude, j'attendrai le décret du destin, soit que l'ennui d'un ciel étranger doive m'enlever avant l'heure, soit qu'il plaise à la Parque de me laisser longtemps survivre[27].

Dans cette traduction, j'ai accusé le mieux que j'ai pu le sentiment, et l'ai dégagé des centons de vers latins qui le masquent.

Telles étaient les inspirations senties et touchantes que le spectacle des premières guerres civiles dont allait s'embraser toute la dernière moitié du siècle, faisait naître dans les nobles âmes, et qu'Étienne de La Boëtie exhalait en des vers qui n'ont contre eux que de n'être point en

---

[27] *Ad Belotium et Montanum*, poème de cinquante vers où le poète confie à ses amis son désir de fuir l'Europe corrompue pour aller chercher asile au Nouveau Monde. «Poésies latines» in *Œuvres complètes*, éd. Feugère, pp. 357-360; *Poemata*, éd. J. S. Hirstein & R. D. Cottrell, *Montaigne Studies* III, 1 (septembre 1991), pp. 16-19.

français. Ne dirait-on pas, dans cette idée anticipée de l'Amérique, qu'il devançait le cours des révolutions et des âges, et ne croirait-on pas entendre en 1793 ou en 1795, et dans les années suivantes, un Volney[28], un Dupont de Nemours[29] ou quelque autre fugitif des orages politiques et de l'anarchie, s'en allant demander aux États-Unis un asile qu'ils y trouveront en passant ? Étienne de La Boëtie a de plus qu'eux de mêler, au milieu de son découragement et de sa douleur, une verte séve de jeunesse, un accent un peu rude, mais franc, de poésie.

On aura pu remarquer d'ailleurs, en lisant cette pièce, à quel point La Boëtie, quand il l'écrivait, devait être revenu de ses idées de *la Servitude volontaire*. Au premier signal des discordes et des déchirements civils, l'horreur et le dégoût le saisissent ; il veut fuir, il ne peut habiter dans le désordre et dans le sang ; il est prêt à renoncer même à la patrie pour retrouver la paix, la règle, la sécurité et la décence de la vie. Cet homme-là n'était pas fait pour l'état d'inflammation politique violente auquel se complaisent ceux qui l'ont depuis si bruyamment adopté.

Les deux autres pièces en vers latins qu'il adresse à Montaigne sont pour l'exhorter et l'affermir dans son effort vers la vertu. Nous y entrevoyons, non pas encore le Montaigne sceptique, railleur et malin que nous connaissons, mais un premier Montaigne jeune et ardent, enthousiaste, ce semble, et pourtant ayant à se garder du côté des plaisirs et de la volupté. Par deux fois La Boëtie lui parle en ce sens et comme pour le prémunir contre ce penchant au libertinage, qui peut contrarier en lui et compromettre sa lutte noble et courageuse :

> La plus grande partie des prudents et des sages, lui dit-il, est méfiante et n'a foi à une amitié qu'après que l'âge l'a confirmée et que le temps l'a soumise à mille épreuves : mais nous, l'amitié qui nous lie n'est que d'un peu plus d'une année, et elle est arrivée à son comble ; elle n'a rien laissé à ajouter. Est-ce imprudence ? personne du moins ne l'oserait dire, et il n'est sage si morose qui, nous connaissant tous deux, et nos goûts et nos mœurs, aille s'enquérir de la date de notre alliance, et qui n'applaudisse de bon cœur à une si parfaite union. Et je ne crains point que nos neveux refusent un jour d'inscrire nos noms (si toutefois le destin nous prête vie) sur la liste des amis célèbres. Toutes greffes ne conviennent point à tous les arbres : le cerisier refuse la pomme, et le poirier n'adopte point la prune : ni le temps ni la culture ne peuvent l'obtenir

[28] Constantin, comte de Volney (1757-1820), auteur des *Ruines ou Méditations sur les révolutions des empires*.

[29] Éleuthère-Irénée Dupont de Nemours (1771-1834), père fondateur du trust de la chimie aux Etats-Unis.

> d'eux, tant les instincts répugnent. Mais à d'autres arbres la même greffe réussit aussitôt, par un secret accord de nature ; en un rien de temps les bourgeons se gonflent et s'unissent, et les deux ensemble s'entendent à produire à frais communs le même fruit. [...] Il en est ainsi des âmes : il en est telles, une fois unies, que rien ne saurait disjoindre ; il en est d'autres qu'aucun art ne saurait unir. Pour toi, ô Montaigne, ce qui t'a uni à moi pour jamais et à tout événement, c'est la force de nature, c'est le plus aimable attrait d'amour, la vertu[30].

Et il définit cette vertu idéale à laquelle il faut tendre ; il n'ose se croire digne encore de l'atteindre, mais du moins il la recherche, il la poursuit, et partout où il lui est donné de la contempler, il l'aime et l'admire. Tout son soin, dans l'amitié, est de n'en point flétrir en lui l'image par des vices ; mais c'est moins de lui-même à cet égard qu'il s'inquiète que de son ami ; car, lui, il se considère comme moins propre aux grandes perfections, et moins sujet par là même aux grandes maladies morales : « Pour toi, au contraire, dit-il à Montaigne, il y a plus à combattre, toi, notre ami, que nous savons propre également aux vices et aux vertus d'éclat. »[31] Toute la pièce d'où ceci est tiré a pour but de montrer les inconvenients du libertinage et du plaisir. Sans trop pousser l'application et sans voir d'allusion trop particulière, il m'est évident que La Boëtie jugeait que Montaigne à cet âge y était un peu trop enclin, et il le conviait de toutes ses forces à la chasteté domestique et aux mœurs graves qui sont le fondement de la sagesse.

Que serait-il arrivé de Voltaire, me suis-je demandé quelquefois, s'il avait rencontré de bonne heure un tel ami ; si, jeune, au lieu des liaisons frivoles et dissipées de la Régence, il avait trouvé un Vauvenargues[32] de son âge, et si leurs âmes s'étaient prises, ne fût-ce que pendant quelques années, par un tel lien ? Je ne dis pas que le libertinage d'esprit, qui fait la plaie du talent de Voltaire, eût jamais pu être corrigé ; il eût été modéré du moins, comme le fut celui de Montaigne. Heureux qui, dès sa jeunesse, trouve dans un compagnon et dans un ami une seconde et quelquefois une première conscience, un témoin perpétuel qui l'encourage, qui l'enhardit, qui le maintient, et que partout ensuite, absent ou

---

[30] *Ad Michaelum Montanum*, poème de 322 vers, dont S-B traduit les vers 1 à 20 et 23 à 25. Éd. Feugère, pp. 390-1 ; éd. Hirstein-Cottrell, p. 27. S-B ne parle pas du second poème de soixante-douze vers également dédié à Montaigne (éd. Feugère, pp. 363-6 ; éd. Hirstein-Cottrell, pp. 20-25).

[31] S-B traduit ici les vers 37-38 du même poème (éd. Feugère, pp. 365 ; éd. Hirstein-Cottrell, pp. 28).

[32] Voir *supra*, p. 156, note 17 et *infra*, p. 168, note 50.

présent, il s'habitue à respecter ! C'est bien alors que celui qui survit peut s'écrier avec Pline le Jeune : « J'ai perdu un témoin de ma vie. . . Je crains désormais de vivre plus négligemment.»[33]

Parler de La Boëtie et de Montaigne, c'est nécessairement parler de l'amitié. Il en est de plus d'une sorte dont aucune, si elle est sincère, n'est à dédaigner. Celle qui les unissait a ce caractère propre et singulier, d'être le type de *l'amitié-passion*; elle naquit en eux avec la rapidité et l'imprévu de l'amour : « Si on me presse de dire pourquoi je l'aimais, dit Montaigne, je sens que cela ne peut s'exprimer qu'en répondant : *Parce que c'était lui; parce que c'était moi.* Nous nous cherchions avant que de nous être vus [...] je crois par quelque ordonnance du Ciel. Nous nous embrassions par nos noms ; et à notre première rencontre qui fut par hasard en une grande fête et compagnie de ville, nous nous trouvâmes si pris, si connus, si obligés entre nous, que rien dès lors ne nous fût si proche que l'un à l'autre » (I, 28, 188b & c). Cet attrait intérieur qui les porta ainsi tout d'abord à une mutuelle rencontre était bien celui d'esprit à esprit, d'âme à âme. Étienne de La Boëtie n'avait rien d'ailleurs, à ce qu'il semble, de particulièrement attrayant, et son premier aspect, si l'on en juge par une parole de Montaigne, offrait plutôt quelque *mésavenance* (III, 12, 1057c) et quelque rudesse ; mais la franchise et une *brave démarche* se faisaient sentir dans toute sa personne.

Cette *amitié-passion* n'a pas été connue de beaucoup de ceux même qui ont le mieux parlé de l'amitié. La Bruyère, qui a dit ce beau mot : « Il y a un goût dans la pure amitié où ne peuvent atteindre ceux qui sont nés médiocres »[34], ne paraît pas admettre cette formation prompte et soudaine du même sentiment : « L'amour, dit-il, naît brusquement, sans autre réflexion, par tempérament ou par faiblesse : un trait de beauté nous fixe, nous détermine. L'amitié, au contraire, se forme peu à peu, avec le temps, par la pratique, par un long commerce. Combien d'esprit, de bonté de cœur, d'attachement, de services et de complaisance dans les amis, pour faire en plusieurs années bien moins que ne fait quelquefois en un moment un beau visage ou une belle main !»[35] La Fontaine, au contraire, semble avoir conçu l'amitié aussi vive que l'amour, et il les a quelquefois mêlés par une sorte de confusion charmante. Dans ses *Deux Pigeons*[36], sont-ce d'abord deux époux ? sont-ce deux frères ? on ne sait

---

[33] «*Amisi vitae meae testem [...] vereor ne negligentius vivam.* » Pline le Jeune, *Lettres* I, xii, 12. Éd. A. M. Guillemin (Paris : Belles-Lettres, 1927), p. 27.

[34] « Du cœur » in *Les Caractères*, éd. R. Garapon (Paris : Garnier, 1962), p. 137.

[35] *Ibid.* , p. 137.

[36] *Fables* IX, 2 in *Œuvres complètes*, éd. J. -P. Collinet (Paris : Gallimard, 1991), tome I, pp. 348-50.

pas bien ; ce pourrait être deux amis : il se trouve à la fin que le poëte a songé à des amants. Dans ses *Deux Amis du Monomotapa*[37], les craintes de l'ami qui se lève la nuit à cause d'un songe et qui court sur l'heure réveiller son autre lui-même, sont un trait de l'amitié-passion :

> Un songe, un rien, tout lui fait peur
> Quand il s'agit de ce qu'il aime[38].

Dans l'amitié raisonnable la plus délicate, on se contenterait, après un mauvais rêve, d'envoyer de grand matin savoir des nouvelles de son ami. Sénèque, dans sa lettre 9e à Lucilius, a dit : « Sans doute l'amour ressemble à l'amitié, il en est pour ainsi dire la folie »[39]. Ici, dans le cas des amis de La Fontaine, l'amitié aussi a sa douce folie et son délire. C'est en songeant à l'amitié passion que Montesquieu a pu dire : « Je suis amoureux de l'amitié. »[40]

Le plus ordinairement l'amitié a une teinte plus douce, plus apaisée, que celle qui marque la passion de Montaigne et de La Boëtie. Lorsqu'ils se rencontrèrent, leurs deux âmes étaient à la fois déjà faites et encore jeunes : elles sentirent à l'instant leur pareille et s'y portèrent avec une énergie adulte qu'elles n'avaient encore nulle part employée. Ils s'aimèrent de toutes les facultés puissantes qui étaient en eux et qui avaient vainement cherché matière et issue jusque-là. Il est permis de penser que plus tard leur liaison, en se formant toujours, n'eût point eu cet ardent et absolu caractère ; on ne se fond ainsi sous la même écorce que dans la jeunesse. Un homme qui est plus qu'on ne croit de la trempe de Montaigne, Saint-Évremond, trouva également dans sa vie un ami parfait, M. d'Aubigny ; mais Saint-Évremond alors n'était déjà plus depuis longtemps à cet âge où on lutte pour les hautes aspirations premières et pour l'idéal : il se contenta de chercher la sûreté, la douceur du commerce, le charme infini des entretiens ; et, quand il perdit M. d'Aubigny, il le pleura comme l'ami qui faisait sa joie, et dans la conversation duquel il trouvait un agrément universel.

En lisant cet admirable chapitre de Montaigne sur l'amitié, je le trouve incomplet sur un point : il semble exclure les femmes de ce sentiment excellent ; il ne les estime point d'assez forte complexion d'esprit

---

[37] *Fables* VIII, 11, *éd. cit*, pp. 309-10.

[38] Ce sont les deux derniers vers de la fable (vv. 30-1), *éd. cit.* , p. 310.

[39] *Lettres à Lucilius*, I, 9, 11. Éd. F. Préchac & H. Noblot (Paris : Belles-Lettres, 1945), p. 29.

[40] « Mes Pensées » in *Œuvres complètes*, éd. R. Caillois (Paris : Gallimard, 1949), tome I, p. 1280 (maxime biffée sur le manuscrit).

pour suffire à cette communication et consultation perpétuelle sur tout sujet: «Ni leur âme, dit-il, ne semble assez ferme pour soutenir l'étreinte d'un nœud si pressé et si durable» (I, 28, 186a). Et il revient au commun consentement des anciennes écoles par lequel, en fait d'amitié parfaite, ce sexe était rejeté. Et pourquoi donc cette fois, ô Montaigne, aller vous en rapporter à l'autorité et aux écoles ? Il est vrai que c'est surtout depuis l'établissement de ce qu'on appelle la société polie que les exemples d'amitié où interviennent les femmes sont plus en vue. Quoi qu'on ait dit, elles connaissent entre elles la parfaite amitié ; et, pour m'en tenir aux témoignages que la littérature me prête, qu'on veuille relire à la fin des Mémoires d'une des femmes les plus spirituelles, madame de Staal-Delaunay, ce qu'elle dit de sa dernière et intime amie madame de Bussy, et de sa douleur pénétrée, de son accablement après l'avoir perdue. Ce portrait qui commence ainsi : «Je n'ai connu aucune femme aussi parfaitement raisonnable, et dont la raison eût aussi peu d'âpreté» [...][41]; est à mettre pour l'expression du sentiment et la tendresse du regret à côté de celui de M. d'Aubigny par Saint-Évremond, et tous deux supportent le voisinage de celui de La Boëtie par Montaigne.

Mais il y a mieux, il y a cette sorte d'amitié dont La Bruyère a parlé quand il a dit: «L'amitié peut subsister entre des gens de différents sexes, exempte même de toute grossièreté. Une femme cependant regarde toujours un homme comme un homme ; et réciproquement un homme regarde une femme comme une femme. Cette liaison n'est ni passion ni amitié pure: elle fait une classe à part.»[42] Madame de Lambert, qui semble nier que l'amitié entre deux femmes soit possible, admet cet autre sentiment mixte entre deux personnes du sexe et le décrit d'une manière pleine de vérité ; c'est qu'elle l'avait éprouvé pour M. de Sacy, l'auteur du *Traité de l'Amitié*[43]. Il arrive d'ordinaire, dans les réflexions de moraliste sur les sentiments, qu'on ne fait ainsi que généraliser ses impressions secrètes et l'histoire de son propre cœur. Madame de Lambert estime que ce sentiment, qui n'est souvent qu'un essai et un doux refus d'amour se terminant en amitié, quand il a lieu entre personnes vertueuses et dignes de le partager, est de toutes les sortes d'affections celle qui a le plus de charme : « Il est sûr que de toutes

[41] Marguerite-Jeanne Cordier de Launay, baronne de Staal (1684-1750), *Mémoires* (Paris : Ollendorf, 1890), p. 277.

[42] « Du cœur » in *Les Caractères, éd. cit.* , p. 137.

[43] En 1703 L. S. de Sacy publia son *Traité de l'amitié* qu'il dédia à Madame de Lambert.

les unions, dit-elle, c'est la plus délicieuse. Il y a toujours un degré de vivacité qui ne se trouve point entre les personnes du même sexe ; de plus, les défauts qui désunissent, comme l'envie et la concurrence, de quelque nature que ce soit, ne se trouvent point dans ces sortes de liaisons.»[44] Elle en réserve la perfection et l'exquise délicatesse pour les femmes qui ont su rester fidèles aux vertus de leur sexe, et pour les hommes qui savent le leur pardonner, mais qui, près d'elles et avec les années, y retrouvent leur compte : «Quand elles n'ont point usé leur cœur par les passions, leur amitié est tendre et touchante ; car il faut convenir, à la gloire ou à la honte des femmes, qu'il n'y a qu'elle qui savent tirer d'un sentiment tout ce qu'elles en tirent.»[45]

J'insiste sur cette espèce et cette qualité d'amitié que Montaigne a oubliée et qu'il semble avoir regardée d'avante comme impossible ; elle est le produit d'une culture sociale très-perfectionnée. L'avantage de ressortes de liaisons, c'est de pouvoir commencer bien plus tard que les amitiés d'hommes, lesquelles, pour être tout à fait vives et profondes, ont besoin de s'être nouées dans la jeunesse. Ici, c'est le contraire ; c'est sur le déclin, c'est quand les orages de la jeunesse ne nous troublent plus et sont déjà loin, que ces attachements sensibles et permis ont plus de chance pour prendre sans péril et pour durer. Les amitiés d'hommes, pour porter tout leur fruit, doivent être comme des greffes de printemps : ici, on recueille encore les plus doux fruits, même lorsque l'on n'arrive que dans l'extrême automne.

Parmi les exemples, que j'emprunte toujours de préférence à la littérature la plus connue de nous et à notre portée, je citerai l'affection de M. Joubert pour madame de Beaumont[46], affection qui est consacrée par des lettres touchantes[47]. On sait la longue liaison devenue presque classique de M. de La Rochefoucauld et de madame de La Fayette. M. de La Rochefoucauld, qui a écrit quelques paroles injustes et vraiment affreuses sur l'amitié des hommes («Dans l'adversité de nos meilleurs amis, nous trouvons toujours quelque chose qui ne nous déplaît pas»)[48], était particulièrement et peut-être uniquement sensible à cette amitié des

---

[44] Anne-Thérèse de Marguenat de Courcelles, marquise de Lambert (1647-1733), «De l'amitié», in *Œuvres*, éd. R. Granderoute (Paris : Champion, 1990), p. 169.

[45] *Ibid.* , p. 169.

[46] Joseph Joubert (1754-1824), *Lettres à Pauline de Beaumont et Louise-Angélique de Vintimille* (Quimper : Calligrammes, 1984).

[47] «Voir au tome II des *Pensées* de M. Joubert (1850) la correspondance, et notamment pages 309, 317, 326.» (note de S-B)

[48] François, duc de La Rochefoucauld, *Maximes et réflexions diverses* (Paris : Garnier-Flammarion, 1977). Maxime supprimée N° 18, p. 94.

femmes : car il est à observer que les hommes qui se sont accoutumés à cette liaison délicate avec des personnes du sexe se passent plus aisément de l'autre espèce d'amitié. Mais je ne sais personne qui en ait mieux parlé dans la pure nuance et la juste mesure qu'un auteur du commencement de ce siècle, que je cite quelquefois, et à qui la France doit un souvenir, puisqu'il est du petit nombre des étrangers aimables qui ont le mieux écrit en Français :

> Malgré les treize lustres qui pèsent sur ma tête, écrivait M. Meister, je ne craindrai point d'avouer encore qu'il n'est point d'amitié dans le monde sur la constance de laquelle je compterais plus volontiers que celle d'une femme intéressante par son esprit et par son caractère, surtout si ce dernier sentiment se trouve enté sur un autre qu'il remplace. qu'il supplée, dont il a reçu la première séve, dont il conserve encore plus ou moins le charme et les illusions.
>
> Entre hommes et femmes, il y a moins de grandes et moins de petites rivalités qu'entre des personnes du même sexe : il y a, par conséquent, beaucoup moins d'occasions de se heurter et de se blesser. L'habitude des soins, des égards, des ménagements réciproques est plus facile, plus naturelle : on croirait se manquer à soi-même si l'on était capable de s'en dispenser dans les moments même d'abandon, d'humeur, de refroidissement. Tout ce qu'on fait l'un pour l'autre porte plus constamment le caractère d'une heureuse inspiration, d'un mouvement involontaire, indépendant de toute espèce de calcul ou de réflexion. Vis-à-vis de l'homme qu'on chérit le plus, on ne renonce jamais à sa volonté : vis-à-vis d'une femme, il est souvent permis, il est souvent si doux de n'en point avoir ![49]

Je n'ai voulu qu'indiquer le seul coin par où l'admirable chapitre des *Essais* laisse à désirer et à redire. Montaigne n'aurait-il pas trouvé ces sortes de liaisons qu'on vient de définir, trop molles pour lui et trop délicates ? Je le croirais volontiers. Ce qu'on peut affirmer, c'est que, s'il les avait connues, il y a dans ses *Essais* toute une partie qui déplaît, qui rebute, et qu'il se serait interdite. Mais acceptons-le dans la noble et virile amitié qu'il nous a peinte, embrassons-le sans réserve tel que nous l'avons. Quand ils se rencontrèrent La Boëtie et lui au début de la vie publique, ils étaient encore sous le vestibule de l'antiquité et comme sous le Portique. L'immortel honneur de La Boëtie est de nous représenter Montaigne en cette époque de stoïcisme moral et *avant le scepticisme*, Montaigne enthousiaste du bien ; et toutes les fois qu'il lui

---

[49] Jacques-Henri Meister (1744-1826), « Quelques aphorismes sur l'amitié », in *Mélanges de philosophie, de morale et de littérature* (Paris : Garnier, 1822), tome I, pp. 84-86.

arrivera plus tard de ressonger à son ami et d'en parler, Montaigne redeviendra ce qu'il était en ces années où il le connut et où ils s'unirent. L'image de La Boëtie demeura jusqu'à la fin dans sa vie et s'y maintint debout comme la colonne isolée d'un temple, – d'un temple resté inachevé et qui n'a jamais été construit. Toutes les fois, du moins, qu'on parlera des nobles vies interrompues au sommet de la jeunesse et à la fleur de la maturité, de ces hommes supérieurs morts jeunes et déjà formés tout entiers, grâce au généreux témoignage de Montaigne, le nom de son ami se présentera, et au-dessous de Pascal, sur un marbre à part, on inscrira Vauvenargues et La Boëtie[50].

APPENDICE
sur les œuvres poétiques françaises de La Boétie[51]

Sainte-Beuve ne parle pas dans cet article sur La Boétie des œuvres poétiques françaises de celui-ci; mais il en a parlé à plusieurs autres endroits. D'abord dans les annotations portées sur son exemplaire personnel des Essais, *où il cite les sonnets X («Je vois bien ma Dordogne») et XI («Toi qui oys mes soupirs»*[52]*; ensuite, dans un article du 4 décembre 1854 sur William Cooper, pour signaler que Montaigne donne la préférence, parmi les sonnets de La Boétie, à «ceux qui sont faits pour la maîtresse» sur «ceux qui sont faits pour la femme mariée et qui sentent déjà* je ne sais quelle froideur maritale» *(I, 29, 196a)*[53]; *enfin, plus longuement, dans l'article du 23 février 1868 sur les* «Œuvres *de Louise Labé, la belle Cordière» et dont nous reproduisons ci-dessous le passage sur les sonnets*[54].

*
* *

Louise [Labé] poète a beau faire, elle se ressent un peu de son maître lyonnais, Maurice Scève, le plus obscur et le plus âpre des doctes rimeurs du temps.

---

[50] Sur ce rapprochement élaboré, voir *supra*, notes 17 p. 156, et 32 p. 162. Dans ses *Dialogues des morts*, Vauvenargues fait dialoguer Montaigne et un ami – mais il choisit Charron et non La Boétie. *Œuvres complètes*, éd. H. Bonnier (Paris: Hachette, 1968), tome II, pp. 374-6.

[51] Nous reprenons ici *Allem*, p. 348, note 208, en apportant les corrections appropriées.

[52] Voir pp. 57-58, *supra*.

[53] *CL* XI, p. 186.

[54] *NL* IV, pp. 308-9.

Il en était ainsi d'Étienne de La Boétie, à sa manière, et les sonnets de Louise [Labé] me remettent directement en mémoire le meilleur de ceux que Montaigne nous a transmis et conservés de son ami, au nombre de vingt-neuf. La Boétie, dans sa première et sa plus verte jeunesse, tout échauffé d'une belle et noble ardeur, et voulant avertir celui qui le lira qu'il n'emprunte à personne, ni à Pétrarque, ni à Properce ni à d'autres, l'expression de ses soupirs, s'écriait de la sorte, avec plus de vigueur et d'âme que d'harmonie :

> Toi qui oys mes soupirs ne me sois rigoureux
> Si mes larmes à part toutes miennes je verse,
> Si mon amour ne suit en sa douleur diverse
> Du Florentin transi les regrets langoureux,
>
> Ni de Catulle aussi, le folâtre amoureux
> Qui le cœur de sa dame en chatouillant lui perce,
> Ni le savant amour du mi-grégeois[55] Properce :
> *Ils n'aiment pas pour moi, je n'aime pas pour eux.*
>
> Qui pourra sur autrui ses douleurs limiter,
> Celui pourra d'autrui les plaintes imiter ;
> *Chacun sent son tourment et sait ce qu'il endure*;
>
> Chacun parle d'amour ainsi qu'il l'entendit.
> *Je dis ce que mon cœur, ce que mon mal me dit.*
> Que celui aime peu qui aime à la mesure ![56]

J'ai souligné exprès trois vers très-beaux. Ce sonnet de La Boétie est digne d'être mis à côté des deux ou trois sonnets de Louise Labé, pour la dureté des sons et aussi pour la flamme. Mais, bon Dieu ? que la prose de La Boétie est elle-même plus coulante que ses meilleurs vers !

---

[55] «*Mi-grégeois*, c'est-à-dire à demi grec. » (note de S-B)

[56] Cité dans notre Introduction et dans « Montaigne annoté par S-B », *supra*, pp. 38-39 et 58.

PIERRE CHARRON : LE DISCIPLE DE MONTAIGNE

I[1]

Montaigne se présente volontiers à nous, donnant la main à son ami Étienne de La Boétie, suivi de sa fille d'alliance mademoiselle de Gournay, et accompagné de son second et disciple [Pierre] Charron [1541-1603]. On s'est, depuis quelque temps, fort occupé des autres, mais on a négligé ce dernier ; on ne le lit plus du tout, lui qui a été si lu dans les premières années du dix-septième siècle, et qui était même estimé alors par de bons esprits (médiocres juges en cela) égal ou supérieur à Montaigne. C'était l'opinion de Gabriel Naudé[2]. Au commencement du dix-huitième siècle, Bolingbroke, écrivant à l'abbé Alary et lui citant un passage de Charron qu'il trouvait admirable, disait encore : « Charron, qui avait autant d'esprit et plus de sens que son compatriote Montaigne. »[3] Je voudrais, en parlant aujourd'hui de Charron, bien établir le caractère de son mérite et son exact rapport avec Montaigne. Le jugement que j'aurai à donner ne sera pas nouveau, mais il n'a pas été mis suffisamment en lumière jusqu'ici, et ce qui a été dit de vrai sur un ou deux points essentiels est demeuré trop épars et sans assez de développement.

Pierre Charron (ou le Charron) dont l'ouvrage le plus connu, le livre *De la Sagesse*, ne parut qu'en 1601, naquit en plein seizième siècle, en 1541, à Paris, d'un père libraire, qui n'eut pas moins de vingt-cinq

---

[1] Article, simplement intitulé « CHARRON » et daté du lundi 25 décembre 1854, paru dans *Le Moniteur universel* et recueilli dans les *Causeries du Lundi* (*CL* XI, pp. 236-253).

[2] Sur Gabriel Naudé, voir *Portraits littéraires*, éd. G. Antoine (Paris : Laffont, 1993), II, 1er décembre 1843, pp. 665-696. Cf. « Montaigne à Port-Royal, » p. 123, note 124 et p. 131, note 157, *supra*.

[3] Henry St. John, Lord Viscount Bolingbroke (1678-1751), Lettre du 7 juillet 1719. *Lettres historiques, politiques, philosophiques et particulières* (Paris : 1808), tome III, pp. 33-34. Le passage de Charron se trouve dans le traité *De la Sagesse*, éd. Amaury & Duval (Paris, 1824 ; Genève : Slatkine Reprints, 1968), livre I, chapitre vii, tome I, pp. 41-43.

enfants. Né et nourri au milieu des livres, élevé dans le quartier latin, il témoigna de bonne heure des dispositions excellentes que ses parents mirent à profit. Il apprit tout ce qu'on apprenait à l'Université au seizième siècle, et alla ensuite étudier le droit à Orléans et à Bourges. Il se fit recevoir avocat, et fréquenta quelque temps le Palais ; mais prévoyant trop d'obstacle et d'ennui dans la pratique, par la dépendance où se trouvaient les avocats vis-à-vis des procureurs, il se tourna du côté de l'Église, et muni comme il était de toute sorte de doctrine, doué d'une faconde naturelle, et d'une parole abondante et démonstrative, il devint prêtre et prédicateur. Il réussit dans cet enseignement de la chaire : ce fut particulièrement sa condition. Les curés de Paris l'employèrent d'abord à l'envi dans leurs paroisses, et plus tard des évêques se le disputèrent et le voulurent avoir pour théologal dans leurs diocèses. Il semble qu'il y ait loin de là à être le disciple, et, comme on l'a dit, le secrétaire de Montaigne. Charron ne le fut pas dans sa jeunesse. Ayant quitté Paris après ses premiers succès dans la chaire, il fut attaché successivement par ses fonctions à diverses églises du Midi, et ne resta pas moins de dix-sept ou dix-huit ans sans revenir dans la capitale ; toutefois, après une si longue absence, il avait dessein d'y revenir, mais pour s'y ensevelir dans la retraite : il avait fait vœu de se faire Chartreux, et ce n'était point une ferveur de jeune homme, puisqu'alors Charron n'avait pas moins de quarante-sept à quarante-huit ans. A cette date de 1588 où la Ligue faisait sa levée de boucliers, et où les dissensions religieuses et civiles recommençaient avec fureur, Charron cherchait-il simplement un abri, un lieu d'isolement et d'asile, même au prix de sa liberté extérieure, et en l'achetant par des austérités rigoureuses ? Il a écrit dans son livre de *la Sagesse*, en distinguant chez les hommes les divers genres de vie, soit tout à fait privée et intérieure, soit de famille, soit publique, que « de ces trois vies, interne, domestique, publique, qui n'en a qu'une à mener, comme les ermites, a bien meilleur marché de conduire et ordonner sa vie, que celui qui en a deux ; et celui qui n'en a que deux, est de plus aisée condition, que celui qui a toutes les trois. »[4] Serait-ce dans ce sens tout philosophique qu'il voulait devenir ermite ou religieux ? Et pourtant, ayant été refusé pour son âge, qui le rendait impropre aux austérités, par le prieur de la Chartreuse de Paris d'abord, comme aussi par le provincial des Célestins vers qui ensuite il se tourna, on le voit plein d'inquiétude et de scrupule jusqu'à ce que des docteurs autorisés l'aient

[4] « Distinction et comparaison des trois sortes de degrés de vie », *De la Sagesse*, livre I, chapitre 55, *éd. cit.*, tome I, p. 406. Tomaison et pagination figureront désormais entre parenthèses dans le texte.

rassuré et lui aient dit qu'il pouvait, en conscience, se regarder comme relevé de son vœu. En cette même année 1588, si enflammée pour tous, et où il paraît qu'il avait lui-même sa fièvre et ses ardeurs, il fut près d'entrer dans la Ligue[5], comme il en convint quelques mois après, en écrivant à un docteur de Sorbonne de ses amis :

> Un temps a été, disait-il, que je marchandais d'être de la Ligue et y ai mis un pied dedans : car, en vérité je n'en fus jamais du tout, ni résolûment ; voire leurs actions m'ont outrément offensé. Ce qui m'y avait poussé était principalement le fait de Blois (l'assassinat du duc et du cardinal de Guise) qui m'a fort affligé, non pour autre raison que pour le défaut que je trouvais en la manière et procédure de l'exécution. Or ce grand bouillon de colère et indignation étant aucunement refroidi, et là-dessus ayant ouï parler des gens de toute sorte, consultant à part moi souvent de ce qu'en conscience il en faut tenir et croire, enfin je me suis aperçu bien changé...[6]

Il est à remarquer que la date de cette lettre, qui est d'avril 1589, coïncide avec les premiers temps de la connaissance que fit Charron de Montaigne[7] : je n'irai pas jusqu'à conjecturer que, dès les premiers entretiens, Montaigne fut pour quelque chose dans ce changement de Charron. Il serait singulier que cette ardeur de retraite qui le poussait vers les Chartreux se fût, à un an seulement de distance, retournée en ferveur d'admiration et d'enthousiasme pour l'auteur des *Essais* : c'est ce qui semblerait cependant ressortir des faits. L'intérieur de cette vie nous échappe, et nous ne voyons que les résultats. Ce qui est certain, c'est qu'en 1589, après avoir prêché le carême à Angers, et un carême très-vif[8], Charron retourna à Bordeaux, « où, dit-on, il prit connaissance et vécut fort familièrement,

---

[5] La *Ligue* ou la *Sainte Ligue*, confédération catholique extrémiste, fondée en 1576 contre le calvinisme.

[6] « Lettre écrite à un docteur de Sorbonne en avril 1589, » publiée la suite du traité *De la Sagesse* (tome III, p. 35).

[7] « M. Grün, dans la *Vie publique de Montaigne* [(Paris : D'Amyot, 1855) – voir *NL* II, p. 159, note], pages 373, 374, veut que leur connaissance ait commencé plus tôt qu'on ne l'admet communément ; il en allègue pour preuve un *ex dono* d'ouvrage, qui porte la date de juillet 1586. A la bonne heure, si cet *ex dono* est authentique ! Mais en ce cas Charron n'aurait guère profité du commerce de son sage ami, puisqu'il était resté jusqu'en 1589 un prédicateur plein de passion. » (note de S-B)

[8] « Dans l'ouvrage intitulé : *La Réforme et la Ligue en Anjou*, par M. Ernest Mourin (1856), on lit page 218 (aux années 1588-1589) des extraits du Journal de Louvet, sergent-royal au Présidial d'Angers. Louvet (an 1588, octobre ; an 1589, février), admire surtout M. Charron, prêtre séculier, docteur en théologie, venu de la ville de Bordeaux, 'qui faisait des sermons pleins de grant doctrine et duquel les doctes disaient ledict sieur

avec mes sire Michel de Montaigne, chevalier de l'Ordre du roi, auteur du livre intitulé les *Essais*, duquel il faisait un merveilleux cas; et le sieur de Montaigne l'aimait d'une affection réciproque, et avant de mourir (ce qui eut lieu trois ans après), par son testament il lui permit de porter après son décès les pleines armes de sa noble famille, parce qu'il ne laissait aucun enfant mâle.»[9] Charron ne s'en tint pas aux armes de noblesse, il prit la devise morale de son maître et de son ami; et dans la maison qu'il fit bâtir à Condom, l'an 1600, il fit graver ces mots: *Je ne sais*[10].

Montaigne disait: *Que sais je?* (III, 12, 527b) Dans la simple différence de ce petit mot on entrevoit assez bien, a remarqué M. Nisard, la différence qu'il y a entre les deux écrivains, l'un plus léger et jouant avec sa propre doctrine, l'autre affirmatif et méthodique jusque dans le doute, et de plus y mettant l'affiche.

En attendant, Charron continuait son office de théologal et d'homme d'Église et combattait avec sincérité les Protestants: il composait à Bordeaux, pendant ces années de troubles, et il publiait en 1594 son livre intitulé *Les trois vérités*[11]. C'était une réponse un peu tardive à un

---

Charron être le plus grant prédicateur de France.' Et quelques pages après (p. 241): 'A Angers comme à Paris, dit M. Mourin, la chaire était devenue une tribune: les orateurs attisaient sans cesse les haines des masses. Charron, l'éloquent missionnaire de la Ligue, et un moine augustin, nommé Racineux, dirigèrent les premières attaques contre Henri IV et ses adhérents. Dans tous leurs sermons, on les entendait parler contre les huguenots, et reprendre ceux qui les maintenaient et supportaient: *Que c'étaient faux catholiques, et qu'il ne fallait obéir à un roi hérétique et qui était chef des huguenots, qui serait cause de la perdition de la religion catholique, apostolique et romaine au royaume de France, et que les huguenots abattraient toutes les églises* (Louvet, 1589, août).' Louvet ajoute que les huguenots se plaignirent au gouverneur: et sous ce nom de *huguenots*, l'écrivain ligueur comprend tous les royalistes qui blâmaient ces prédications incendiaires. Rochepot (le gouverneur) imposa silence à Racineux et à Charron '*sous peine de pugnition corporelle*; mais pour deux énergumènes dont on fermait la bouche, observe M. Mourin, il s'en levait bientôt vingt autres prêts à continuer leur œuvre avec la même violence et le même succès.' Charron un *énergumène*! Cela, malgré tout, m'étonne, et nonobstant le Journal de Louvet et l'adoption qu'en fait M. Mourin, j'aurais besoin, en ce qui le concerne, de quelques explications plus satisfaisantes: je suis sûr qu'il y en avait. – M. Poirson, discutant le témoignage de Louvet, a également exprimé des doutes. (Voir *Revue des Sociétés savantes des départements*, 1859; deuxième série, tome 1, page 568). (note de S-B)

9 Gabriel Michel de la Rochemaillet, «Éloge véritable ou Sommaire discours de la vie de Pierre Charron, » in *Toutes les œuvres de P. Charron* (Paris: J. Villery, 1635; Genève: Slatkine Reprints, 1970), tome I, pp. 2-3.

10 «Universelle et pleine liberté de l'esprit, tant en jugement qu'en volonté.» *Sagesse*, livre II, chapitre 2, tome II, p. 50.

11 *Les trois veritez contre les athées, idolatres, juifs, mahumetans, heretiques & schismatiques* (Bordeaux: S. Millanges, 1593 – et non 1594).

livre (le *Traité de l'Église*) que Du Plessis-Mornay avait publié en 1578, et qu'il avait dédié à Henri IV, alors simple roi de Navarre et défenseur du parti calviniste. Au moment de la conversion de Henri IV, Charron pensa qu'il était bon et opportun de publier une réfutation de cet ancien Traité, et qui fût en même temps une exhortation claire et démonstrative, une sorte de manifeste résumant le vœu de tous les bons Français et leur désir de voir les principaux compagnons du roi de Navarre imiter l'exemple de leur roi. Ces trois Vérités qu'il veut établir sont : 1° qu'il y a un Dieu ; 2° que de toutes les religions la Chrétienne est la seule vraie ; 3° qu'entre les diverses créances ou communions dites chrétiennes, la Catholique romaine est la seule véritable. Il traite brièvement des deux premiers points et réserve tous ses développements pour la troisième Vérité qu'il dédie expressément à Henri IV ; et dans cette Dédicace il exprime particulièrement sa joie comme Parisien « pour cette tant douce et gracieuse, et en toutes façons tant miraculeuse réduction de cette grande ville du monde à l'obéissance de son vrai et naturel roi, à son devoir et à son repos. »[12]

C'était l'heure de la *Satyre Ménippée*, cette œuvre parisienne aussi et si décisive pour le triomphe de la bonne cause[13]. Charron à sa manière, et sous sa forme grave, servait la même cause, celle de la restauration royale et de l'autorité rétablie.

Ce livre de controverse par un catholique royaliste eut du succès : l'évêque de Cahors, entre autres, messire Antoine d'Ebrard de Saint-Sulpice, sur la seule lecture de la première édition, voulut en rapprocher de lui et en posséder l'auteur ; il n'eut point de cesse qu'il n'eût établi Charron dans sa maison épiscopale avec charge et fonction de prêcher en son église les dimanches et fêtes. C'est tout en vaquant à cette charge publique de prédication que l'auteur trouva le temps de répondre, dans une seconde édition (1595), aux critiques que les Protestants avaient faites de son livre. Nous n'avons pas à entrer ici dans les détails de cette polémique ; il nous suffira de marquer en traits généraux les caractères de la controverse et du Christianisme de Charron.

Quelques-uns de ces caractères ne laissent pas d'étonner au premier abord : en effet Charron s'y montre plus sceptique dans l'exposé de certaines vérités naturelles qu'on ne s'y attendrait d'après son rôle public

---

[12] *Toutes les œuvres de P. Charron, éd. cit.*, tome II, « La verité troisieme », Dédicace « Au Roy, » p. 119.

[13] Sur la *Satire Ménippée* voir l'article du 1er mai 1846 sur Charles Labitte, *Portraits littéraires* (Paris : Garnier, 1862-4), tome III, pp. 380-7. S-B y résume le débat entre Charles Labitte et Auguste Bernard. Cf. éd. G. Antoine (Paris : Laffont, 1993), pp. 962-8.

de théologien, et il nous est possible, sans trop de difficulté, de retrouver le lien qui unit ses ouvrages de religion et d'apologétique à celui qu'il composera bientôt à un point de vue tout philosophique, comme disciple de Montaigne, et sous le titre humain *De la Sagesse*.

Bayle a déjà remarqué, en s'en réjouissant et en s'en emparant dans un sens quelque peu équivoque, que Charron n'affaiblit jamais et n'énerve point les objections qu'il expose, et il a l'air de croire que ce n'est pas sans dessein que les réponses ne sont pas toujours aussi fortes chez lui que les objections mêmes. C'est ainsi que dans la démonstration de la première Vérité, qui est l'existence de Dieu, avec les attributs principaux qui en achèvent l'idée, Charron, au lieu de s'appuyer sur le sens commun, sur le sentiment général humain si d'accord avec cette croyance, insiste bien plutôt d'abord sur les difficultés et les impossibilités de concevoir dans sa grandeur propre cette idée infinie; il dit avant Pascal, et en termes encore plus formels, qu'il y a une sorte de négation absolue non-seulement du Dieu-Providence, mais de la Cause première, qui ne se peut loger «que dans une âme extrêmement forte et hardie»; il est vrai qu'il ajoute aussitôt: en une âme «forcenée et maniaque.»[14] Laissons ces discussions sujettes à piège, et exposons dans son ensemble le sens désormais évident et la direction incontestable, tant de la théologie que de la philosophie de Charron. Pascal, si bien connu aujourd'hui, nous servira au besoin de lumière pour le bien comprendre et l'éclairer.

Même lorsqu'il traite des dogmes et qu'il se livre à un enseignement théologique, ainsi qu'il l'a fait dans son traité des *Trois Vérités* (1594), et dans ses *Discours chrétiens* (1600), Charron est sceptique de méthode, c'est-à-dire qu'il insiste avec un certain plaisir et une assez grande force de logique sur les preuves de la faiblesse et de l'incapacité humaine: douter, balancer, surseoir[15], tant qu'on n'a pas reçu de lumières suffisantes, est l'état favori qu'il propose à quiconque veut devenir sage; et néanmoins son avis se distingue, à ce qu'il prétend, de celui des purs Pyrrhoniens, «bien qu'il en ait l'air et l'odeur, » en ce qu'il admet qu'on se soumette en attendant et que l'on consente à ce qui paraît meilleur et plus vraisemblable. Loin que cet apparent pyrrhonisme soit contraire à la religion et à la piété, c'est, selon lui, la chose qui y peut le plus aider et servir, comme faisant place nette au dedans et

---

[14] *Les Trois Vérités*, livre I, chapitre 3: «Des Athées & irreligieux» in *Toutes les œuvres...*, tome II, p. 5.

[15] «Peser, balancer...» *Sagesse*, livre II, chapitre 2, p. 32; On trouve la notion de *surseoir* dans la phrase: «cette surseance du jugement nous met à l'abry...» *Ibid.* , p. 26.

rendant la maison vide pour y recevoir un hôte nouveau. Il le dit quelque part très-ingénieusement (j'y rajeunis à peine quelques mots)[16]:

> Il semble que pour planter et installer le Christianisme en un peuple mécréant et infidèle comme maintenant est la Chine, ce serait une très-belle méthode de commencer par ces propositions et persuasions : Que tout le savoir du monde n'est que vanité et mensonge ; – Que le monde est tout confit, déchiré et vilain d'opinions fantasques, forgées en son propre cerveau ; – Que Dieu a bien créé l'homme pour connaître la vérité, mais qu'il ne la peut connaître de soi, ni par aucun moyen humain, et qu'il faut que Dieu même, au sein duquel elle réside, et qui en a fait venir l'envie à l'homme, la révèle comme il a fait, etc., etc. Ayant bien battu et gagné ce point et rendu les hommes comme Académiciens et Pyrrhoniens, il faut proposer les principes du Christianisme comme envoyés du Ciel et apportés par l'Ambassadeur et parfait confident de la Divinité, autorisé et confirmé en son temps par tant de preuves merveilleuses et témoignages très-authentiques. Ainsi cette innocente et blanche surséance et libre ouverture à tout est un grand préparatoire à la vraie piété, et à la recevoir comme je viens de dire, et à la conserver: car avec elle il n'y aura jamais d'hérésies et d'opinions triées, particulières, extravagantes ; jamais Pyrrhonien ni Académicien ne sera hérétique ; ce sont choses opposites... (Livre II, chapitre 2, tome II, pp. 54-5)

On ne saurait voir plus à nu toute la méthode de Charron et de son école ; et quant à l'objection qui se présente et qu'il se faisait lui-même, qu'il reste toujours à savoir si un tel homme ainsi façonné et rompu à l'habitude sceptique, et garanti, il est vrai, des hérésies et nouveautés, sera jamais chrétien au fond et orthodoxe, Charron s'en remet pour cela à l'action directe et divine, sans trop s'expliquer. Ici il est faible, et c'est en le comparant avec Pascal que ce côté faible, et ce qui lui manque, va surtout éclater.

Ce qui lui manque, c'est ce qui fait l'âme et l'honneur, je ne dirai pas de la méthode (elle peut paraître hasardeuse), mais de la doctrine et du génie de Pascal, ce qui en fait la puissance et l'attrait : c'est le désir et le tourment, c'est le cœur. Chez Charron, on voit trop l'arrangement et l'art, et une sorte d'insouciance d'arriver. Après tout, assez peu lui importe qu'on atteigne à cette croyance vive qui est la source unique de la vérité et du bonheur, selon Pascal et les vrais croyants. À le bien écouter, même en ses Homélies, il semble qu'il ait toujours par-devers lui et

---

[16] Dans la citation qui suit, S-B remplace « Chrétienté » par « Christianisme, » supprime une phrase [etc., etc.], remplace « voylà comme » par « ainsi », et « candide » par « blanche, » et ajoute des pronoms et des conjonctions.

en secret un autre refuge et comme une place de sûreté dans un certain système de sagesse philosophique. Charron fait consciencieusement son devoir comme controversiste, comme prédicateur; il amasse ses preuves, il fait servir sa philosophie comme une espèce de machine ou de tour pour battre en brèche la place ennemie; puis, quand il estime que la brèche est suffisante, il ordonne et fait avancer ses preuves directes; mais tout cela sans feu, sans flamme; on sent toujours l'homme qui a dit: «Au reste, il faut bien savoir distinguer et séparer nous-mêmes d'avec nos charges publiques: un chacun de nous joue deux rôles et deux personnages, l'un étranger et apparent, l'autre propre et essentiel. Il faut discerner la peau de la chemise[17]: l'habile homme fera bien sa charge... ; il l'exercera, car elle est en usage en son pays, elle est utile au public, et peut-être à soi; le monde vit ainsi, il ne faut rien gâter...» (Livre III, chapitre 2; tome II, p. 72). Voilà ce qu'on sent trop dans Charron, ce que les contemporains y voyaient peut-être moins distinctement que nous, et ce que son livre *De la Sagesse* nous a appris à discerner en lui. Il a le malheur, pour un chrétien et pour un homme né depuis l'Évangile, de croire à des étages différents d'esprits, à des séparations presque absolues entre le vulgaire ou le commun des hommes pour lequel il n'a que du mépris et du dédain, les esprits moyens et médiocres qui flottent un peu au-dessus sans pouvoir assez s'en détacher, et les sages qui jouissent de la douceur suprême dans un inviolable et inaccessible retranchement. Par *vulgaire*, il n'entend pas le peuple proprement dit, «mais les esprits populaires, de quelque robe, profession et condition qu'ils soient, » gens opiniâtres à ce qu'ils ont une fois pris à cœur, et qu'il y a péril à venir heurter dans leurs préjugés établis: «dont il a semblé à plusieurs, dit-il, qu'il n'y faut aucunement toucher, mais laisser le moutier où il est, laisser rouler le monde comme il a accoutumé, et se contenter d'en penser ce qui en est; et que ce n'est raison que les sages se mettent en peine pour les fols opiniâtres[18]. Cette opinion, ajoute-t-il cependant, me semble trop rude et éloignée de charité, et il y a comme en toute chose une médiocrité plus douce, qui est de ne forcer ni presser[19], mais tout simplement montrer et proposer le meilleur; car il y a toujours en ce grand nombre quelques-uns capables et disposés à

[17] «C'est du Montaigne ['Nous ne sçavons pas distinguer la peau de la chemise' (III, 10, 1011b)]. Dans une bonne édition de Charron, à chaque passage un peu vif, à chaque expression pittoresque, il devrait y avoir une note indiquant l'endroit de Montaigne d'où c'est pris. Mais refera-t-on jamais une édition de Charron ?» (note de S-B)

[18] Ici S-B saute une citation latine.

[19] *Idem*: le *compelle intrare* (forcez-les à entrer) de l'Évangile (Luc 14, 23).

suivre en le leur montrant seulement au doigt.»[20] Mais quoique Charron, dans son bon esprit, se fasse cette objection conforme à la charité, et qu'il y obtempère en quelque mesure, comme on sent bien que le raisonneur en prend ici à son aise ! qu'on est loin de Pascal ! comme il y a plus de charité véritable et de tendresse dans la parole impérieuse en apparence et despotique de celui-ci ! Pascal n'a point un double rôle ; ce n'est point M. le théologal d'un côté, et le disciple de Sénèque ou de Montaigne de l'autre : en lui l'apologiste et l'homme ne font qu'un ; il y est tout entier, corps et âme. Dans ce drame que nous dévoilent ses *Pensées*, l'acteur est le même que le héros, et l'un et l'autre ne sont que l'homme souffrant, cherchant, désirant, et, quand il a trouvé, criant aux autres : *Suivez-moi* ! C'est le naufragé qui, réchappé à peine, veut sauver ses compagnons de naufrage ; car lui, il n'a pas sa porte de derrière comme Charron, son belvéder philosophique, son rocher du sage. Pascal n'a rien de ces arrière-fonds de pensée ; il sait bien qu'il se noie, s'il n'embrasse cette voie unique de salut ; et c'est pourquoi il se jette à corps perdu dans la recherche, y associant tous les hommes ses frères. Tel est, le talent y aidant, le secret pour nous de sa puissance, de sa haute et religieuse beauté.

Et comment voulez-vous que Charron, dans sa controverse chrétienne et dans les Discours religieux qu'on a de lui, ait touché au vif la fibre humaine, lorsqu'au fond il a en tel mépris ceux qu'il appelle dogmatistes et qui affirment, c'est-à-dire qui n'osent se maintenir dans cet état de balance parfaite où il place le bonheur et la sagesse ? Il faut l'entendre parler, quand il est chez lui et non plus dans la chaire, de ceux « à qui, par crainte et faiblesse, le cœur fait mal, étant sur une haute tour et regardant en bas. Peu de gens, remarque-t-il, ont la force et le courage de se tenir droits sur leurs pieds, il faut qu'ils s'appuient ; ils ne peuvent vivre s'ils ne sont mariés et attachés ; n'osent demeurer seuls de peur des lutins ; craignent que le loup les mange : gens nés à la servitude !»[21] Mais c'est Tibère (il le sait bien) qui a prononcé ce mot peu *pitoyable (O homines ad servitutem nati!)*[22], que Charron ne craint pas de mettre dans la bouche du sage. Il y a quelque égoïsme et bien de la superbe dans ce portrait si méprisant du monde, mis en regard de cette sorte d'insensibilité mi-sceptique et mi-stoïque qu'il caresse et qui est son idéal secret.

Un noble esprit de notre temps (M. Joubert) a dit, pour donner à entendre ce qu'il y a de divin dans le Christianisme : « On ne peut ni par-

---

[20] « Epistre » placée à la suite de la *Sagesse*, tome III, p. 360-1.

[21] Texte adapté par S-B. Cf. *Sagesse*, Livre II, chapitre 2 ; tome II, p. 52.

[22] Charron vient de traduire cette formule inspirée de la *Servitude volontaire* de La Boétie : « gens nés à la servitude. »

ler contre le Christianisme sans colère, ni parler de lui sans amour.»[23] C'est cet amour qu'on ne rencontre point dans les écrits religieux de Charron.

Je n'irai pas pourtant jusqu'à en conclure qu'il n'y avait point une part de Christianisme sincère en lui, même depuis qu'il eut connu Montaigne, et une part de Christianisme plus grande et plus profonde qu'il ne le soupçonnait lui-même en certains moments où il s'entêtait en artiste de son idée de sagesse. Qu'on veuille bien se reporter au temps: des membres du Parlement comme les Harlay, plus tard les Molé, les Lamoignon, étaient de bons et fidèles sujets, et à la fois ils étaient ou ils se croyaient un peu Romains; il y en avait qui étaient *Pompeiens*, c'est-à-dire pour Pompée et le parti de la république contre César, ce qui ne les empêchait pas d'être en réalité de bons royalistes; de même jusqu'à un certain point alors, quand on était homme d'étude et de cabinet, on était stoïcien ou sceptique en philosophie, on était partisan de Sénèque ou d'Épictète ou de Cicéron (selon son goût et son humeur), et l'on était cependant chrétien dans la pratique et l'habitude, dans le cœur même un peu. Le premier mouvement de Charron, frappé d'apoplexie foudroyante dans une rue de Paris où il tomba et où il mourut, fut de se jeter à genoux pour prier Dieu.

Ainsi donc, à les prendre pour ce qu'ils sont, les ouvrages de controverse et de théologie de Charron, antérieurs à sa *Sagesse*, et qui ne sont pas si en contradiction avec elle qu'ils le paraissent, purent obtenir dans leur temps un succès assez remarquable, et ils avaient leur à-propos. Ils venaient dans les premières années du règne de Henri IV pour rattacher à la religion de l'État et à celle du prince nombre d'esprits raisonneurs, sérieux, assez philosophiques, et surtout politiques. Au sortir des disputes et des guerres religieuses, Charron avait mille choses justes à dire, et dont la convenance était sentie par tous les hommes de bonne foi qu'un zèle extrême ne passionnait pas pour le parti contraire. Il ne niait point qu'il n'y eût certaines réformes possibles à apporter dans l'Église, mais il demandait que ces réformes fussent faites par qui de droit, et il observait judicieusement que, pour y aider, la première condition était de demeurer dans le giron et de n'en point sortir. Tout ce qu'il dit contre l'esprit d'opiniâtreté et de nouveauté qui fait les sectes est encore excellent à lire[24]; il disait, par exemple:

---

[23] Joseph Joubert, *Pensées* (Paris: Librairie académique Perrin, 1883-5), I, xx, p. 23.

[24] Le troisième livre des *Trois Vérités* est dirigé contre les sectes (hérétiques et schismatiques).

> Je voudrais que tous ces remueurs de ménage et troubleurs de l'ancienne religion, qui se disent chrétiens et tenir leur religion du Ciel, considérassent bien ce que dit Plutarque de la religion de son temps, vaine et humaine : Ceux, dit-il, qui mettent en doute les opinions de la religion me semblent toucher une grande, hardie et dangereuse question ; car l'ancienne et continuelle foi et créance qui nous est témoignée par nos ancêtres nous devrait suffire, étant cette tradition le fondement et base de toute religion ; et si la fermeté de la créance venue de main en main vient à être ébranlée ou remuée en un seul point, elle devient suspecte et douteuse en tous les autres. – Voilà ce qu'un Païen très-sage a dit très-sagement...[25]

Ces raisons, en partie morales, en partie politiques, et dont les adversaires ne laissaient pas dans leurs Réponses et réfutations d'indiquer le point faible[26], étaient pourtant bien reçues au lendemain des révolutions et quand un souffle plus doux circulait déjà ; elles aidaient auprès de beaucoup d'esprits à l'œuvre d'apaisement et de pacification, qui était celle de Henri IV.

Charron était âgé de soixante ans et avait titre *théologal et chantre* dans l'église cathédrale de Condom, lorsqu'il publia à Bordeaux, en 1601, son célèbre ouvrage intitulé *de la Sagesse*, qui n'est guère qu'une rédaction plus méthodique et une ordonnance régulière de tout ce qu'on trouve dans les *Essais* de Montaigne. Les trois livres dont se compose l'ouvrage roulent : 1° sur l'homme, sa misère, ses faiblesses, ses passions ; sur la vie humaine, ses fluctuations et sa brièveté ; sur les différents états, conditions et genres de vie qui distinguent les hommes ; 2° sur la manière de s'affranchir des erreurs, de l'opinion ou des passions ; 3° enfin, sur les quatre vertus de prudence, justice, force et tempérance. Qui prendrait la peine de lire plume en main Montaigne et d'y relever tout ce qui est dit sur les divers sujets et titres qui se rencontrent dans *la Sagesse* de Charron, trouverait non-seulement le fond et la substance de ses pensées, mais encore la forme même et le détail de son expression. Seulement, Charron abrége, coordonne et enchaîne[27]. Il ne

---

[25] « Verité troisiesme » in *Les Trois Vérités. Toutes les œuvres... éd. cit.* , tome II, p. 555.

[26] « Le point faible, c'est qu'avec cette manière de raisonner, le monde serait resté éternellement Païen. » (note de S-B)

[27] S-B tenait déjà des propos semblables dans son article du 28 avril 1851 sur Montaigne (« Nouveaux documents sur Montaigne », *supra*, p. 136). Dans son article sur Grimm du 10 janvier 1853 il écrivait : « En conservant la candeur et l'ingénuité du premier âge, Montaigne en a conservé les droits et la liberté... » Mais « lorsque Charron, l'ami et le disciple de Montaigne, et qui fut, en quelque sorte, son ordonnateur, voulut

s'en est pas tenu à Montaigne[28]: en ce qui est des passions et affections particulièrement, il avertit qu'il n'a vu personne «qui les dépeigne plus naïvement et richement que le sieur Du Vair en ses petits livrets Moraux» (*Sagesse*, livre I, «Advertissement du chapitre 19; tome I, p. 146)[29]. Il reconnaît donc qu'il s'en est fort servi. Un écrivain moderne, M. Sapey, dans un *Essai sur la Vie et les Ouvrages de Guillaume Du Vair*, publié en 1847, a relevé ces imitations ou plutôt ces copies qu'a faites Charron de certaines pages de Du Vair, et pour qu'on en pût mieux juger, il a rangé les unes et les autres sur deux colonnes parallèles, par exemple:

DU VAIR.

Philosophie morale des Stoïques. [1585]

> ... L'espérance, allumant de son doux vent nos fols désirs, embrase en nos esprits un feu plein d'une épaisse fumée, qui nous éblouit l'entendement, et, emportant avec soi nos pensées, les tient pendues entre les nues, nous ôte tout jugement, et nous fait songer en veillant. Tant que nos espérances durent, nous ne voulons point quitter nos désirs, etc.

CHARRON

De la Sagesse (liv. I, chap. 26). [1601]

> Les désirs et cupidités s'échauffent et redoublent par l'espérance, laquelle allume de son doux vent nos fols désirs, embrase en nos esprits un feu d'une épaisse fumée, qui nous éblouit l'entendement, et, emportant avec soi nos pensées, les tient pendues entre les nues, nous fait songer en veillant. Tant que nos espérances durent, nous ne voulons point quitter nos désirs, etc.[30]

On pourrait faire pareil rapprochement de lui à Montaigne dans une quantité de pages; ce que le vieux Sorel avait déjà remarqué, et ce qui a

---

ranger et mettre sérieusement en système les pensées et les réflexions de son maître, on lui fit des difficultés malgré sa prudence et on refusa à la gravité de l'un ce qu'on avait accordé à l'autre pour sa vivacité charmante. » (*CL* VII, pp. 314-5)

[28] Dans un article du 9 juin 1851 sur Madame de Lambert, à qui il reprochait d'avoir copieusement «répété ses devanciers,» S-B écrivait: «Elle ressemble en ceci au vieux moraliste Charron qui se contente de bien exprimer les pensées et de les joindre ensemble, de quelque part qu'elles lui viennent, pourvu qu'il les trouve justes et à son gré.» (*CL* IV, p. 231)

[29] Guillaume Du Vair (1556-1621), moraliste stoïcien et critique du pédantisme de son temps.

[30] Charles-Alexandre Sapey, *Essai sur la vie et les ouvrages de Guillaume Du Vair* (Paris: Joubert, 1847), p. 104. «Il y aurait aussi à voir si Du Vair et Charron, se rencontrant si bien, n'ont pas sous les yeux un même auteur et exemplaire ancien qu'ils traduisent. » (note de S-B)

fait dire à Balzac, je crois, que Charron n'était que le *secrétaire* de Montaigne et de Du Vair. Pour Montaigne, on a encore appelé Charron son ordonnateur judicieux ou son sergent de bataille. Plusieurs s'y sont trompés : Gabriel Naudé[31], plus docte en latin qu'en français, paraît décerner à Charron une préférence qui supposerait en lui ce dont il manque le plus, c'est-à-dire l'originalité. Un jésuite, homme de grand mérite, le Père Buffier[32], qui, dans son *Cours de Sciences*, a consacré tout un chapitre au livre de Charron, a dit : « Il n'est guère d'ouvrage de morale plus rempli que celui-ci, ni qui contienne plus de choses dans un moindre volume. L'auteur a possédé sa matière et *l'a tirée de son propre fonds* (c'est le contraire), y mettant beaucoup de réflexions particulières ; donnant un tour singulier à celles qui sont communes, s'énonçant d'une manière propre à faire penser plus qu'il ne dit, et réveillant l'attention par la vivacité de ses expressions, quelque usées qu'elles commencent d'être... »[33] Mais ce ne sont pas seulement les pensées, ce sont le plus souvent les expressions mêmes de Charron qui sont prises de Montaigne. Ainsi, sur le sujet de la faiblesse et de l'inconstance de l'homme, on lit d'une part dans Montaigne, et de l'autre dans Charron :

MONTAIGNE.

Liv. 1, chap. 1er.

Certes, c'est un sujet merveilleusement vain, divers et ondoyant que l'homme ; il est malaisé d'y fonder jugement constant et uniforme. Voilà Pompeius qui pardonna, etc. , etc. (I, 1, 9a)

CHARRON.

Liv. 1, chap. 40 [et non chap. 5]

L'homme est un sujet merveilleusement divers et ondoyant, sur lequel il est très-malaisé d'y asseoir jugement assuré, jugement, dis-je, universel et entier, etc. , etc. (*Sagesse*, tome I, p. 271)

---

[31] Voir note 2, p. 171, *supra*.

[32] Claude Buffier (1661-1737). Voir Kathleen Sonia Wilkins, *A Study of the Works of Claude Buffier* [« Studies on Voltaire and the Eighteenth Century, » vol. LXVI] (Genève : Institut et Musée Voltaire – Les Délices, 1969).

[33] *Cours des sciences sur des principes nouveaux et simples pour former le langage, l'esprit et le cœur dans l'usage ordinaire de la vie...* Observations sur le livre *De la Sagesse*, de Pierre Charron (Paris : G. Cavelier & P. -F. Giffart, 1732) *in-folio*, colonne 1233. Charron eut une grande influence sur Buffier. Dans ses *Remarques sur Charron*, celui-ci critique pourtant l'auteur de la *Sagesse* à qui il reproche d'avoir séparé la morale de la religion : « Or quel fondement inébranlable pourroit avoir cette probité ? Ou quelle ressource n'auroit pas le crime opposé à la probité, s'il n'y avoit un Dieu vengeur des désordres les plus secrets ? » *Traité de la Société civile* (Paris : P. -F. Giffart, 1726), tome II, p. 154.

Montaigne cite, à l'appui de son dire, l'exemple de Pompée pardonnant à la ville des Mamertins en considération d'un citoyen généreux, et il l'oppose à ce que fit Sylla devant Péruse (ou plutôt Préneste), où il avait un hôte à la considération de qui il n'accorda rien. Or cet exemple de Pompée se trouve précisément, dans Charron, à la page précédente [p. 270], ainsi que divers autres exemples de Scanderbeg (I, 1, 7a), de l'empereur Conrad (I, 1, 8a), d'Alexandre le Grand (I, 1, 9b), etc., lesquels se retrouvent tous chez Montaigne, mais plus développés et à quelque distance les uns des autres[34]. Charron les a seulement rapprochés et condensés à son article de la Présomption. On lit encore :

DANS MONTAIGNE

Liv. II, chap. 12

La plus calamiteuse et fragile de toutes les créatures, c'est l'homme, et quant et quant la plus orgueilleuse : elle se sent et se voit logée ici parmi la bourbe et le fient du monde, attachée et clouée à la pire, plus morte et croupie partie de l'univers, au dernier étage du logis et le plus éloigné de la voûte céleste, avec les animaux de la pire condition des trois (espèces) ; et se va plantant par imagination au-dessus du cercle de la lune, et ramenant le ciel sous ses pieds... (II, 12, 452a)

DANS CHARRON.

Liv. I, chap. 42 [et non chap. 7]

... L'homme croit que le ciel, les étoiles, tout ce grand mouvement céleste et branle du monde, n'est fait que pour lui [...][35] Et le pauvre misérable est bien ridicule. Il est ici-bas logé au dernier et pire étage de ce monde, plus éloigné de la voûte céleste, en la cloaque et sentine de l'univers, avec la bourbe et la lie, avec les animaux de la pire condition [...], [36] et se fait croire qu'il est le maître commandant à tout, que toutes créatures, même ces grands corps lumineux, incorruptibles, desquels il ne peut savoir la moindre vertu, et est contraint tout transi les admirer, ne branlent que pour lui et son service... (*Sagesse*, tome I, p. 306)

Ici Charron combine et resserre deux passages différents ; il écourte Montaigne, mais il ne saurait faire oublier ni supprimer cette admirable interrogation que l'on dirait de Pascal s'adressant des objections à lui-même :

---

34 Il faut ajouter, dans le même chapitre, l'exemple de Denys le tyran (I, 1, 8-9c).

35 Charron saute ici une citation de Sénèque.

36 S-B saute trois lignes qu'il trouve sans doute de mauvais goût (« subject à recevoir tous les excréments et ordures qui lui pleuvent sur la tête ») mais qui, elles, sont caractéristiques de Charron et, plus généralement, du XVIe siècle.

> Qui lui a persuadé que ce branle admirable de la voûte céleste, la lumière éternelle de ces flambeaux roulant si fièrement sur sa tête, les mouvements épouvantables de cette mer infinie, soient établies et se continuent tant de siècles pour sa commodité et pour son service ? Est-il possible de rien imaginer si ridicule que cette misérable et chétive créature, etc. , etc. ? (II, 12, 450a)

De tout ce parallèle qui se pourrait continuer à l'infini, il ne faudrait point conclure à une lutte entre Montaigne et Charron, ni encore moins à une tricherie de ce dernier. Honnête homme, écrivain probe, et pardessus tout admirateur passionné de Montaigne, Charron est aussi loin d'une telle ambition qu'incapable d'un pareil procédé ; il ne vise qu'à mettre les pensées qu'il admire et qu'il accueille dans un plus beau jour et dans un ordre plus exact, pour les répandre et les faire réussir auprès d'un plus grand nombre d'esprits ; il les range mieux pour les faire pénétrer. C'est là son but, et, à quelques égards, ce fut son succès. Ce n'est point de sa part une question d'amour-propre ; il a gardé cela des érudits, que pour lui, en fait de bonnes pensées, *citation* vaut *invention*. Il ne songe pas plus à dérober Montaigne qu'il ne songe à dépouiller tous ces auteurs latins dont les mots et les sentences, en leur langue, nourrissent, soutiennent à chaque instant son discours, et qu'il fait entrer continuellement dans sa trame sans les citer. Cela dit, nous arrivons à l'examen de quelques parties de ce livre qui a de l'exagéré et du systématique, mais qui aussi a eu du bon et de l'utile. Nous aurons à voir en quoi Charron, à son moment, a été un des précepteurs de la raison publique.

II[37]

L'exagération ou, pour parler franc, le faux du livre de Charron est de même nature que dans Montaigne : seulement on en est plus frappé et cela saute plus aux yeux, parce qu'il a dégagé la doctrine de Montaigne de toute la partie badine qui déroute, mais aussi qui amuse ; il a pressé et rapproché les conclusions, les propositions. Or, dans la peinture générale qu'il fait de l'homme, il commence par étaler, sans compensation et sans contre-poids, toutes les causes de misère, d'incertitude et d'erreur ; il humilie l'homme tant qu'il peut, et, à ne considérer même les choses qu'au point de vue purement naturel, il ne tient point compte de cette force sacrée qui est en lui, de cette lumière d'invention qui lui est propre

[37] Article, intitulé « CHARRON (FIN) » et daté du mardi 2 janvier 1855, paru dans *Le Moniteur universel* et recueilli dans les *Causeries du Lundi* (*CL* XI, pp. 254-270).

et qui éclate surtout dans certaines races, de ce coup d'œil royal et conquérant qu'il lui est si aisé, à l'âge des espérances et dans l'essor du génie, de jeter hardiment sur l'univers. Tout cela est-il erreur? tout ce qui s'accorde si bien avec la destinée terrestre et sociale de l'homme ne doit-il pas être considéré bien moins comme une illusion que comme une harmonie? Charron n'entre en rien dans cette intelligence et cette explication vraiment philosophique de l'humanité, qui, pour la mieux comprendre, en suivrait d'abord les directions générales et en reconnaîtrait les vastes courants: il prend l'homme au rebours et dans ses écarts; il l'observe malade, infirme, le voit toujours en faute, dans une sottise continuelle, dans une malveillance presque constante: «La plupart des hommes avec lesquels il nous faut vivre dans le monde, dit-il quelque part, ne prennent plaisir qu'à mal faire, ne mesurent leur puissance que par le dédain et injure d'autrui.»[38] De ce qu'il y a certains cas où les sens se trompent et ont besoin d'être redressés, il en conclut que ce qui nous arrive par leur canal n'est qu'une longue et absolue incertitude. Les sens trompent la raison, et en échange ils sont souvent trompés par elle: «Voyez quelle belle science et certitude, dit-il, l'homme peut avoir, quand le dedans et le dehors sont pleins de fausseté et de faiblesse, et que ces parties principales, outils essentiels de la science, se trompent l'une l'autre.»[39] Il en résulte à ses yeux que les animaux, qui semblent aller plus à coup sûr, ont bien des avantages sur l'homme; peu s'en faut par moments qu'il ne leur accorde une entière préférence. Il tient fort du moins à ce qu'il y ait «un grand voisinage et *cousinage* entré l'homme et les autres animaux. Ils ont, pense-t-il, plusieurs choses pareilles et communes, et ont aussi des différences, mais non pas si fort éloignées et dispareillées qu'elles ne se tiennent: l'homme n'est du tout au-dessus, ni du tout au-dessous» (*Sagesse*, Livre I, ch. 35; tome I, p. 205). Il fait une cote mal taillée, et voilà une sorte d'égalité établie. En un mot, dans toute sa première partie, Charron taquine l'homme et lui fait échec sur tous les points, mais sans rire comme Montaigne, avec gravité, en s'appesantissant; et tout cela pour arriver à le relever ensuite et le restaurer moyennant la construction de sa lente et artificielle sagesse.

Il doit cependant au commerce de son maître et ami, et à son propre sens, bien de bonnes pensées qu'il exprime heureusement: dès le début

---

[38] Ce passage, non identifié, semble être un résumé beuvien de la Préface au livre II de la *Sagesse* (tome II, pp. 1-7)

[39] *Sagesse*, Livre I, chapitre 11; tome I, pp. 90-1. S-B modifie légèrement le texte original pour le rendre, comme il le dit ailleurs, «plus lisible» aux lecteurs du *Moniteur universel*.

de son second livre, où il en vient à exposer les instructions et règles générales de sagesse, il remarque combien, telle qu'il l'entend et qu'il la conçoit, elle est chose rare dans le monde, et il le dit avec bien de la vivacité (je suppose que l'expression dans ce qui suit est de lui et non de Montaigne, car je n'ai pas tout vérifié, et l'on a toujours à prendre garde, quand on loue Charron, d'avoir affaire à Montaigne lui-même) :

> Chacun, dit-il donc, se sent de l'air qu'il haleine et où il vit, suit le train de vivre suivi de tous : comment voulez-vous qu'il s'en avise d'un autre ? Nous nous suivons à la piste, voire nous nous pressons, échauffons ; nous nous coiffons et investissons les vices et passions les uns aux autres ; personne ne crie *Holà!* Nous faillons, nous nous mécomptons. Il faut une spéciale faveur du Ciel, et ensemble une grande et généreuse force et fermeté de nature, pour remarquer l'erreur commune que personne ne sent, s'aviser de ce de quoi personne ne s'avise, et se résoudre à tout autrement que les autres.
> Il y en a bien aucuns et rares, je les vois, je les sens, je les fleure et les haleine avec plaisir et admiration : mais quoi ? ils sont ou Démocrites ou Héraclites. (*Sagesse*, Préface au Livre II ; tome II, p. 3)

C'est-à-dire que, de ces hommes plus sages, les uns rient, et les autres pleurent : les uns se moquent et prennent tout par le ridicule, les autres penchent du côté de la plainte ou de la crainte, n'osent parler que bas et *à demi-bouche* (*Ibid.* , p. 4) ; ils déguisent leur langage ; ils mêlent et étouffent leur pensée ; ils ne parlent pas sec, distinctement, clairement :

> Je viens après eux et au-dessous d'eux, ajoute Charron ; mais je dis de bonne foi ce que j'en pense et en crois, clairement et nettement. [...][40] Je ne doute pas que les malicieuses gens [de moyen étage][41] n'y mordent : [eh ! qui s'en peut garder ?][42] Mais je me fie que les simples et débonnaires, et les Éthériens et sublimes en jugeront équitablement. . . (*Sagesse*, Préface au Livre II ; tome II, pp. 4-5)

Il a l'air ici de vouloir s'appuyer sur le double assentiment des sages et des simples, et de ne faire bon marché que de l'entre-deux ; mais cela est dit pour la forme, et il se soucie très-peu des simples et du peuple. Je sais qu'il a soin de définir le peuple ou vulgaire comme étant formé, à ses yeux, d'esprits de toutes classes, de même qu'il appelle du nom de

[40] S-B saute une phrase ici.

[41] Mots ajoutés par S-B pour remplacer : « gens qui n'ont la patience ny la force de juger doucement et meurement des choses [etc.]» *Ibid.*, pp. 4-5.

[42] Le texte original donne : « Et qui en peust estre assuré ?»

pédants beaucoup de ceux qui ont des robes et beaucoup aussi qui n'en ont pas[43]; malgré ces distinctions judicieuses, on peut dire toutefois qu'il est contre le vulgaire avec excès[44], et qu'il se met par là en contradiction avec son propre but, qui est avant tout de vulgariser la sagesse. C'est un reste d'école chez lui: il ne devine pas assez qu'un moment approche où il y aura accession ouverte et libre de tous les esprits sur quantité de questions, et que le philosophe et le vrai sage sera tenu, dans ses solutions, de compter de plus en plus avec le sentiment de ce grand nombre dont on fait partie soi-même, et avec cette philosophie irréfléchie, mais nécessaire, qui résulte de l'humaine et commune nature.

Un des mots qu'employait le plus habituellement le spirituel et naïf Joinville, s'entretenant avec son royal maître saint Louis, c'est le mot de *prud'homie*: ce même mot dans un sens purement moral et philosophique est aussi celui de Charron. *Prud'homie* parfaite, selon lui, a pour fondement «un esprit universel, galant[45], libre, ouvert et généreux, un esprit voyant partout, s'égayant par toute l'étendue belle et universelle du monde et de la nature» (*Sagesse*, Livre II, ch. 12; tome II, p. 275). La vertu ou vraie prud'homie, que Charron veut édifier là-dessus, est à son tour «libre et franche, mâle et généreuse, riante et joyeuse, égale, uniforme et constante; marchant d'un pas ferme, fier et hautain, allant toujours son train, sans regarder de côté ni derrière, sans s'arrêter et altérer son pas et ses allures pour le vent, le temps, les occasions» (*Sagesse*, Livre II, ch. 3; tome II, p. 78). Le ressort de cette prud'homie, «c'est la loi de nature, c'est-à-dire, l'équité et raison universelle qui luit et éclaire en un chacun de nous. Qui agit par ce ressort, agit selon Dieu...» (*Ibid.* variante). Charron ici, comme en quelques autres endroits, se trouve en contradiction avec son premier scepticisme fondamental, et moyennant cette lumière naturelle qui luit en chacun et qu'il semble reconnaître, il est plus voisin des Platoniciens qu'il ne croit. C'est ainsi qu'en d'autres

---

[43] Dans *Port-Royal*, S-B cite ces lignes de la *Logique* du groupe janséniste: «On abuse quelquefois beaucoup [...] de ce reproche de pédanterie; et souvent on y tombe en l'attribuant aux autres. La pédanterie est un vice d'esprit et non de profession; et il y a des pédan[t]s de toute robe, de toutes conditions et de tous états.» Et il ajoute en note: «La *Logique* ne fait qu'abréger ici une pensée de Charron dans la préface du traité *De la Sagesse* [Livre I, chapitre 52]: 'Peut-être qu'aucuns s'offenseront de ce mot, *etc.*' Il y a des pédants de longue robe et des pédants de robe courte.» (*P-R* Livre IV, pp. 545-6 et note 1, p. 546)

[44] «*Vox populi, vox stultorum* [la voix du peuple c'est la voix des fous, (*Sagesse*, Livre I, ch. 54; tome I, p. 402)], dit-il crûment, en parodiant le *Vox populi, vox Dei* [la voix du peuple c'est la voix de Dieu]. C'est aussi l'inverse de cet autre mot connu: «Il y a quelqu'un qui a plus d'esprit que Voltaire, c'est tout le monde.» (note de S-B)

[45] Mot ajouté par S-B.

passages, il présente la philosophie comme l'aînée de la théologie, de même que la nature est l'aînée de la grâce; ce qui ne peut être dit raisonnablement que d'une philosophie capable d'atteindre d'elle-même, et par une pleine vue, à des principes que la théologie viendrait ensuite confirmer ou couronner. Les sceptiques, s'ils n'y prennent garde, ont de ces contradictions-là.

Un endroit de Charron relatif à la prud'homie a été très-remarqué et a été aussi sujet à objection. Il accorde beaucoup à la piété, à la véritable, qu'il distingue soigneusement et en traits vigoureux d'avec la superstition; puis il ajoute un avis nécessaire, dit-il, à celui qui prétend à la sagesse, qui est, d'une part, de ne point séparer la piété de la vraie prud'homie, et d'autre part, et encore moins, de ne les confondre et mêler ensemble: «Ce sont deux choses bien distinctes et qui ont leurs ressorts divers, que la piété et la probité, la religion et la prud'homie, la dévotion et la conscience: je les veux toutes deux jointes en celui que j'instruis ici, [...] mais non pas confuses.»[46] Le Père Buffier[47], d'ailleurs très-équitable envers Charron, a relevé ce passage en disant: «Une probité sans religion serait une probité sans rapport à la Divinité et indépendante de la loi de Dieu. Or, quel fondement inébranlable pourrait avoir cette probité?»[48] On ne voit pas, en effet, pourquoi, dans une institution et formation parfaite de l'homme, la piété, comme l'entendait dans l'antiquité un Énée selon Virgile, un Plutarque ou un Xénophon, et à plus forte raison comme l'entendent les vrais chrétiens selon l'Évangile, ne contribuerait pas, tout en couronnant et faisant fleurir la probité en nous, à l'arroser de plus et à la vivifier dès le principe et à la racine. Charron ici, dans sa définition tant de la probité que de la religion, et du lien qui les unit, a été tout occupé d'éviter à son homme de bien la crainte des châtiments futurs pour unique principe d'action, et il a trop oublié la charité et l'amour. Toutefois, sa pensée et sa recommandation, pour être appréciées comme il faut, ne doivent point se séparer des temps où il écrivait: qu'on se reporte, en effet, à ce lendemain des guerres civiles et des fanatismes sanglants, à ces horreurs récentes exercées des deux parts au nom de la religion et d'une fausse piété, et l'on concevra tout le sens et l'application de cet endroit; il redoute la confusion si facile à faire quand un zèle excessif s'en mêle; il craint à bon escient et par expérience que l'on ne traite comme malhonnêtes gens et criminels tous ceux qui ne pensent point en matière de foi comme nous-

---

[46] *Sagesse*, Livre II, ch. 5; tome 2, p. 148. S-B saute une douzaine de mots ici [...].

[47] Le jésuite Claude Buffier. Voir *supra*, p. 183, note 32.

[48] *Cours des sciences [...]*, col. 1239. Voir *supra*, p. 183, note 33.

mêmes, et il cherche, en émancipant moralement la probité, à bien établir qu'il y a des vertus respectables qui peuvent subsister à côté et indépendamment de la croyance. C'était là une des leçons de Charron qui allaient droit à l'adresse de ses contemporains.

On citerait de Charron quantité de beaux et judicieux passages pour la tolérance et contre les dogmatistes opiniâtres, qui veulent donner la loi au monde : « Où le moyen ordinaire fait défaut, l'on y ajoute le commandement, la force, le fer, le feu.»[49] Il parle avec bien de l'humanité et du bon sens contre la question et la torture : avec bien du sens aussi contre l'autorité en matière de science. Dans tout cet ordre moral et pratique, Charron, à son heure, est un instituteur utile et l'un des artisans éclairés qui préparent l'esprit de la société moderne. Dans l'analyse et la description qu'il donne des quatre vertus essentielles, à l'article de la *Prudence*, il traite de la prudence politique, de celle qui est requise dans le Souverain pour gouverner ses États. A cet endroit, Charron reconnaît qu'il a puisé abondamment dans le traité de *Politique* de Juste Lipse[50], comme précédemment il l'avait reconnu pour Du Vair. Il ne fait que changer la méthode de Lipse, mais il a pris le fond : «La moëlle de son livre est ici, » dit-il[51]. C'est de cette sorte que partout il ne se donne que pour l'économe, le distributeur public des bonnes et saines lectures qu'il a digérées et recueillies. En retraçant un portrait du parfait Souverain en ces belles années de Henri IV, il semble quelquefois dessiner d'après nature, mais il laisse aux lecteurs les applications à faire, et il ne le dit pas.

Son chapitre sur l'Éducation, sur les devoirs des parents envers les enfants, vient bien après ceux de Rabelais[52] et de Montaigne[53] sur le

---

[49] *Sagesse*, Livre I, ch. 42; tome I, p. 314. Toujours selon le principe de la «lisibilité», S-B remplace «fault» par «fait défaut». L'éditeur de Charron, en 1824, fait le commentaire suivant : «tout ce chapitre [contre le fanatisme] dut paraître hardi dans le temps où il écrivait; et l'on ne doit pas être surpris des persécutions auxquelles il ne cessa d'être en butte, dès qu'il eût publié son livre. » *Ibid.* , pp. 314-5, note 28.

[50] Justus Lipsius (1547-1606), *Politicorum libri sex* (Londres : G. Bishop, 1590); trad. Française : *Les Politiques ou doctrine civile* (Tours : G. Montreuil & J. Richer, 1594).

[51] « De la prudence politique, » préface au chapitre 2 du livre III de la *Sagesse*; tome II, p. 291.

[52] Dans le *Tableau* de 1828, S-B avait écrit un chapitre sur Rabelais. Plus de vingt ans après, il avait fait paraître un article sur Rabelais dans le *Constitutionnel* du 7 octobre 1850 (article recueilli au tome III des *Causeries du Lundi*, pp. 1-18). Selon lui, Ponocrates, précepteur humaniste de Gargantua, «emplo[yait] à l'avance la méthode de Montaigne qui veut qu'*on fasse d'abord trotter* devant soi le jeune esprit pour juger de son train» (p. 8). S-B avait aussi fait plusieurs références à l'éducation selon Rabelais sur son exemplaire des *Essais* (voir *supra*).

même sujet et en est comme une rédaction complète et nouvelle. Il s'occupe *de* l'enfant dès avant la naissance, et donne là-dessus, comme ferait un médecin, des prescriptions qui sont de pure hygiène. L'enfant aussitôt né, il songe à la nourrice : Selon la raison, dit-il, et tous les sages, ce doit être la mère » (*Sagesse*, Livre III, ch. 14 ; tome III, p. 74) ; et il cite à ce sujet ce que dit le philosophe Favorinus chez Aulu-Gelle[54] et ce que répétera Rousseau[55]. Il fait commencer l'instruction dès les plus tendres années de l'enfant ; il montre la force des premières impressions, il développe le *quo semel est imbuta recens...*[56] « Cette âme donc toute neuve et blanche, tendre et molle, reçoit fort aisément le pli et l'impression que l'on lui veut donner, et puis ne le perd aisément » (*Sagesse*, Livre III, ch. 14 ; tome III, p. 77). Cette jolie et franche

---

[53] En dehors des articles publiés ici, S-B est souvent revenu sur l'éducation selon Montaigne dans *Port-Royal*. Il évoque la liberté qu'il faut laisser à l'enfant et ajoute en note : « Charron ne recommande pas un autre procédé (*De la Sagesse*, libre III, ch. 14), et Montaigne, qui est l'original de Charron, a dit [...] : 'je ne veux pas qu'il (le gouverneur) invente et parle seul : je veux qu'il écoute son disciple parler à son tour' (I, 26, 150a). » (*P-R* III, p. 517, note 1). Cette citation est reprise dans l'article du 6 mars 1854 sur Madame Dacier (*CL* IX, p. 478). Toujours dans *Port-Royal*, S-B rappelle par deux fois (*P-R* II, p. 422 et tome III, p. 543) : Montaigne « prétend qu'on peut rendre la logique aussi aisée et agréable à l'esprit des enfants qu'un conte de Boccace » (I, 26, 163a). Il note encore que, comme les logiciens de *Port-Royal*, Montaigne « veut former le *gentilhomme*, non l'homme d'aucun métier ni d'aucune école » (*P-R* III, p. 544).

[54] *Les Nuits attiques*, éd. R. Marache (Paris : Belles-Lettres, 1989), XII, 1, pp. 30-34.

[55] « Dans un lieu où les développements seraient permis, il y aurait à citer au long et à mettre en regard les passages de ces divers auteurs ; c'est ce qu'il me fut permis de faire un jour dans une de mes leçons à l'Ecole normale [en 1851]et à propos de ces idées de Charron sur la convenance qu'il y a pour les mères d'allaiter elles-mêmes leurs enfants ; ayant produit le plaidoyer de Favorin, je disais à mes jeunes et studieux auditeurs : Je cherche à établir dans vos esprits une filiation naturelle. On est accoutumé à rapporter à Jean-Jacques Rousseau l'honneur de ce conseil : il lui a donné, en effet, dans l'*Émile*, l'aile et le souffle de son éloquence. Il a été le dernier venu et qui a fait le plus de bruit sur cette question. Mais l'humanité va, incessamment, apprenant et oubliant tour à tour : et vous avez vu que l'éloquence aussi et le souffle n'avaient pas manqué dans le conseil donné par un philosophe et un sage gaulois parlant en grec à un Romain de ses amis, par Favorin, né à Arles, l'une des lumières du siècle des Antonins. Vous êtes remplis encore de cette parole abondante, douce, affectueuse, onctueuse, fondée en raisons de physiologie et d'hygiène, solide à la fois et moralement persuasive, qu'Aulu-Gelle déclare cependant n'avoir pu reproduire qu'imparfaitement avec l'infériorité de son latin et de la langue romaine elle-même. Il nous faut voir maintenant le même conseil sous la plume brûlante et entraînante de Jean-Jacques. Il y a de la raison, il y a aussi de la rhétorique chez tous deux, etc. » (note de S-B)

[56] « *quo semel est imbuta recens, servabit odorens/ testa diu* » [le parfum dont l'argile encore neuve s'est une fois imprégnée, elle le conservera longtemps]. Horace, *Épîtres*, éd. F. Villeneuve (Paris : Belles-Lettres, 1967), p. 48.

expression (une *âme toute neuve et blanche, mens novella*) est-elle bien de lui ? Il a beaucoup d'expressions de cette sorte, fraîches ou fortes, et presque toujours vives, dont il nourrit et anime sa diction ; il dira, parlant des enfants : « Il faut leur grossir le cœur d'ingénuité, de franchise, d'amour, de vertu et d'honneur » (*Ibid.* , tome III, p. 83). Il dira, parlant de la différence trop souvent profonde et de l'abîme qu'il y a, – qu'il y avait alors, – entre le sage et le savant : « Qui est fort savant n'est guère sage, et qui est sage n'est pas savant. Il y a bien quelques exceptions en ceci, mais elles sont bien rares. Ce sont des grandes âmes, riches, heureuses. Il y en a eu en l'Antiquité, mais il ne s'en trouve presque plus » (*Ibid.* , tome III, p. 87). Il dira de Scipion accusé et dédaignant de se défendre : « Il avait le cœur trop gros de nature pour se savoir être criminel, etc. » (*Sagesse.* , Livre II, ch. 12 ; tome II, p. 279-80). Que ces expressions soient à lui ou primitivement à Montaigne, il a le talent de les poursuivre et de les continuer ; il est homme à en trouver à son tour de pareilles, et qui ne déparent pas celles qu'il tient de l'original. Charron, à force d'en user, en a fait son ordinaire. Il a le vocabulaire à la fois solide et coloré.

Quant au fond, il recommande tout ce que son maître a également recommandé, de ne point laisser les valets ni servantes *embabouiner*[57] cette tendre jeunesse de sots contes ni de fadaises ; de ne pas croire que l'esprit des enfants ne se puisse appliquer aux bonnes choses aussi aisément qu'aux inutiles et vaines : « Il ne faut pas plus d'esprit à entendre les beaux exemples de Valère Maxime et toute l'Histoire grecque et romaine, qui est la plus belle science et leçon du monde, qu'à entendre *Amadis de Gaule* [...]. Il ne se faut pas défier de la portée et suffisance de l'esprit, mais il le faut savoir bien conduire et manier » (*Sagesse*, Livre III, ch. 14 ; tome III, pp. 80-1). Il s'élève contre la coutume, alors presque universelle, de battre et fouetter les enfants ; c'est le moyen de leur rendre l'esprit bas et servile, car alors « s'ils font ce que l'on requiert d'eux, c'est parce qu'on les regarde, c'est par crainte et non gaiement et noblement, et ainsi non honnêtement » (*Ibid.* , p. 82). Dans l'instruction proprement dite, il veut qu'en tout on vise bien plutôt au jugement et au développement du bon sens naturel qu'à l'art et à la science acquise ou à la mémoire ; c'est à cette occasion qu'il établit tous les caractères qui séparent la raison et la sagesse d'avec la fausse science. Il ne s'agit pas de faire de son élève un *clerc*, et aussi, quand il sera dans le monde, il n'y fera point de *pas de clerc* :

[57] Verbe employé par Montaigne au sens de « leurrer ». Cf. I, 40, 253b ; I, 49, 297c ; II, 19, 671a ; III, 9, 996b ; III, 10, 1022b.

> Venez à la pratique, prenez-moi un de ces savanteaux, menez-le-moi au Conseil de Ville, en une assemblée en laquelle l'on délibère des affaires d'État, ou de la police, ou de la ménagerie : vous ne vîtes jamais homme plus étonné : il pâlira, rougira, blémira, toussera ; mais enfin il ne sait ce qu'il doit dire. S'il se mêle de parler, ce seront de longs discours, des définitions, divisions d'Aristote : *Ergo*, etc. Écoutez en ce même Conseil un marchand, un bourgeois, qui n'a jamais ouï parler d'Aristote ; il opinera mieux, donnera de meilleurs avis et expédients que les savants. (*Sagesse*, Livre III, ch. 14 ; tome III, pp. 97-8)[58].

Le tout est de distinguer entre la bonne instruction et la fausse. La véritable est celle qui ne s'applique point extérieurement et machinalement à l'esprit, qui ne lui impose pas des formes une fois trouvées, et par lesquelles on se croit dispensé du ressort intérieur et de l'invention naturelle. Il ne s'agit pas enfin de s'informer du savoir et des opinions d'autrui pour en faire montre, il faut les rendre nôtres : « Il ne faut pas les loger en notre âme, mais les incorporer et transsubstancier. Il ne faut pas seulement en arroser l'âme, mais il la faut teindre et la rendre essentiellement meilleure, sage, forte, bonne, courageuse : autrement de quoi sert d'étudier ? » (*Ibid.* , p. 100). Et ici vient l'exemple des mouches à miel « qui n'emportent point les fleurs comme les bouquetières (dont il vient de parler), mais s'asseyant sur elles comme si elles les couvaient, en tirent l'esprit, la force, la vertu, la quintessence, et s'en nourrissent, en font substance, et puis en font de très-bon et doux miel, qui est tout leur : *ce n'est plus thym ni marjolaine* » (*Ibid.* , p. 101)[59]. Le jour où Charron a ainsi emprunté à Montaigne, et en propres termes, cette délicieuse et inoubliable image pour la mettre couramment au beau milieu de son texte, il a été bien modeste, et il a donné pour jamais, devant le monde et devant la postérité, sa mesure comme écrivain, sa démission comme auteur original[60].

Nous n'aurions qu'à continuer la lecture de ce chapitre pour avoir à renouveler les remarques du même genre, et aussi pour apprécier l'utilité dont Charron a pu être dans les progrès si lents de l'éducation publique dans notre pays. Il a tout à fait pressenti la méthode de Messieurs de Port-Royal, lorsqu'il a engagé le maître « à souvent interroger son écolier, à le faire parler et dire son avis sur tout ce qui se présente » (*Ibid.* , p. 106). « Il faut, dit-il, réveiller et échauffer leur esprit

[58] « N'est-ce pas ici, au sérieux, la leçon pratique que Molière a mise partout en action dans ses comédies ? » (note de S-B)

[59] Passage copié sur les *Essais* (I, 26, 152a).

[60] On notera l'ironie mordante de ce commentaire.

par demandes, les faire opiner les premiers et leur donner même liberté de demander, s'enquérir, et ouvrir le chemin quand ils voudront. Si, sans les faire parler, on leur parle tout seul, c'est chose presque perdue : l'enfant n'en fait en rien son profit, pour ce qu'il pense n'en être pas d'écot ; il n'y prête que l'oreille, encore bien froidement ; il ne s'en pique pas comme quand il est de la partie » (*Ibid.*). Mais cela est bien plus aisé à pratiquer lorsqu'on n'a qu'une élite et un choix d'élèves, comme c'était le cas pour les écoles de Port-Royal, que lorsqu'on en a toute une armée comme dans les colléges ; le très-grand nombre permet peu cette coopération *de vive voix* de tous à leur propre enseignement.

Sans entrer dans une analyse exacte et complète, j'ai à peu près touché à tout ce qu'il nous importe le plus de noter en Charron. A mesure qu'on avance d'ailleurs dans la lecture de son livre, on s'aperçoit qu'il a tout dit, et il s'en aperçoit lui-même en procédant par de nombreux renvois. Le livre, tel qu'il était, eut beaucoup de succès dès l'instant de la publication (1601). Les esprits solides et qui ne haïssent pas la pesanteur préférèrent même tout d'abord Charron à Montaigne. D'un jardin anglais ou du verger d'Alcinoüs[61] il avait fait une pièce de terre labourable : il fut réputé excellent. D'autres esprits cependant prirent l'alarme ; ce procédé didactique mettait trop en lumière le désaccord de quelques opinions de l'auteur avec sa condition de prêtre et de théologien ; et comme l'a dit Voltaire :

Montaigne, cet auteur charmant,
Tour à tour profond et frivole,
Dans son château paisiblement,
Loin de tout frondeur malévole,
Doutait de tout impunément,
Et se moquait très-librement
Des bavards fourrés de l'École ;
Mais quand son élève Charron,
Plus retenu, plus méthodique,
De Sagesse donna leçon,
Il fut près de périr, dit-on,
Par la haine théologique[62].

Charron ne fut nullement près de périr, il dut cependant songer à se défendre : il le fit dans un Sommaire de son livre ou *Petit Traité de la*

[61] Alcinoos, roi légendaire des Phéaciens et père de Nausicaa, accueillit Ulysse après son naufrage.

[62] Epître LXXV, vv. 37-48. «À M. le Président Hénault» (1748) in *Épîtres, contes, épigrammes* (Paris : Garnier, 1974), pp. 141-2.

Sagesse, qui ne parut qu'après sa mort. Ce qui parlait surtout en sa faveur, c'était sa vie, la pureté de ses mœurs, l'égalité et la tranquillité de son âme : « C'est une science divine et bien ardue, disait-il, que de savoir jouir loyalement de son être, se conduire selon le modèle commun et naturel, selon ses propres conditions, sans en chercher d'autres étranges » (*Sagesse*, Livre II, ch. 6 ; tome II, p. 160)[63]. Cette science pratique, à laquelle, sauf de rares et courts instants de passion, il avait toujours été disposé, il paraît qu'il l'avait tout à fait acquise en vieillissant ; l'équilibre de son humeur et de son tempérament l'y aidait ; il avait pris pour sa devise : *Paix et peu*, et il la justifiait par toute sa vie. Des prélats distingués n'avaient pas cessé, depuis sa publication de *la Sagesse*, de l'estimer comme auparavant et de le vouloir attirer à eux. L'évêque de Boulogne-sur-Mer[64], qui était à la fois prieur de l'abbaye de Saint-Martin-des-Champs à Paris, offrit à Charron sa théologale, et celui-ci eût peut-être accepté s'il n'avait craint, à cet âge déjà avancé, l'air humide du rivage de la mer. Il vint pourtant à Paris pour remercier l'évêque de Boulogne, qui s'y trouvait, et de plus pour vaquer à la réimpression de son livre, auquel il avait apporté en quelques endroits des adoucissements et des précautions. C'est pendant ce séjour que, le dimanche 16 novembre 1603, il fut frappé d'apoplexie foudroyante dans la rue Saint-Jean-de-Beauvais, au coin de celle des Noyers ; il avait soixante-deux ans. La seconde édition de *la Sagesse* ne parut donc qu'après sa mort, et comme l'auteur n'était plus là pour la surveiller et se défendre, il s'éleva des difficultés dans lesquelles intervinrent utilement le premier président Achille de Harlay et le président Jeannin : ce dernier, dont la religion n'était pas suspecte, fut chargé par le chancelier d'examiner cette seconde édition (1604), dans laquelle il fit de petits retranchements et introduisit quelques corrections, y jetant çà et là quelques parenthèses explicatives ; moyennant quoi il l'approuva hautement[65].

La réputation de Charron se soutint pendant toute la première moitié du dix-septième siècle. Goûté et suivi par ces hommes de l'école érudite

---

[63] Nouvel emprunt aux *Essais* (III, 13, 1115b).

[64] S-B était lui-même natif de Boulogne-sur-Mer.

[65] Voir l'article du 22 mai 1854 sur le président Pierre Jeannin (1540-1622) : « Le président Jeannin [...] aimait les Lettres et les savants. On sait que ce fut d'après son examen et son rapport au Conseil privé que la seconde édition du livre *de la Sagesse* de Charron, l'édition de Paris (1604), put être mise en vente, moyennant quelques corrections qu'il fit, et se débiter librement : 'Ce ne sont des livres pour le commun du monde, disait-il à l'adresse de ceux qui en parlaient en critiques, mais il n'appartient qu'aux forts et relevés esprits d'en faire jugement ; ce sont vraiment livres d'État.' (*CL* X, p. 173). » (*Allem*, p. 370, note 426)

et libre, La Mothe-Le-Vayer, Gassendi, Naudé, il eut l'honneur d'être burlesquement insulté par le Père Garasse[66]:

> Quant au sieur Charron, disait ce facétieux dénonciateur des beaux esprits de son temps, je suis contraint d'en dire un mot pour désabuser le monde et les faibles esprits qui avalent le venin couvert de quelques douces paroles et de pensées aucunement favorables, lesquelles il a tirées de Sénèque et naturalisées à la française, sans voir bonnement ce qu'il faisait; car c'était un franc ignorant, et semblable à ce petit oiseau du Pérou, qui s'appelle le Tocan, et qui n'a rien que le bec et la plume. Il est vrai que quelques-uns lui ont fait cette charité de revoir ses écrits, et nommément sa *Sagesse* et sa *Divinité* (probablement ses *Discours chrétiens*), pour en retrancher les plus apparentes impiétés; mais on peut dire que les Œuvres de ce Charron ressemblent à une vieille roue toute rompue et démembrée, etc.[67]

Et Garasse continue de jouer sur ce nom de Charron et sur le chariot qu'il n'a pas su mener[68]. Parmi ceux pourtant qui critiquèrent le livre *De la Sagesse*, il en est un qui mérite d'être distingué, c'est l'auteur de l'écrit intitulé *Considérations sur la Sagesse*, publiées en 1643, et qu'on dit être le médecin Chanet[69]: il est modeste, il est modéré de ton, il se montre plein d'égards pour l'auteur qu'il réfute. Cela est d'autant plus remarquable que ce livre fut composé par l'auteur encore très-jeune et au sortir des écoles; après l'avoir laissé dormir quelques années, il se décida à le faire imprimer et à dire hautement son avis, qui était celui de beaucoup de gens, au risque seulement de déplaire à ceux (car il y en avait) «qui prenaient Charron pour Socrate et *l'Apologie de Raimond Sebond* pour l'Évangile.»[70] – A cela près, disait-il, «je ne laisse pas d'estimer Charron, et de croire qu'il doit être estimé savant, et encore plus judicieux; que son livre *De la Sagesse* est fort bon en gros, et qu'il y a fort peu de savants hommes en France qui n'aient profité de sa lec-

[66] François Garasse (1584-1631), *La doctrine curieuse des beaux esprits de ce temps ou prétendus tels* (Paris: Sébastien Chappelet, 1623), Livre I, section iv, p. 27. Dans *Port-Royal*, S-B écrit: «M. de Saint-Cyran avait réfuté Garasse sur Charron; mais il n'avait lu Charron qu'à cette occasion et ne paraît pas s'être informé, au préalable, de Montaigne, qui est pourtant la vraie clef pour pénétrer le théologal. » (*P-R* Livre III, tome II, p. 383)

[67] *La doctrine curieuse*, *éd. cit.*, Livre I, section 4, p. 27.

[68] «Le monde se plaint de ce vieux Charron qui ne sçeut pas mener le char de son Père. » *Ibid.*

[69] Sur Pierre Chanet, médecin protestant de La Rochelle, voir Renée Kogel, *Pierre Charron* (Genève: Droz, 1972), p. 163 et *supra*, p. 60.

[70] Pierre Chanet, *Considérations sur la Sagesse de Charron* (Paris, 1643), p. i.

ture. Ceux qui auront assez de loisir pour lire plus avant, verront que j'aime la réputation de cet auteur ; que je fais valoir quelques-unes de ses opinions, et que je respecte toutes les autres.»[71] Chanet se met donc à réfuter Charron et Montaigne (sans nommer ce dernier) sur les principes de leur scepticisme ; il se sert de ses connaissances en médecine et en histoire naturelle pour rabattre de ce qu'ils ont dit des animaux et pour maintenir l'homme à son rang légitime[72]. Il montre qu'il y a une certitude suffisante dans les notions qui nous viennent par les sens. Dans le spectacle de ce monde et dans le rôle qui y est départi à l'homme, il plaide, par des raisons plausibles, les causes finales, et maintient pour vrai le but apparent des choses, en se tenant au point de vue de l'optique humaine. Il donne raison à plus d'un préjugé contre le paradoxe. Si j'osais traduire toute mon idée en des matières qui ne sont pas miennes, je dirais que le médecin Chanet défend le sens général et le sens commun en philosophie, l'opinion des demi-savants et du peuple, par des raisons qui, légèrement rajeunies un siècle plus tard, seront assez celles de l'École écossaise. Il a des pages très-ingénieuses, très-fines, sur l'instinct et la raison, sur les caractères qui les spécifient, perfection prompte, courte et immobile, d'un côté, perfectibilité de l'autre. C'est un naturaliste religieux, mais observateur, et qui suit la voie expérimentale. Enfin le meilleur éloge qu'on puisse faire de cette Réfutation trop peu connue, c'est que, pour le ton comme pour le fond, elle eût été digne d'être estimée par Charron lui-même[73].

---

[71] *Ibid.*, p. ii.

[72] « Il n'y a que Charron et fort peu d'autres, qui nous veulent disputer ce privilége [de supériorité des hommes], soutenant que les plus chetifz animaux, par example les oysons, en peuvent dire autant, et plus constamment. » *Ibid.*, p. 38. « La tactique de Montaigne, de Bayle et autres sceptiques, c'est ou bien de rabaisser l'homme jusqu'au niveau des bêtes pour lui ôter le privilége de l'immortalité, ou bien d'élever les bêtes quasi jusqu'au rang de l'homme pour forcer à conclure que, s'il a une âme immortelle, elles en doivent avoir une également : or c'est là une conclusion qui répugne et devant laquelle on recule volontiers. Chanet ne se laisse point envelopper dans ce dilemme : il observe et trace les limites, les distinctions spécifiques entre l'homme et les bêtes, et qui lui paraissent suffire pour motiver la différence des destinées. » (note de S-B)

[73] « Le peu qu'on sait sur l'auteur de ce livre est dû à Gui Patin, dans une de ses lettres à Spon (17 août 1643) : 'Des *Considérations sur la Sagesse de Charron*, dit-il, le vrai auteur, qui n'aime pas d'être connu, est M. Chanet, médecin de La Rochelle. J'ai eu le livre manuscrit entre les mains fort long temps pour en avoir le Privilége. Les imprimeurs, au lieu de P. C. (au titre), qui serait *Pierre Chanet*, ont failli en mettant P. G. Il est âgé d'environ quarante ans. Il est fort savant, sanguin, mélancolique, qui a fort voyagé. Il était fils d'un ministre de Marans, qui est encore vivant ; il est de la religion de son père, (et) qui médite autre chose. Il est ici fort loué ; on dit qu'il écrit presque aussi bien que Balzac. ' Ce dernier éloge portait à faux ; Chanet n'écrit point pour faire de belles phrases ni en rhétoricien, mais seulement pour exprimer sa pensée. » (note de S-B)

Dès la seconde partie du dix-septième siècle Charron n'était plus guère qu'un nom, et on ne le lisait qu'assez peu, j'imagine, bien que les Elzevirs[74] en eussent multiplié les exemplaires dans les bibliothèques. Le dix-huitième siècle ne l'a pas ressuscité. Montaigne, de mieux en mieux lu et compris, et qui est autant un poëte qu'un philosophe, a dispensé de Charron qui, à bien des égards, n'a fait autre chose que donner une édition didactique des *Essais*, une table bien raisonnée des matières, et qui n'avait point ce qui fait vivre[75]. Pourtant, par son jugement plein et sa ferme démarche d'esprit, par son style sain, grave et scrupuleux, et qui eut même son éclat d'emprunt, il mérite estime et souvenir comme tout ancien précepteur qui a été utile en son temps; l'histoire littéraire lui doit de le placer toujours à la suite de Montaigne, comme à la suite de Pascal on met Nicole, – comme autrefois on mettait à côté de La Rochefoucauld M. Esprit, [76] qu'on fait bien de ne plus y mettre.

III[77]

Je cherche à réunir sur Charron et autour de Charron, sur lequel je ne reviendrai pas, tout ce que m'ont pu suggérer les lectures réitérées que j'ai eu à en faire dans mes jours d'enseignement. Il paraît qu'il avait été dans un temps le confesseur de la reine Marguerite[78], un confesseur commode, lorsqu'elle habitait dans le Midi. Il lui avait présenté le jeune Scipion Du Pleix[79], qui devint dans sa vieillesse un auteur si encroûté et si suranné. A propos de certaines locutions de la langue française, à l'article *faire croire*

---

[74] Illustre famille d'imprimeurs établis en Hollande aux XVIe et XVIIe siècles.

[75] Dans un «Appendice» sur «Balzac le grand épistolier,» S-B écrit: «Quels sont les principaux écrivains en prose de ce temps, de ce règne de Henri IV et des premières années du dix-septième siècle? Énumérons...» Et il commence par nommer «Charron, dont le livre de *la Sagesse* parut en 1601,» pour ajouter un peu plus loin qu'il est «lourd, pesant.» (*P-R*, tome II, pp. 517 et 519)

[76] Jacques Esprit (1611-1678). «Victor Cousin soutenait que La Rochefoucauld avait été le disciple d'Esprit quant à la pensée, et son imitateur, quant à la noirceur de sa manière. Sainte-Beuve pensait que si l'académicien avait beaucoup influencé le duc, le guerrier était à lui-même la source de son style, parce que le style de son livre ne se distinguait en rien du style de sa vie.» Pascal Quignard, «Traité sur Esprit» in *La Fausseté des vertus humaines* [1678] (Paris: Aubier, 1996), p. 13.

[77] Cette note finale sur Charron se trouve placée à la fin de l'article précédent daté du mardi 2 janvier 1855, paru dans *Le Moniteur universel* et recueilli dans les *Causeries du Lundi* (*CL* XI, pp. 269-270).

[78] Marguerite de Valois, à qui Montaigne dédia probablement l'«Apologie de Raymond Sebon.» Charron prêcha à la cour de Nérac devant elle.

[79] Scipion Du Pleix (1569-1661), auteur de la *Curiosité naturelle* (Paris, 1623), rédigée sous forme de questions alphabétiques.

ou *faire accroire*, Scipion Du Pleix, dans sa polémique contre les novateurs, disait : « Il me souvient que René [*sic*] Charron, Parisien (que j'ai connu familièrement en ma jeunesse, lui étant théologal à Condom), homme plus signalé par la pureté de son style que par celle de sa croyance, rejetait et condamnait ce verbe *accroire* et disait toujours *faire croire*. Je ne voudrais pas pourtant l'imiter en cela, non plus qu'en ses mœurs et en sa doctrine. » Quoi qu'il en soit, Charron continuera d'offrir un problème psychologique et biographique, non entièrement résolu. C'est singulier, un homme qui va être sceptique et prudent, l'un des précepteurs les plus autorisés de l'école de la prudhomie et de la raison, et qui veut se faire chartreux à quarante-sept ans, et qui, à quarante-huit, n'est pas encore guéri, dans ses prédications, des chaleurs et des entraînements populaires ! On a beau admettre toutes les formes de maturité et d'expérience ; on a beau se dire que Charron était un de ces esprits à qui il n'est pas donné de faire leur initiation par eux-mêmes, de se donner l'impulsion, qui l'attendent d'autrui, mais qui n'ont besoin que de ce premier mouvement, de cette chiquenaude au voisin, pour prendre leur assiette et arriver à la pleine possession de leur pensée ; on a beau se donner cette explication, il reste un coin d'obscurité et d'incertitude. Enfin, pour mieux séparer encore Charron de Montaigne, dans l'impression que font aujourd'hui leurs écrits, je ne crois pouvoir mieux faire que de donner le témoignage d'un illustre étranger sur Montaigne, Jean de Muller[80].

---

[80] Johannes von Müller (Schaffhausen 1752 – Kassel 1809). Historien et homme politique d'origine suisse. Après des études de théologie et d'histoire à Schaffhouse, Göttingen et Genève, où il séjourna de 1774 à 1780, Johannes von Müller partit pour l'Allemagne où il accomplit l'essentiel de sa carrière académique et politique. Il fut professeur d'histoire à Kassel 1781-83, bibliothécaire et conseiller de l'archevêque-électeur de Mayence 1786-92, conseiller aulique à la chancellerie impériale de Vienne 1793-1800, premier conservateur de la Bibliothèque impériale 1800-04, historiographe et conseiller personnel de Frédéric-Guillaume III à Berlin 1804-06 et nommé secrétaire d'Etat du royaume de Westphalie par Napoléon en 1807. Son travail d'historien lui valut l'admiration de ses contemporains et lui gagna le titre de « Tacite de la Suisse ». Il exerça une influence importante et durable sur l'école historiographique allemande de la première moitié du XXe siècle. Son ouvrage essentiel, qui est resté inachevé, s'intitule *Die Geschichten der Schweiz* (1780), deuxième édition en 2 vol. sous le titre *Geschichten Schweiz. Eidgenossenschaft* (1786). Il s'agit de l'histoire de la Suisse des origines à 1489. L'ouvrage fut complété par Glutz-Blotzheim, Hottinger, Vuillemin et Monnard, et traduit en français sous le titre d'*Histoire des Suisses, traduite de l'allemand de Jean Muller* (Lausanne : Jean Mourer, puis Henri Vincent, 1790-1803), 12 vol. in-8. Le tome 1 porte le titre d'*Histoire de la Confédération helvétique, traduite de l'allemand de M. Muller*. Les tomes 2 à 9 ont été traduits par Antoine-Gilbert Griffet de Labaume ; les tomes 10 à 12 contiennent la continuation de P. H. Mallet. Il semble que l'ouvrage ait été également édité à Paris, chez Bossange Masson & Besson, puis Mourer et Pinpare. Sa *Correspondance* a été éditée et traduite en français : *Lettres de Jean de Muller à ses amis*

Ce témoignage moins connu que d'autres a cela de particulier qu'il porte précisément sur le charme de la manière de Montaigne, en ce qu'elle a de plus opposé à la méthode de Charron : « Dans mon innocente et fortunée solitude, écrivait Jean de Muller (1784-1785), je travaille dix ou onze heures par jour à mon livre (sa grande Histoire helvétique) ; vient ensuite une heure donnée à la correspondance, le reste à la société ; ma société du matin, c'est Moïse ou Paul, celle du soir Cicéron, Métastase et Montaigne ; parfois, quand l'horizon se trouble, vient un certain ami bien cher qui ne me quitte guère, nommé Horace ; il me dit : *Deme supercilio nubem...* » [« éloigne ce nuage de ton sourcil... » *Épîtres* I, 18, v. 94]. Et à son frère, dans une lettre du 4 décembre 1788 : « Je te conseille de composer souvent ; cela est indispensable à un esprit comme le tien ; écris tes pensées sur les choses, les livres, les hommes ; qu'il sorte de là une collection *à la Montaigne*. Ne t'inquiète de rien que de la vérité : que ce ne soit pas un système dont le poids et les chaînes accablent l'esprit, mais des enfants de l'amour nés dans des heures pastorales, pour toi, pour nous, pour tes amis, pour le monde. » Et encore : « Après cela, précisément dans l'intérêt de ma santé, je relis le sage Montaigne, comme on prend un calmant ; il est si serein, si spirituel, si content ! Il répand, une teinte si bienfaisante sur toutes les affaires de la vie ! Sa sagacité n'a pas de quoi nous étonner : l'œil que rien ne trouble n'a pas de peine à voir clair. Quelle éloquence parfois unie à l'aménité d'Horace ! Tâchons comme lui de glisser doucement sur le fleuve du temps ; arrêtons-nous près des rives fleuries, et souvenons-nous pendant la tempête que le terme de notre course est aux Iles Fortunées où *meminisse juvabit* [*forsan et haec olim meminisse juvabit*: « peut-être un jour aurez-vous plaisir à vous souvenir même de ces épreuves. » *Énéide*, I, v. 203]. Montaigne aussi vit son pays déchiré, et plus cruellement que le nôtre, et pourtant il vécut (*pas tout à fait*) jusqu'aux jours du bon Henri, qui ferma les plaies de la patrie. » (Lettre du 3 juillet 1799.) – Ce sont là de ces choses dont la lecture de Charron ne donnera jamais l'idée et qu'inspire, que renouvelle d'âge en âge le commerce familier des seuls génies immortels.

---

de Bonstetten et Gleim, trad. de l'allemand par Marie-Aimée Steck-Guichelin, Zurich : Orell Füssli, 1810. C'est sans doute dans ces deux recueils que S-B aura lu les lettres qu'il cite.

[Ces renseignements sur Jean de Muller m'ont été aimablement fournis, grâce aux bons soins de Michel Jeanneret, par Cinthia Meli de l'Université de Genève, que je remercie ici].

MONTAIGNE EN VOYAGE[1]

Il est un petit nombre d'écrivains qui ont un privilége[2]: ils ont peint l'homme dans leurs œuvres, ou plutôt ils sont l'homme, l'humanité même, et comme elle ils deviennent un sujet inépuisable, éternel, d'observations et d'études. Tels sont et seront toujours Molière, La Fontaine, Montaigne. Sur ce dernier, on n'a plus à attendre de découvertes proprement dites; on en est depuis longtemps aux infiniment petits détails: il n'en est aucun pourtant qui soit indifférent, aucun qui n'ait son intérêt, s'il ajoute un seul trait à la physionomie et à l'exacte ressemblance de celui qui a voulu se montrer à nous dans la familiarité la plus intime. «Ce serait plaisir d'avoir un voisin comme lui», disait Mme de La Fayette[3]. Montaigne est notre voisin à tous: on n'en sait jamais trop sur son voisin.

Une double discussion s'est engagée récemment au sujet des inscriptions de la chambre de Montaigne et des épitaphes de son tombeau. Voici de quoi il s'agit. Montaigne, retiré vers l'âge de trente-huit ans dans son château et dans sa tour seigneuriale, s'était amusé à tracer ou à faire tracer sur les poutres et chevrons supérieurs de la pièce qu'il appelait sa *librairie* ou bibliothèque quelques inscriptions morales et philosophiques, reproduisant les maximes ordinaires de sagesse qu'il tenait à avoir constamment devant les yeux. «*Tout est vanité. – Ne soyez pas plus sage qu'il ne faut. – Peut-être oui, peut-être non. – Ni comme ceci, ni comme cela, ni même autrement*», etc.[4] Toutes ces inscriptions latines ou grecques, au nombre de trente-trois[5], sont loin d'être intactes, et il a

---

[1] Second article sur Montaigne, publié dans *le Constitutionnel* le lundi 24 mars 1862 et recueilli au tome II des *Nouveaux Lundis* (Paris: Michel Lévy, 1864), pp. 156-177.

[2] Il faudra attendre l'édition de 1878 du *Dictionnaire de l'Académie* pour que l'accent grave remplace l'accent aigu dans les mots comme *privilège*. Cf. Mireille Huchon, *Histoire de la langue française* (Paris: Librairie Générale Française, 2002), p. 223.

[3] S-B avait déjà cité ce mot dans son portrait de Mme de La Fayette du 1er septembre 1836 (recueilli dans *Portraits de femmes*, p. 271). Il le reprend encore dans *Port-Royal*. Voir «Montaigne à Port-Royal», *supra*, p. 92, note 41).

[4] Voir *Essais*, éd. P. Villey, pp. lxvii-lxxii, citations 33 et 26. S-B traduit librement les citations 57 et 49-52 de Sextus Empiricus.

[5] «Que dis-je? trente-trois. On m'avertit de plus d'un côté que dans un livre que je

fallu les déchiffrer, les restituer ni plus ni moins que des inscriptions antiques. Le dernier biographe de Montaigne (ce qui ne veut pas dire le biographe définitif)[6], M. Bigorie de Laschamps, en a traduit quelques-unes dans son livre[7]; or, un savant professeur de l'Université, M. Lapaume, a trouvé à redire à quelques-unes de ces traductions, et il a publié à ce sujet un bon article critique intitulé: *Un mot de plus sur Montaigne*[8].

Mais M. Lapaume ne s'en est pas tenu à si peu. On lit à Bordeaux, sur le tombeau de Montaigne, qui est dans la chapelle du lycée[9], deux épitaphes, l'une latine, l'autre grecque: M. Lapaume les a étudiées, commentées, et en a recherché l'auteur probable ou possible. Cela fait la matière d'une brochure[10]. Il a conclu en faveur d'un conseiller au Parlement de Bordeaux, collègue de Montaigne, Emmanuel Du Mirail. Mais un jeune érudit bordelais qui porte un nom connu et cher aux amis de la science, M. Reinhold Dezeimeris[11], fils de l'ancien bibliothécaire de l'École de médecine de Paris, a trouvé la conjecture de M. Lapaume

---

ne connais pas et qui n'a été tiré qu'à peu d'exemplaires, *Montaigne chez lui*, M. le docteur Galy, de Périgueux, et M. Lapeyre, bibliothécaire de la même ville, ont, en dernier lieu, relevé toutes ces inscriptions qui, avec les surcharges, sont au nombre de cinquante-sept.» (note de S-B). Ce chiffre de trente-trois, auquel s'arrêtera encore Villey, a été révisé depuis. Pour un état-présent de la question des citations sur les poutres de la «librairie» de Montaigne, on consultera l'ouvrage d'Alain Legros, *Essais sur poutres: peintures et inscriptions chez Montaigne,* préface de Michael A. Screech (Paris: Klincksieck, 2000).

[6] Il faut noter, depuis, la parution de l'excellente biographie de Donald M. Frame, publiée en anglais (*Montaigne. A Biography,* New York: Harcourt, Brace & World, 1965; reprint San Francisco: North Point Press, 1984) et traduite en français sous le titre: *Montaigne: une vie, une œuvre 1533-1592*, préface et nouvelle bibliographie de François Rigolot (Paris: Champion, 1994).

[7] «*Michel de Montaigne, sa Vie, ses Œuvres et son Temps*, par, M. F. Bigorie de Laschamps, un vol. in-12, 2e édit., 1860; chez Didot, rue Jacob, 56. – Le titre est plus grand que le livre. L'auteur, je lui en demande bien pardon, n'a pas assez étudié et approfondi son sujet.»

[8] Voir le *Journal général de l'Instruction publique* du 8 mai 1861.

[9] L'imposant cénotaphe de l'auteur des *Essais* se trouve aujourd'hui au Musée d'Aquitaine à Bordeaux.

[10] Le Tombeau de Michel Montaigne, par M. J. Lapaume, docteur ès-lettres, Rennes, 1859.

[11] Reinhold Dezeimeris (1835-1913) et Henri Barckhausen (1834-?) procurèrent une édition importante des *Essais*: texte de 1580, avec les variantes de 1582 et 1587 (Bordeaux: Féret, 1870-3, 2 vol.). Dezeimeris est aussi un des premiers à s'intéresser aux rapports entre l'édition posthume de Marie de Gournay (1595) et le texte de l'exemplaire de Bordeaux. Voir ses *Recherches sur la recension du texte posthume des «Essais» de Montaigne* (Bordeaux: G. Gounouilhou, 1866).

hasardée et toute gratuite, et dans une suite de lettres adressées au docteur Payen[12], à qui revient de droit toute information nouvelle sur Montaigne[13], il a ruiné la conjecture de M. Lapaume et a très-ingénieusement montré que l'auteur très-probable des Épitaphes est Jean de Saint-Martin, avocat *en* parlement, auteur de plusieurs autres épitaphes du même temps et du même style. C'est dans cette étude comparée du *style* des diverses épitaphes grecques et latines composées par ce Saint-Martin, qu'est le piquant de l'ouvrage de M. Dezeimeris. Il a saisi et défini en philologue des plus exercés la manière archaïque de ce Saint-Martin, qui, dans ses épitaphes latines, affecte l'imitation de Plaute, de Catulle et d'Apulée, et qui, dans ses épigrammes grecques, se plait à coudre ensemble et à rassortir les réminiscences de l'Anthologie. Il fallait, pour distinguer ces atomes de poussière philologique, y appliquer mieux que les besicles, il y fallait la loupe. Celle de M. Dezeimeris est des plus nettes et des plus précises. Je ne sais pas de plus curieuse, de plus coquette dissertation à la Boissonade. S'il m'est permis d'émettre un avis et de proposer un jugement, je dirai que M. Lapaume, qui me semble avoir eu raison contre M. Bigorie de Laschamps, a été moins heureux avec M. Dezeimeris. Vainqueur le premier jour, M. Lapaume a été vaincu, le second, en changeant d'adversaire. Les armes sont journalières, même à ce metier et à ce jeu d'érudit. Mais de telles discussions, quelles qu'en soient les chances, honorent les esprits ornés et les âmes innocentes qui s'y complaisent et s'y renferment.

Je suis obligé d'en sortir, et le public, dès qu'on lui a nommé Montaigne, nous appelle sur un terrain plus étendu. Je prendrai donc aujourd'hui Montaigne par un tout autre côté, non pas dans sa *librairie* et dans sa chambre, mais hors de sa chambre et en voyage. J'aurai peut-être, même après tant d'excellents auteurs qui nous ont précédés, après M. Grün[14], le plus considérable et le plus complet entre les plus récents, à faire quelques remarques encore sur cette nature multiforme et infinie du plus curieux et du plus amusé des philosophes.

---

[12] Sur le docteur Jean-François Payen, voir les « Nouveaux documents sur Montaigne » [*NDM*], *supra*, p. 135, note 1.

[13] «*Recherches sur l'auteur des Épitaphes de Montaigne, lettres à M. le docteur [J.-F.] Payen*, par M. Reinhold Dezeimeris, Paris, 1861, chez Aubry, rue Dauphine, 16» (note de S-B). Également : Bordeaux : G. Gounouilhou, 1861.

[14] Alphonse Grün (1801-1866), auteur de *Montaigne magistrat* (Paris : Dubrisson, 1854) et de *La Vie publique de Michel de Montaigne* (Paris : D'Amyot, 1855). S-B s'inspirera à plusieurs reprises de ces travaux. Voir *infra*, « Montaigne maire de Bordeaux » [*MMB*], p. 220.

I[15]

En l'année 1580, Montaigne qui, depuis neuf ans déjà, s'était affranchi des devoirs d'une bien grave profession et s'était retiré dans son manoir champêtre pour s'y vouer tout entier au culte des *doctes Sœurs*[16], se voyant plus libre que jamais par la publication de la première édition de ses *Essais*, qui est de cette année même, entreprit un long voyage et voulut faire son tour d'Allemagne, de Suisse et d'Italie. Le voyage dura dix-sept mois et huit jours en tout, depuis le jour où il quitta son château de Montaigne jusqu'à celui où il y revint coucher (22 juin 1580, - 30 novembre 1581). Au moment de son départ, il était âgé de quarante-sept ans, malade déjà de la gravelle et se proposant bien d'user en chemin des diverses eaux minérales qui lui seraient indiquées. Ce fut le motif ou le prétexte; mais surtout il aimait le changement, la nouveauté, et, par conséquent, voyager pour voyager. Il n'était pas de ceux qui « s'agréent en eux-mêmes », qui « estiment ce qu'ils tiennent au-dessus du reste », et « ne reconnaissent aucune forme plus belle que celle qu'ils voient » (III, 9, 948b). Il laissait aux esprits routiniers ce parfait contentement de soi, des siens et de la coutume. Et cependant, avec « cette humeur avide de choses nouvelles et inconnues » (III, 9, 948b), il ne poussait pas son désir jusqu'à la passion et jusqu'à y sacrifier le repos. Aussi avait-il longtemps différé avant de se mettre aux champs. « Les voyages, disait-il, ne me blessent que par la dépense » (III, 9, 949c). Il aimait mieux les faire plus courts et moins fréquents, mais plus à son aise, sinon en grand seigneur et avec un grand train, du moins avec un train fort honnête.

Le *Journal* de son voyage, publié très-tard pour la première fois, en 1774, n'a rien de curieux littérairement; mais moralement, et pour la connaissance de l'homme, il est plein d'intérêt. C'est un simple récit, en partie dicté, et de l'écriture d'un secrétaire, en partie de la main de Montaigne, et dont une portion considérable, plus d'un tiers, est même écrite par lui en italien, pour s'y exercer et s'y entretenir[17].

---

[15] Ici commence le texte qui servira de chapeau au *Journal de voyage* de Montaigne dans la grande réédition procurée par Joseph-Victor Le Clerc (Paris: Garnier, 1865-6), tome IV, pp. 287-304.

[16] Dans le texte de l'inscription qu'il fit peindre sur les murs de sa « librairie », Montaigne parle de « s'être reposé sur le sein des doctes vierges » [*in doctarum virginum recessit sinus*]. Voir *Essais, éd. cit.*, pp. xxi et xxxiv.

[17] Sur la composition du *Journal de voyage*, voir l'Introduction de l'édtion procurée par F. Rigolot (Paris: Presses Universitaires de France, 1992), pp. xii-xix. Toutes les citations du *Journal de voyage* se rapportent à cette édition.

Il s'y trouve pêle-mêle des notes de voyage, des particularités sur les villes et pays qu'il traverse, avec des détails sur sa santé et des prises fréquentes d'eaux ou de médecines.

Montaigne, en voyage, était tout appliqué à voir, à regarder ; à peine s'il se permet une réflexion ; il les réserve pour plus tard. Il était très-attentif à se conformer aux mœurs et usages des différents pays, à ne les choquer en rien ; il s'y pliait entièrement pour les mieux comprendre et embrasser. Il n'arrivait avec rien de préconçu ; il se laissait faire, il laissait arriver à lui les choses elles-mêmes. Il ne ressemblait pas à ceux qui portent partout avec eux les lunettes de leur village ; il prenait celles de chaque endroit où il passait, sauf à n'en croire en définitive que ses propres yeux.

Il regrette de ne pas s'être assez préparé à l'avance – par des lectures au voyage d'Allemagne et de Suisse ; mais, pour celui d'Italie et de Rome, il y était préparé de longue main par le culte et par le commerce intime des auteurs de l'Antiquité.

Il voyage en compagnie de trois ou quatre gentilshommes de ses amis. Il traverse la France et remonte par Beaumont-sur-Oise, Meaux, Épernay, Châlons, Vitry, Bar, la lisière de la Lorraine ; Neufchâteau, Mirecourt, les Vosges et Plombières, où il séjourne. Il y but, pendant onze matinées, d'abord neuf verres par jour, puis sept verres, et s'y baigna cinq fois, ayant son régime à lui et se traitant à sa guise. Il y rendit deux petites pierres et du sable. On ne sent jamais mieux qu'en lisant ce *Journal de voyage* et de santé combien Montaigne était né heureux. Il avait naturellement la joie de l'esprit et celle de l'humeur ; il fallait qu'il eût bien fort la gravelle pour être triste, tout comme Horace qui est heureux partout, à moins que la pituite ne s'en mêle : *Nisi cum pituita molesta est*[18]. Lui, plus vaillant qu'Horace, il va semant ses pierres et graviers sur les routes, et il trouve moyen encore d'être gai par là-dessus et content.

A Plombières, il contracta amitié et familiarité avec le seigneur d'Andelot de Franche-Comté, qui offrait cette singularité frappante d'avoir un côté de la barbe et des sourcils tout blanc, l'autre noir (*JV*, p. 10). Ce seigneur raconta à Montaigne que ce changement lui était venu en un instant, un jour qu'il était chez lui plein d'ennui pour la mort d'un sien frère que le duc d'Albe avait fait mourir comme complice des comtes d'Egmont et de Hornes : il tenait sa tête appuyée sur la main à cet

[18] « Sauf quand le rhume le tracasse. » Horace, *Épîtres* I,1, v.108, éd. F. Villeneuve (Paris : Belles-Lettres, 1967), p. 42. Sur le parallèle avec Horace, voir la fin des « Nouveaux documents sur Montaigne », *NDM, supra*, p. 150, note 33.

endroit; de façon que les assistants pensèrent, quand il eut retiré sa main, que c'était de la farine qui lui était tombée là par hasard. Il était demeuré tel depuis.

Montaigne, en quittant les Vosges, passe par Mulhouse, Bâle, Bade. A Mulhouse, alors ville suisse dépendant du canton de Bâle[19], il prend un plaisir infini à voir «la liberté et bonne police de cette nation» (*JV*, p. 14). Il en goûte l'esprit d'égalité. Son hôte de l'auberge du *Raisin*, en rentrant du Conseil de la ville et d'un [«]palais magnifique et tout doré[»] (*Ibid.*), vient servir les voyageurs à table, et l'homme qui sert à boire a autrefois mené [«]quatre enseignes de gens de pied contre le roi, sous le comte Casimir[»] (*Ibid.*), dans les guerres de religion. Montaigne fait causer son monde, et il tire de chacun les particularités les plus marquées: ainsi cet homme qui le sert, cette espèce de sommelier, et qui est, sous son air de domestique, une manière de seigneur, [«]lui dit entre autres choses qu'ils ne se font nulle difficulté ni scrupule de religion de servir le roi contre les huguenots mêmes[»] (*JV*, pp. 14-5), tout huguenots qu'ils sont. Ces gens de Mulhouse paraissent tenir assez peu au symbole, et la paye arrange tout[20].

A Bâle, où nos voyageurs sont reçus avec distinction et traités par la seigneurie de la ville avec des marques d'honneur et de cérémonie, Montaigne voit François Hotman[21], le célèbre jurisconsulte, rival de Cujas, échappé au massacre de la Saint-Barthélemy; à souper où il l'invite, il le met, lui et un savant médecin de la ville, sur le chapitre de la religion, et il devine que, tout en protestant contre la romaine, ils sont peu d'accord entre eux (*JV*, pp. 15-16). A Bade[22], ville catholique, il est frappé de la pratique sévère du plus grand nombre, qui va jusqu'à faire maigre le mercredi, et il y vérifie cette observation, qu'il n'est rien de tel, pour se tendre et se resserrer dans sa dévotion, que d'être en regard et en contradiction permanente de l'opinion contraire (*JV*, p. 23). Les eaux de Bade paraissent à Montaigne plus actives que les autres, dont il avait essayé jusque-là; il en boit avec grand effet et rend du sable. On le voit ensuite à Schaffhouse, à Constance (ayant laissé à droite Zurich où on lui dit qu'est la peste [*JV*, p. 26]), à Lindau[23] sur le lac même de

---

[19] Plus exactement, ville impériale alliée des cantons suisses.

[20] Dans ce paragraphe et ailleurs, S-B oublie de mettre des guillemets quand il cite le texte du *Journal de voyage* (*JV*). Nous les avons rajoutés entre crochets.

[21] François Hotman (1524-1590) s'était réfugié à Bâle où il enseignait le droit. Voir *infra*, note 26.

[22] Baden, Argovie. Cf. *JV*, pp. 20-24.

[23] Linden. Cf. *JV*, p. 35.

Constance. Là Montaigne regretta d'avoir omis trois choses en son voyage : 1° de n'avoir point emmené avec lui un cuisinier pour s'instruire des recettes allemandes et en pouvoir faire un jour l'épreuve chez lui (car il s'inquiète des mets et de la chère partout où il passe, il ne vit pas seulement de l'esprit) ; 2° de n'avoir pas amené avec lui un valet allemand ou de ne s'être pas donné pour compagnon de route quelque gentilhomme du pays, afin de ne pas se trouver tout à fait [«]à la merci d'un bélître de guide[»] (*JV*, p. 32) ; 3° enfin, de n'avoir pas lu d'avance ou emporté dans ses coffres les livres et *guides du voyageur* (comme nous dirions) qui le pussent [«]avertir des choses rares et remarquables à visiter en chaque lieu[»] (*JV*, p. 38). Il s'était prémuni pour l'Italie, non pour l'Allemagne ; et cette Allemagne lui plaisait fort, bien plus qu'il ne l'aurait cru. Il allait jusqu'à préférer bien des usages de ce pays et à les trouver plus commodes que les nôtres. « Ils ont cela de bon, disait-il des aubergistes allemands, qu'ils demandent quasi du premier mot ce qu'il leur faut, et ne gagne-t-on guère à marchander. Ils sont glorieux, colères et ivrognes, mais ils ne sont {du moins} ni traîtres ni voleurs » (*JV*, p. 33) Il a l'esprit bien fait et prend les gens par ce qu'ils ont de bon.

Il coupe par la Bavière, visite Friessen [Füssen (*JV*, p. 37)], Lanspergs [Landsberg (*JV*, p. 38)], Augsbourg (*JV*, pp. 39-47) où ils sont traités par le corps de ville non-seulement en gentilshommes, mais en personnages de haute condition, ni plus ni moins que barons ou chevaliers. Montaigne s'y prête fort bien et défend à ses gens de détromper les officiers de la ville. Il s'amuse ce jour-là, on ne sait pourquoi, à jouer le grand seigneur. Il a le regret, dans cette ville d'Augsbourg, de se rendre remarquable par quelque façon opposée au goût du pays : c'était en passant par une église ; comme il faisait très-froid et qu'il était indisposé, il garda son mouchoir sous son nez, ce qui parut étrange : il en fut mortifié, quand ensuite on le lui dit (*JV*, p. 47). Partout où il allait, le premier soin de Montaigne était d'observer la mode du pays, quelque difficulté et gêne qu'il y trouvât ; c'était sa religion à lui. Après avoir traversé Munich (*JV*, p. 47), la petite caravane arrive aux montagnes et s'enfonce dans les Alpes pour aller par le Tyrol et Inspruck [Innsbruck (*JV*, pp. 49-53)] en Italie : « Nous nous engouffrâmes tout à fait dans le ventre des Alpes par un chemin aisé, commode et *amusément* entretenu » (*JV*, p. 48). C'est le secrétaire de Montaigne qui écrit, mais qui visiblement s'inspire de ses impressions et se teint de son langage. Arrivés à une certaine abbaye, on y apprend toutes sortes de miracles, et l'un même tout récent ; Montaigne se garde bien d'y contredire. A peu de distance de là, il admire fort le paysage :

> Ce vallon semblait à M. de Montaigne représenter le plus agréable paysage qu'il eût jamais vu ; tantôt se resserrant, les montagnes venant à se presser, et puis s'élargissant à cette heure de notre côté, qui étions à main gauche de la rivière, et gagnant du pays à cultiver et à labourer dans la pente même des monts qui n'étaient pas si droits, tantôt de l'autre part ; et puis découvrant des plaines à deux ou trois étages l'une sur l'autre, et tout plein de belles maisons de gentilshommes et des églises. Et tout cela enfermé et emmuré de tous côtés de monts d'une hauteur infinie. (*JV*, p. 50)

Dans une de ses traites, son mal de reins le reprend, et sans s'effrayer, toujours courageux et de bonne composition, il estime qu'il est plus soulagé à cheval qu'en une autre posture : il en est quitte pour faire la traite plus longue ce jour-là, et le lendemain (ou le sur lendemain) matin, après une nuit douloureuse, à son lever, il rend une pierre : ce qui ne l'arrête nullement (*JV*, pp. 54-55). C'est dans cette traversée du Tyrol, à l'arrivée à Brixen [Bressanone (*JV*, pp. 55-56)], que se trouve dans le Journal une première page tout à fait agréable, et qui nous montre au vrai le Montaigne habituel que nous connaissons, mais avec ce redoublement de belle humeur et de sérénité que lui donne le voyage :

> Brixen [Bressanone], – très-belle petite ville, au travers de laquelle passe cette rivière (d'Eisock [Eisach, Isarco]) sous un pont de bois : c'est un évêché. Nous y vîmes deux très-belles églises, et fûmes logés à *l'Aigle*, beau logis. Sa plaine n'est guère large, *mais les montagnes d'autour*, même sur notre main gauche, *s'étendent si mollement qu'elles se laissent testonner et peigner jusques aux oreilles*. (N'est-il pas vrai que Montaigne communique de sa gaieté d'expression à son secrétaire ?[24]) Tout se voit rempli de clochers et de villages bien haut dans la montagne ; et près de la ville, plusieurs belles maisons très-plaisamment bâties et assises.
>
> M. de Montaigne disait « qu'il s'était toute sa vie méfié du jugement d'autrui sur le discours des commodités des pays étrangers, chacun ne sachant goûter que selon l'ordonnance de sa coutume et de l'usage de son village, et avoir fait fort peu d'état des avertissements que les voyageurs lui donnaient : mais en ce lieu il s'émerveillait encore plus de leur bêtise, ayant, et notamment en ce voyage, ouï dire que l'entre-deux (= le défilé] des Alpes en cet endroit était plein de difficultés, les mœurs des hommes étranges, chemins inaccessibles, logis sauvages, l'air insupportable. Quant à l'air, il remerciait Dieu de l'avoir trouvé si doux, car il inclinait plutôt sur trop de chaud que de froid, et en tout ce voyage,

---

[24] Pour la question de l'« autonomie » du secrétaire, voir notre édition du *Journal de voyage* (*JV*, pp. xii-xix).

> jusques lors, n'avions eu que trois jours de froid et de pluie environ une heure ; mais que du demeurant, s'il avait à promener sa fille[25], qui n'a que huit ans, il l'aimerait autant en ce chemin qu'en une allée de son jardin ; et quant aux logis, il ne vit jamais contrée où ils fussent si dru semés et si beaux, ayant toujours logé dans belles villes bien fournies de vivres, de vin, et à meilleure raison qu'ailleurs.» (*JV*, pp. 55-56)

Montaigne, à la veille de quitter l'Allemagne et le Tyrol autrichien, écrit une lettre à François Hotman (*JV*, p. 57)[26], ce célèbre jurisconsulte qu'il avait rencontré à Bâle, pour lui exprimer sa satisfaction de tout ce qu'il a vu dans le pays et le regret qu'il avait d'en partir si tôt, [«]quoique ce fût en Italie qu'il allât[»]; ajoutant qu'excepté quelques exactions à peu près inévitables des hôteliers, guides et truchements, «tout le demeurant lui semblait plein de commodité et de courtoisie, et surtout de justice et de sûreté» (*JV*, p. 58).

Cette première partie de son voyage, dont il se montrait si enchanté, n'avait fait que le mettre en goût et en appétit de découverte. Toute fatigue d'esprit et de corps était loin de lui. A Trente, à Rovère (*JV*, pp. 58-61), au moment d'entrer décidément en Italie, quand tous les autres de sa troupe sont las et recrus, lui, plus en train et plus allègre que jamais, il serait presque tenté, s'il était seul, de tourner vers des pays moins connus et plus neufs, et débouchant sur cet autre versant des Alpes Juliennes ou Noriques, d'aller jusque par delà les plaines que le Danube arrose, courir au loin mainte aventure. Voici, de tout le *Journal*, la page, selon moi, la plus caractéristique et la plus propre à nous faire juger de l'humeur excitée et charmante du voyageur excellent :

> Je crois à la vérité, nous dit son secrétaire, que, s'il eût été seul avec les siens, il fût allé plutôt à Cracovie ou vers la Grèce par terre, que de prendre le tour vers l'Italie ; mais le plaisir qu'il prenait à visiter les pays inconnus, lequel il trouvait si doux que d'en oublier la faiblesse de son âge et de sa santé, il ne le pouvait imprimer à nul de la troupe, chacun ne demandant que la retraite, tandis que lui[27], il avait accoutumé de dire qu'après avoir passé une nuit inquiète, quand au matin il venait à se souvenir qu'il avait à voir ou une ville ou une nouvelle contrée, il se levait avec désir et allégresse. Je ne le vis jamais moins las ni moins se plaignant de ses douleurs, ayant l'esprit, et par chemin et en logis, si tendu à ce qu'il rencontrait, et recherchant toutes occasions d'entretenir les étrangers, que je crois que cela amusait son mal.

---

[25] Léonore, née en 1571, seul enfant à avoir survécu. Cf. *Essais* (II,8,389 b & c).

[26] Sur Hotman voir *supra*, p. 206, note 21.

[27] Le texte original donne : «Là où il...» à la place de «tandis que lui.»

> Quand on se plaignait à lui de ce qu'il conduisait souvent la troupe par chemins divers et contrées, revenant souvent bien près d'où il était parti (ce qu'il faisait, ou recevant l'avertissement de quelque chose digne de voir, ou changeant d'avis selon les occasions), il répondait qu'il n'allait quant à lui en nul-lieu que là où il se trouvait, et qu'il ne pouvait faillir ni tordre sa voie, n'ayant nul projet que de se promener par des lieux inconnus; et, pourvu qu'on ne le vît pas retomber sur même voie et revoir deux fois même lieu, qu'il ne faisait nulle faute à son dessein[28]. Et quant à Rome où les autres visaient, il la désirait d'autant moins voir que les autres lieux, qu'elle était connue d'un chacun, et qu'il n'y avait laquais qui ne leur pût dire nouvelles de Florence et de Ferrare. Il disait aussi qu'il lui semblait être comme ceux qui lisent quelque fort plaisant conte, d'où il leur prend crainte qu'il vienne bientôt à finir, ou un beau livre: lui de même prenait si grand plaisir à voyager qu'il haïssait le voisinage du lieu où il se dût reposer... (*JV*, pp. 61-2)

Le voyage pour Montaigne était comme un conte des Mille et une Nuits. Il n'était pas de l'avis de ceux qui disent:

> Les voyages sont beaux, surtout quand ils sont faits[29].

Il aimait le voyage pour le voyage même, – aller pour voir et voir encore. Loin d'être esclave d'un itinéraire tracé à l'avance et qu'on abrége même si l'on peut, il était toujours prêt à modifier le sien et à l'allonger selon son caprice et son plaisir. Pour lui qui, en toute chose, préférait le chemin des écoliers, ce lui semblait alors le cas, ou jamais, de faire l'école buissonnière. Il y a bien des manières d'être voyageur, et je ne voudrais en exclure aucune; mais je ne puis m'empêcher d'opposer cette façon d'aller de Montaigne à celle d'un grand écrivain moderne, voyageur par ennui plus encore que par curiosité, et qui, dès qu'il avait saisi les grands horizons, les vastes contours, les *ciels* et les sommets dominants d'un pays, ne daignait y rien regarder de plus. Montaigne se montre ici le contraire de Chateaubriand qui, même en voyageant aux lieux où il se plaît et qu'il a le plus désirés, a l'impatience d'en finir. C'est que c'est d'abord l'homme ennuyé et qui se fuit lui-même, puis c'est l'artiste surtout qui voyage en la personne de Chateaubriand: chez Montaigne, c'est le curieux amusé de la vie, et qui dépense la sienne sans compter. Chateaubriand voyage pour en rapporter des tableaux, pour écrire et décrire au retour: quand il a son image, il en a assez.

---

[28] Ceci sera repris dans les *Essais* (III,9,977b et 985b).

[29] Allusion, sans doute, au fameux sonnet de Joachim du Bellay, «Heureux qui, comme Ulysse, a fait un beau voyage». *Regrets*, sonnets 31, v.1, éd. J. Joliffe & M. A. Screech, Genève, Droz, 1966, p. 98.

Montaigne voyage pour apprendre du nouveau et pour regarder sans cesse; et il regarde en effet, il retient tout, depuis les beaux et riants aspects et les jolis fonds de paysage jusqu'à la manière de tourner la broche. Il n'y a danger qu'on n'oublie rien avec lui. Comparez les témoignages de leurs fidèles domestiques, à tous deux ! nous venons d'entendre le secrétaire de Montaigne; que dit de son maître, au contraire, le Joseph de Chateaubriand, celui même dont il est parlé dans l'*Itinéraire*[30]: «Dès qu'il est arrivé dans un lieu, il n'a rien de plus pressé que d'en repartir.»[31] Et il en repartait moins encore pour voir d'autres lieux que pour en finir de celui qu'il avait, du premier coup d'œil, dévoré. Montaigne, en un mot, voyageait pour amuser et régaler sa curiosité toujours éveillée et toujours fraîche; Chateaubriand, pour occuper et remplir son imagination ardente et en tirer gloire.

Ajoutez que pour Montaigne philosophe le voyage n'était qu'une réfutation perpétuelle, en action et en tableau, des préjugés de clocher dont il avait le mépris et le secret dégoût. Dans cette succession rapide de vues et de mœurs si diverses et si contraires, un préjugé réfute et chasse l'autre, et ne lui laisse pas le temps de faire le fier; et le philosophe libre, sans aucun effort de lutte ni de contradiction, y trouve son compte, en même temps que le curieux son plaisir.

II

Quoi qu'il en soit de ses désirs de Cracovie, de Valachie et de Grèce (*JV*, pp. 61-62), Montaigne a une grande envie de voir Rome, et c'est là (laissant de côté son passage par Vérone, Padoue, Venise, Ferrare, Bologne, Florence, Sienne, Montefiascone), – c'est là qu'il le faut suivre, entrant par la porte *del Popolo* (*JV*, p. 90)[32].

Il y avait alors trop de Français à Rome (*JV*, p. 90), ce qui le fâche. Il commence par comparer Rome, la neuve, celle du beau monde, avec Paris qu'il aimait beaucoup (JV, pp. 91-2, 99, 117 ; *Essais* (III, 9, 972b) ; mais il n'insiste pas sur cette comparaison, et il remet et laisse bientôt Rome à son rang unique. Il juge très-bien, à première vue, du change-

---

[30] *Itinéraire de Paris à Jérusalem* (Paris : Le Normant, 1811), 3 tomes.

[31] Joseph est le domestique milanais qui servira d'interprète à Chateaubriand. Voir *Œuvres romanesques et voyages*, éd. Maurice Regard (Paris : Gallimard, 1969), tome 2, p. 1514. Chateaubriand avait emmené avec lui son domestique, Julien Potelin, qui écrira une «note» sur le voyage qu'il a fait en compagnie de son maître. *Op. cit.*, tome 2, pp. 1511-40.

[32] Porte située à l'entrée nord-ouest de la Ville Éternelle.

ment de configuration du sol, et de l'ensevelissement de l'ancienne Rome : la forme des montagnes et des pentes n'est plus du tout la même, et il tenait pour certain « qu'en plusieurs endroits nous marchions [sur la tête des vieux murs et] sur le faîte des maisons tout entières » (*JV*, p. 92)[33]. La liberté de vie à Rome lui paraît bien différente de celle de Venise : la sûreté y manque. La police de Rome était de tout temps mauvaise. Les chicanes des douaniers y sont excessives, et pires qu'en la plupart des autres villes d'Italie ; on lui avait pris en entrant tous ses livres pour les visiter, entre autres un exemplaire des *Essais* qui avaient récemment paru : on ne les lui rendra qu'après examen et censure[34]. Quelques jours après son arrivée, il se trouve mal et prend médecine (*JV*, p. 93) : la médecine, dans cette Relation, vient à travers toutes choses. Il assiste le jour de Noël (1580) à la messe du Pape à Saint-Pierre et n'y perd rien des cérémonies. Il y a un certain instrument à boire le calice pour se précautionner contre le poison. Il remarque un air de dissipation pendant l'office : « Il lui sembla nouveau, et en cette messe et autres, que le Pape et cardinaux et autres prélats y sont assis, et quasi tout le long de la messe couverts, devisant et parlant ensemble. Ces cérémonies semblent être plus magnifiques que dévotieuses » (*JV*, p. 93) – Les courtisanes ont leur part de son attention. – L'ambassadeur de France (M. d'Elbène)[35] l'engage cependant à aller baiser les pieds du Pape : Montaigne et son compagnon de route, M. d'Estissac[36], sont donc présentés un jour à Sa Sainteté par l'ambassadeur. Montaigne entre dans les plus menus détails d'étiquette au sujet de cette présentation, et décrit les trois agenouillements et les trois bénédictions consécutives à mesure qu'on avance dans la chambre. Quand ils furent avancés jusqu'à être devant Sa Sainteté, l'ambassadeur, mettant lui-même un genou en terre, « retroussa la robe du Pape sur son pied droit, où il y a une pantoufle rouge [avec] une croix blanche au-dessus » (*JV*, p. 94)[37]. Montaigne ne perd pas une occasion de regarder et de bien voir. Il note la politesse du Pape « qui avait haussé un peu le bout de son pied », comme pour épargner à son adoration le reste du chemin. Averti par l'ambassadeur, le Pape loua Montaigne d'être bon catholique et l'engagea à continuer. Nous avons là, d'après lui, un portrait physique et moral très-exact de ce

---

[33] S-B ajoute les mots entre crochets qui se trouvent chez Montaigne dans la phrase suivante.

[34] C'est-à-dire le 20 mars 1581. Cf. *JV*, p. 119 et note 55.

[35] En fait, Louis Chasteigner, seigneur d'Abain et de La Roche-Posay (*JV*, p. 94).

[36] Charles d'Estissac, ami de la famille de Montaigne.

[37] Dans la phrase citée, S-B remplace « à tout » par « avec ».

beau et doux vieillard, Grégoire XIII (*JV*, p. 93)[38]. Quelques jours après, le Pape passe à cheval sous les fenêtres du logis de Montaigne : nouveau portrait et description exacte du costume, des mouvements et du cortège (*JV*, p. 97). Montaigne a les sens excellents ; il voit les choses telles qu'elles sont, ni plus ni moins, et ne les complique en rien d'abord, ni par l'imagination ni par la réflexion. – Ce même jour où il a vu passer le Pape, il prend de la térébenthine : sa santé va de front avec sa curiosité. – On exécute un bandit ; il assiste à ce spectacle, en relève toutes les circonstances, et l'ancien conseiller au Parlement de Bordeaux ne manque pas de faire la comparaison avec ce qui se pratique en France[39].

Mais c'est sur les antiquités de Rome particulièrement qu'il a des vues justes, tout à fait grandes et dignes de leur objet. Ici l'on aurait à faire tout un chapitre, *Montaigne antiquaire*, si M. Ampère ne l'avait déjà fait[40]. A visiter, à étudier ainsi Rome, Montaigne se pique d'honneur ; il apprend bientôt à se passer de guide, et il est de force à en remontrer aux plus habiles *ciceroni* eux-mêmes. Voici le beau passage de cette seconde partie du *Journal*, et qui mérite de faire pendant à celui que nous avons déjà vu au sortir du Tyrol. Ce n'est plus l'humeur voyageuse qui s'égaye et qui se joue en mille désirs de courses errantes et vagabondes, ce n'est plus la curiosité jeune et dans sa légère ivresse, c'est le sentiment historique profond, qui se prononce et se déclare, c'est une admiration pleine de deuil pour la plus grande cité qu'ait portée la terre et qu'elle a presque tout engloutie. Montaigne disait donc (et à travers le secrétaire on sent de plus en plus le langage et l'accent magistrat, comme sous de certaines pages de l'abbé Ledieu[41] on sent la parole de Bossuet), – il disait :

> Qu'on ne voyait rien de Rome que le ciel sous lequel elle avait été assise et le plan de son gîte ; que cette science qu'il en avait était une science abstraite et contemplative, de laquelle il n'y avait rien qui tombât sous les sens ; que ceux qui disaient qu'on y voyait au moins les ruines de Rome en disaient trop, car les ruines d'une si épouvantable machine

---

[38] Montaigne ne lui reprochera guère que d'avoir modifié le calendrier (III, 10, 1010c et III, 11, 1026b).

[39] Il s'agit de Catena, « un voleur insigne » (II, 11, 432, ajout de 1582).

[40] Jean-Jacques Ampère (1800-1864), « Portrait de Rome » in *Revue des deux mondes*, 4e série, tome 2, 1er juin 1835, pp. 523-7. S-B avait consacré un article à Ampère le 15 février 1837, recueilli dans les *Portraits littéraires*, éd. G. Antoine (Paris : Laffont, 1993), pp. 223-250.

[41] François Ledieu (1658-1713). Ses *Mémoires et Journal sur la vie et les ouvrages de Bossuet* avaient paru pour la première fois en quatre volumes, par les soins de l'abbé Guettée, quelques années avant l'article de S-B (Paris : Didier, 1856-7).

> rapporteraient plus d'honneur et de révérence à sa mémoire: ce n'était rien que son sépulcre. Le monde, ennemi de sa longue domination, avait premièrement brisé et fracassé toutes les pièces de ce corps admirable, et parce qu'encore tout mort, renversé et défiguré, il lui faisait horreur, il en avait enseveli la ruine même. – Que ces petites montres de sa ruine qui paraissent encore au-dessus de la bière, c'était la Fortune qui les avait conservées pour le témoignage de cette grandeur infinie que tant de siècles, tant de feux, la conjuration du monde réitérée à tant de fois à sa ruine, n'avaient pu universellement éteindre. Mais [qu'il] était vraisemblable que ces membres dévisagés qui en restaient, c'étaient les moins dignes, et que la furie des ennemis de cette gloire immortelle les avait portés premièrement à ruiner ce qu'il y avait de plus beau et de plus digne; que les bâtiments de cette Rome bâtarde qu'on allait à cette heure attachant à ces masures [antiques], quoiqu'ils eussent de quoi ravir en admiration nos siècles présents, lui faisaient ressouvenir proprement des nids que les moineaux et les corneilles vont suspendant en France aux voûtes et parois des églises que les Huguenots viennent d'y démolir... (*JV*, p. 100)[42]

Rome inspire Montaigne et l'élève jusqu'à elle. Quel langage auguste et magnifique! quelle haute idée! On ne voit pas même les ruines de Rome; ces ruines sont ensevelies: à peine si quelques-unes surnagent et dépassent le niveau de ce vaste cimetière qui est la Rome d'aujourd'hui. Tout cela, c'est du Sénèque, du bon Lucain; c'est de l'Horace dans les grandes odes. Parce que ces hommes, comme Horace et Montaigne, sont aimables, on les croit incapables de générosité et de sentir la grandeur. Mais le goût et une mâle pensée embrassent tout.

Cependant la Rome ancienne ne l'absorbe pas tellement qu'il n'aille voir jusqu'au dernier jour tout ce qui se peut voir. Il assiste à la circoncision d'un Juif (*JV*, p. 102); il assiste aux fêtes du carnaval (*JV*, p. 105), etc. Nous l'abandonnons dans le reste de ses courses et visites où il se romanise de plus en plus. L'air de Rome lui allait; il le trouvait «très-plaisant et sain» (*JV*, p. 125). Surtout il ne s'y ennuyait pas un seul instant: «Je n'ai rien, disait-il, si ennemi à ma santé que l'ennui et oisiveté: là j'avais toujours quelque occupation, sinon si plaisante que j'eusse pu désirer, au moins suffisante à me désennuyer» (*JV*, p. 125)[43]. Et il les énumère: à défaut d'antiquités, aller voir les *Vignes* «qui sont des jardins et lieux de plaisir de beauté singulière, où j'ai appris, ajoute-t-il, combien l'art se pouvait servir bien à point d'un lieu bossu, montueux

[42] Ce passage est déjà cité par J.-J. Ampère dans la *Revue des deux mondes*, *cit.*, p. 525. Les mots entre crochets sont sautés par S-B, fautes probablement d'inattention.

[43] Ce passage est aussi cité par Ampère, *op. cit.*, p. 526.

et inégal» (JV, p. 125); à d'autres jours, à défaut de promenades, aller entendre des sermons, des thèses, ou faire la conversation chez les dames (*JV*, p. 121): il mêle tout cela. «Tous ces amusements m'embesognaient assez: de mélancolie qui est ma mort, et de chagrin, je n'en avais nulle occasion, ni dedans ni hors la maison» (*JV*, p. 126). En un mot, il était là comme chez soi, avec une certaine nouveauté de plus.

J'allais oublier son grave enfantillage d'ambitionner d'être *citoyen romain* (*JV*, p. 127); il y parvint, non sans peine. Il respecte tant l'ancienne Rome qu'il se complaît à la parodie même qu'on en fait, pourvu qu'elle soit sérieuse et sans rire; il reçoit ses lettres de *citoyen* au nom du *Sénat* et du *Peuple*: «C'est un titre vain, dit-il; tant y a que j'ai reçu beaucoup de plaisir de l'avoir obtenu» (*JV*, p. 127). Voilà un aimable philosophe qui paye ouvertement son tribut à l'illusion et à la vanité humaine[44].

On lui rendit avant son départ le volume des *Essais* qu'on lui avait saisi à l'arrivée (*JV*, p. 131). Le maître du Sacré-Palais et l'un de ses collègues, en le lui rendant, firent bon marché de la censure qu'on y avait jointe et qui était du fait d'un *frater* français assez ignorant. Ledit *maëstro* lui dit de n'en tenir compte dans une édition suivante qu'autant qu'il le jugerait à propos; ces Romains sont accommodants pour leurs amis. Il ajouta que bien des livres de cardinaux et religieux avaient été censurés de même pour telles imperfections de détail qui ne touchaient en rien la réputation de l'auteur ni de l'œuvre en gros. Ils l'engagèrent *à aider à l'Église par son éloquence*, et à demeurer paisible chez eux tant qu'il le voudrait. Et ceux qui parlaient ainsi, Montaigne nous le fait remarquer, étaient «personnes de grande autorité et *cardinalables*», c'est-à-dire du bois dont on fait les cardinaux (*JV*, p. 131).

Montaigne, à ce premier séjour, avait passé à Rome près de cinq mois; il se rendit de là aux bains de Lucques et revint encore à Rome avant de repartir pour la France. Il était aux bains *della Villa*, près de Lucques, lorsqu'il apprit que MM. de Bordeaux l'avaient choisi absent pour maire de leur ville (*JV*, pp. 202 et 275). Après quelque hésitation et tergiversation, il se décida à accepter. Le maire de Bordeaux ne nous regarde plus; il appartient à M. Grün[45], qui en a traité à fond.

C'est bien assez pour nous et pour un jour. Mais je me suis senti provoqué par ces doctes brochures qui venaient nous entretenir de minces détails, de questions philologiques concernant la bibliothèque et le tom-

---

[44] Dans les *Essais* Montaigne placera cet honneur «parmy les faveurs de la Fortune», en y reconnaissant la part «d'inanité et de fadaise» (III,9,999b et 1000b).

[45] Sur Alphonse Grün voir *supra*, p. 203, note 14 et *infra*, p. 220, note 10.

beau du philosophe, et je ne me le suis pas laissé dire deux fois. Vous me parlez de Montaigne ; eh bien ! j'en prends occasion pour revenir parler de lui à mon tour, pour l'écouter et le suivre là où il est le plus à l'abandon et où il va le plus à l'aventure. On ne perd jamais son temps à l'accoster. Aussi avons-nous vu quel charmant, quel commode et quel joli voyageur c'était que cet homme de cabinet qui avait en lui l'étoffe de plusieurs hommes ; quel naturel heureux, curieux, ouvert à tout, détaché de soi et du chez-soi, déniaisé, guéri de toute sottise, purgé de toute prévention. Et quelle sérénité, quelle allégresse même, jusque dans la souffrance et dans les maux ! que d'accortise à tout venant ! que de bon sens partout ! que de vigueur de pensée ! quel sentiment de la grandeur, quand il y a lieu ! que de hardiesse et aussi d'adresse en lui ! J'appelle Montaigne « le Français le plus sage qui ait jamais existé. »

MONTAIGNE, MAIRE DE BORDEAUX[1]

Nos superstitions sont de plus d'un genre, et toutes elles tiennent de près à des religions. La religion de l'histoire, en ce qu'elle a de fondamental, repose sur des pièces authentiques, actes et papiers d'État, traités, instructions, dépêches et correspondances, etc. La superstition historique et biographique s'attache aux moindres lettres et billets des personnages célèbres, aux signatures, aux reliques insignifiantes. Mais comment distinguer et marquer le point précis où la religion finit, où la superstition commence ? Comment dire à la curiosité : *Tu iras jusque-là, et tu ne t'enquerras pas plus loin*? Comment prévoir à l'avance que telle découverte ou trouvaille sera importante et capitale, telle autre piquante et singulière, telle autre futile ? Il faut donc en prendre son parti et laisser faire les curieux, les laisser courir et battre la campagne en tous sens à leur guise, sauf ensuite à distinguer et à choisir dans ce qu'ils nous rapporteront. J'ai en ce moment présent à la pensée plus d'un exemple de chaque genre de recherche et de chaque nature de résultats. C'est ainsi, pour citer un cas des plus considérables, que le savant M. Teulet[2], ce modèle de l'éditeur historique consciencieux et grave, nous apportera des séries complètes et suivies des relations de la France et de l'Écosse au XVIe siècle. Nous y verrons un à un tous les fils dont se compose la trame la plus solide de l'histoire, le dessous et l'envers de la tapisserie ; nous apprendrons à y connaître au naturel quelques figures de diplo-

---

[1] Troisième article sur Montaigne, daté du lundi 9 novembre 1863, publié dans le *Constitutionnel* et recueilli au tome VI des *Nouveaux Lundis* (Paris : M. Lévy, 1866), *NL*, pp. 239-264. Le titre original de l'article était : «LETTRES INÉDITES/ DE/ MICHEL DE MONTAIGNE/ ET DE QUELQUES AUTRES PERSONNAGES/ DU XVIe SIÈCLE/ PUBLIÉES PAR M. FEUILLET DE CONCHES.» Félix-Sébastien Feuillet de Conches (1798-1887) est l'auteur des *Causeries d'un curieux* (Paris : Plon, 1862-1868) en 4 volumes. Les «Lettres de Michel de Montaigne» se trouvent au volume III (1864), livre 3, chapitre 5, pp. 239-360. S-B précise en note : « C'était un chapitre du troisième volume des *Causeries d'un Curieux*, alors sous presse ; l'auteur en avait fait un extrait à part, tiré à 240 exemplaires ; imprimerie de Plon, rue Garancière, 8 [1864].»

[2] Alexandre Teulet (1807-1866). Voir note 3, *infra*.

mates guerriers, d'hommes d'État, gens d'esprit ou même écrivains originaux, que les récits du dehors et le spectacle de l'avant-scène laissaient à peine soupçonner[3]. L'histoire sévère se détend un peu et se diversifie, la libre curiosité commence dans les recherches que je vois faire depuis quelque temps au comte Hector de Laferrière[4]: il trouve ou on lui communique, par exemple, un livre de dépenses de Marguerite, reine de Navarre, la sœur de François Ier, et il en profite pour nous donner une Étude ingénieuse et plus précise qu'on ne l'avait fait encore sur les dernières années de cette bonne et estimable princesse[5]. Depuis lors, M. de Laferrière est passé à l'histoire pure, en allant prendre copie en Russie des nombreuses lettres de Catherine de Médicis que possède la Bibliothèque impériale de Saint-Pétersbourg; mais il est resté fidèle à la variété de ses goûts et à sa littérature première en y ajoutant, chemin faisant, quantité de menu butin recueilli ou glané sur d'autres branches plus agréables qui s'offraient à lui. Nous arrivons ainsi par degrés à tant de collecteurs et amateurs d'autographes qui, dès qu'ils ont réuni un certain nombre de pièces ou de bagatelles auxquelles ils s'amusent, ont hâte de les publier, et, qui, s'ils n'éclairent pas grand' chose, aident du moins à orner ou à égayer parfois des points de biographie littéraire. Tout cela trouve sa place, son usage; et l'excès, quand il y en a, tombe de lui-même.

Il ne saurait y avoir excès dans ce que nous donne et nous donnera en tous ces genres divers le curieux par excellence, le possesseur du plus beau et du plus riche cabinet particulier qui se puisse voir. M. Feuillet de Conches[6] a, depuis des années, réuni avec une ardeur, avec une passion qui n'a d'égale que son obligeance, des raretés sans nombre, depuis les pièces qui sont le plus faites pour éclairer l'histoire jusqu'à celles qui ne sont que des amusements, des singularités biographiques et morales. Il a commencé à nous ouvrir son trésor, y compris celui de son érudition, dans deux volumes, où il est un peu question de tout et où il a tenu à faire montre d'abord de ce qui concerne l'antiquité; mais l'antiquité n'est pas précisément ce qu'on lui demande, et, si instruit qu'il soit, il n'est pas là

---

[3] «Voici le titre de l'ouvrage de M. Teulet: *Relations politiques de la France et de l'Espagne avec l'Écosse au XVIe siècle* (5 volumes in-8°; chez Mme veuve Jules Renouard, rue de Tournon, 6 [1862]). Les quatre premiers volumes contiennent les correspondances françaises, et le cinquième renferme tous les documents espagnols, particulièrement relatifs à Marie Stuart.» (note de S-B)

[4] Hector de Masso, comte de La Ferrière-Percy (1811-1898).

[5] «*Marguerite d'Angoulême*, son livre de dépenses, un vol. in-18, chez [A.] Aubry, rue Dauphine, 16 [1862].» (note de S-B)

[6] Sur Feuillet de Conches, voir note 1, *supra*, p. 217.

non plus dans son domaine: on l'attendait avec impatience sur les époques modernes; et aujourd'hui il vient nous en offrir un avant-goût en extrayant de son tome troisième des lettres de Henri IV, de la reine Marguerite, de Du Plessis-Mornay, et aussi de Montaigne. C'est à ces dernières que nous nous attacherons. Elles proviennent des papiers de la famille de Matignon et appartiennent au prince actuel de Monaco. M. Feuillet de Conches les a encadrées dans un récit animé qui les explique et leur rend toute leur signification. Je reprendrai à mon tour le chapitre de la vie de Montaigne auquel elles se rapportent, et qui est l'époque de sa mairie à Bordeaux. J'ai déjà montré Montaigne en voyage[7]; on va le voir ici dans l'exercice d'une magistrature publique. Toutes ces parties se rejoignent: le miroir est comme brisé ou à facettes, mais chaque facette, chaque fragment nous présente bien le même homme.

I

Montaigne, lorsqu'il apprit sur la fin de son voyage d'Italie, aux bains de Lucques où il se trouvait à ce moment (septembre 1581), son élection inopinée à la mairie de Bordeaux[8], et quand après une première hésitation il crut devoir accepter, Montaigne n'était nullement étranger aux fonctions publiques. Il avait été autrefois conseiller au Parlement, et durant treize années. Treize années employées à une profession, même quand on ne s'y adonne pas de tout cœur, cela ne peut être indifférent dans la vie d'un homme comme lui, ni dans la vie d'aucun homme. Il en était sorti en 1570, à l'âge de trente-sept ans, et avait déposé sans regret la robe pour reprendre l'épée de ses pères. S'il parut d'abord un peu gauche à la porter, à ce que dit Brantôme[9], il finira par s'y accoutumer, et il aura même jusqu'à un certain point une carrière militaire, bien qu'on ne sache trop où la placer. Ce qui est plus certain c'est qu'il avait passé les dix années qui avaient suivi sa sortie du Parlement, tantôt à la Cour et mêlé à plus d'une négociation, tantôt dans son château à composer ses *Essais*. C'était un usage établi, et qui datait de François Ier, que les gentilshommes vinssent à la Cour et s'y fissent présenter sans y être amenés par aucun office particulier. Montaigne profita de la permission,

---

[7] «Voir au tome II des *Nouveaux Lundis*» (note de S-B). Cf. «Montaigne en voyage», *supra*, pp. 201-216.

[8] *Ibid.* et *JV* pp. 202 et 275.

[9] Pierre de Bourdeille, seigneur de Brantôme. «Le sieur de Montaigne, duquel le mestier estoit meilleur de continuer sa plume à escrire ses *Essays* que de la changer avec une espée qui ne lui séioid si bien...»

dans les intervalles du temps où il écrivait les deux premiers livres des *Essais*, et plus d'un passage fait allusion au spectacle qu'il y avait eu sous les yeux. Il obtint même en ces années le titre et la charge de gentilhomme ordinaire de la Chambre du roi, qui lui donnait de droit un pied au Louvre.

Quel contingent la Cour, la familiarité des grands et des princes, apporta-t-elle à l'expérience de Montaigne ? pour quelle part entra-t-elle dans la morale des *Essais*? On peut se faire cette question, de même qu'on a pu se demander quelle part sa profession de magistrat avait apportée dans sa connaissance et son jugement des lois et coutumes qui régissent les sociétés. La réponse à ces diverses questions est facile depuis que M. Grün[10] a établi les divers temps et les principaux chapitres de la vie publique de Montaigne. On peut différer avec lui sur la mesure de ses conclusions et sur ce qu'elles ont parfois de trop marqué ; mais il a le mérite d'avoir posé les cadres de la discussion et d'en avoir, le premier, rassemblé avec méthode les éléments.

Nous avons vu Montaigne en voyage, ajoutant chaque jour par sa curiosité à ses connaissances et à ses plaisirs : et en général, il semble n'avoir voulu prendre de chaque état nouveau, de chaque profession ou fonction accidentelle où il entrait, que ce qu'il en fallait pour compléter son éducation personnelle, pour perfectionner son outil intérieur par une application fréquente et variée. L'action ne semblait être pour lui qu'une occasion à mieux voir et à tout comprendre. Il traversait ses divers rôles, il ne s'y tenait pas. Il ne devenait un autre personnage que pour un temps et un passage assez courts. Cela même, quand il entrait dans une affaire, circonscrivait sa portée d'action et limitait son succès.

Ainsi pour le dire tout d'abord et sans crainte d'anticiper sur ce qu'on sait déjà, ce n'avait pas été un grand magistrat pas plus que ce ne fut un grand négociateur que Montaigne, pas plus que ce ne fut un grand citoyen et maire de sa ville ; il ne prenait pas assez les choses du dehors à cœur pour y primer et exceller ; il ne prenait à cœur que les choses de l'homme en général, et celles de Michel de Montaigne en particulier. Mais il fut et il parut, dans toutes ces charges et conditions de rencontre et de circonstance, avec les qualités de bon sens, de modération et d'humanité qu'on lui connaît, avec un excellent esprit et un zèle qui, dans ses intermittences, avait des accès assez vifs, bien que ne se soutenant pas. Il ne fut pas grand, mais il fut bon en tous ses emplois.

C'est bien tel et sous ces traits tout conformes à son caractère que nous allons le retrouver et le reconnaître dans la charge nouvelle qui lui

---

[10] Sur Alphonse Grün, voir « Montaigne en voyage », p. 203, note 14, *supra*, et p. 226, note 20, *infra*.

était déférée. Ici pourtant il semblait qu'un plus grand zèle, et plus soutenu, était nécessaire, et qu'en devenant le premier magistrat de sa cité, il prenait, comme nous dirions aujourd'hui, une responsabilité plus grande qu'il ne l'avait jamais fait jusqu'alors.

Il le sentit bien. Aussi hésita-t-il, et son premier mouvement fut de refuser et de s'excuser. C'est en ce sens qu'il répondit d'abord aux jurats de Bordeaux qui, en lui annonçant sa nomination, le priaient instamment de venir y faire honneur. Mais il se ravisa: «On m'apprit, dit-il, que j'avais tort, le commandement du roi s'y interposant aussi» (III, 10, 1005b). Il se mit en route pour revenir, avant d'avoir reçu la lettre et l'injonction du roi datée du 25 novembre 1581. Montaigne, qui avait quitté Rome dès le 15 octobre, était de retour dans son château le 30 novembre, juste à temps pour y recevoir cette lettre du roi qui ne lui eût pas laissé la liberté du refus. La voici en propres termes:

> Monsieur de Montaigne, pour ce que j'ai en estime grande votre fidélité et zélée dévotion à mon service, ce m'a été plaisir d'entendre que vous avez été élu maior de ma ville de Bourdeaux, ayant eu très-agréable et confirmé ladite élection, et d'autant plus volontiers qu'elle a été [faite] sans brigue et en votre lointaine absence. A l'occasion de quoi mon intention est, et vous ordonne et enjoins bien expressément que, sans délai ni excuse, reveniez, au plus tôt que la présente vous sera rendue, faire le dû et service de la charge où vous avez été si légitimement appelé. Et vous ferez chose qui me sera très-agréable, et le contraire me déplairait grandement. Priant Dieu, Monsieur de Montaigne, qu'il vous ait en sa sainte garde[11].

Montaigne s'honora fort, et avec raison, de cette charge de maire; il y fut réélu après deux années, en 1583. Il la remplit donc étant âgé de 48 à 52 ans (1581-1585):

> C'est une charge qui [en] doit sembler d'autant plus belle, dit-il, qu'elle n'a ni loyer [= rémunération] ni gain autre que l'honneur de son exécution. Elle dure deux ans; mais elle peut être continuée par seconde élection: ce qui advient très-rarement. Elle le fut à moi et et ne l'avait été que deux fois auparavant, quelques années y avait, à M. de Lansac et fraîchement à M. de Biron, maréchal de France, en la place duquel je succédai; et laissai la mienne à M. de Matignon, aussi maréchal de France. [...][12] La fortune voulut part à ma promotion par cette particu-

[11] Lettre de Henri III à Montaigne. «Lettres écrites à Montaigne» in *Essais*, éd. J.-V. Le Clerc (Paris: Garnier, 1865-66), tome 4, pp. 270-1.

[12] Plusieurs mots manquent ici, ainsi qu'une citation de Virgile ajoutée postérieurement (1005c).

> lière circonstance qu'elle y mit. [...][13] Alexandre dédaigna les ambassadeurs corinthiens qui lui offraient la bourgeoisie de leur ville; mais quand ils vinrent à lui déduire comme Bacchus et Hercule étaient aussi en ce registre, il les en remercia gracieusement. (III, 10, 1005b)

Montaigne s'égaye et badine. Il semble vraiment que, comme Alexandre fit pour la bourgeoisie de Corinthe, il n'ait accepté lui-même la mairie de Bordeaux que quand il connut que des maréchaux de France, ne l'avaient pas dédaignée.

Le fait est que c'était une charge très-honorable et considérable que d'être maire de Bordeaux. Le maire était pris d'ordinaire parmi les nobles de haute qualité, «parmi les plus vaillants et capables seigneurs du pays.» Il montait à cheval selon les occurrences, ayant une compagnie dressée pour pourvoir aux désordres en temps de paix et de guerre. Si le maire de Bordeaux avait quelque chose de plus militaire que les maires des autres cités, le bourgeois de Bordeaux aussi était plus militaire, plus près du gentilhomme que les autres bourgeois. Les Bordelais avaient des priviléges dont ils étaient fiers et jaloux. Au XVe siècle, le bourgeois de Bordeaux avait le droit de porter toujours des armes; il ne reconnaissait pour chef militaire que le maire. Condamné au dernier supplice, il avait l'honneur d'être décapité comme les gentilshommes. Le bourgeois de Bordeaux n'était aucunement taillable; il pouvait tenir tous biens noblement, etc. Ces prérogatives et priviléges, maintenus et respectés par les rois d'Angleterre pendant leur domination en Guienne, ne le furent pas autant par les rois de France, malgré leur première promesse. On sait ce que fit le connétable de Montmorency en 1548. Envoyé par le roi pour châtier une rébellion et venger le meurtre du gouverneur de Bordeaux, Monneins son propre parent, qui y avait péri odieusement massacré, il arriva devant cette ville, enflammé de colère, n'y voulut entrer que par la brèche et en ennemi, après avoir fait abattre trente toises de murailles, désarma les bourgeois, en envoya cent cinquante au dernier supplice; et en outre il fit dresser un épouvantable arrêt par le maître des requêtes, Étienne de Nully, le plus violent des hommes, arrêt par lequel il interdit le Parlement, fit enlever toutes les cloches de la ville, supprima les priviléges des bourgeois, les contraignit d'en brûler eux-mêmes les titres et chartes, et de plus, ils durent déterrer le corps du gouverneur Monneins «avec leurs ongles», aller en habits de deuil devant le logis du connétable lui crier miséricorde, et lui payer en fin de compte 200 mille livres pour les dépenses

[13] Le texte original donne: «qu'elle y mit [du sien. Non vaine du tout; car] Alexandre dédaigna...»

de son armée[14]. Le spectacle de cette entrée épouvantable et de cette exécution laissa une longue horreur imprimée aux âmes, et quand on lit ensuite le traité de *la Servitude volontaire* d'Étienne de La Boëtie, l'ami de jeunesse de Montaigne, on ne peut s'empêcher d'y reconnaître un profond sentiment de représailles autant et plus peut-être qu'un ressouvenir et une imitation de l'antiquité. Le récit de l'entrée du connétable à Bordeaux est la préface indispensable à lire au Traité de La Boëtie. De tels royalistes font de tels républicains.

Cependant il y avait eu réparation et en grande partie réintégration depuis. Les traces de l'exécution terroriste de 1548 avaient disparu peu à peu. La grande cloche de la ville avait retrouvé sa voix en 1561 ; son silence, qui rappelait une grande calamité publique, avait cessé. Le reste des honneurs et priviléges avait été rendu, ou à peu près. C'est à cette mairie dès longtemps restaurée et remise en son lustre que Montaigne fut élu, et dans des circonstances et avec des particularités si honorables et si flatteuses pour lui.

Tout d'abord Montaigne procéda avec ceux qui venaient de l'élire comme il avait fait avec les princes qui durant ses séjours à Paris l'avaient pris pour médiateur et négociateur : il ne se donna pas pour meilleur et plus grand qu'il n'était ; il les prévint de ses défauts et de ses manquements ; il fit toutes ses réserves pour qu'ils n'eussent ensuite aucun mécompte et ne se crussent pas en droit de se plaindre de l'objet de leur choix.

Il faudrait relire ici le chapitre tout entier de ses Essais (le Xe du livre III)[15] qui lui a été inspiré par les souvenirs de sa mairie ; c'est encore lui qui nous en dit plus que personne sur sa gestion publique et sur l'esprit qu'il y apporta. En accordant toute autorité à son témoignage, à sa déposition concernant lui-même, il ne s'agit que de le bien entendre et de ne pas le prendre au mot sur tous ses aveux. Ces gens de goût, Montaigne et Horace[16], quand ils nous parlent d'eux et qu'ils se jugent, doivent être écoutés avec intelligence et sourire, avec quelque chose de ce sourire fin qu'eux-mêmes ils ont en nous parlant.

Dès son arrivée, il se *déchiffra*[17] donc fidèlement et se détailla tel qu'il était ou croyait être à MM. de Bordeaux, « sans mémoire, sans

---

[14] « Voir le vieux Mézeray, excellent rapporteur de ces choses du XVIe siècle. » Note de S-B qui désigne ainsi l'*Histoire de France* de François-Eudes de Mézeray (1610-1683), Paris : D. Thierry, J. Guignard & Cl. Barbin, 1685.

[15] « De mesnager sa volonté » (III, 10, 1002b-1024b).

[16] Le parallèle entre Montaigne et Horace est cher à S-B. Il se trouve dans chacun des articles reproduits ici.

[17] « À mon arrivée, je me déchiffray fidelement et conscientieusement [= j'expliquai mon caracère]. » (III, 10, 1005b)

vigilance, sans expérience et sans vigueur, sans haine aussi, sans ambition, sans avarice et sans violence» (III, 10, 1005b). C'était en grande partie en souvenir de son respectable père et en reconnaissance des services autrefois rendus par lui à la ville, qu'ils l'avaient élu. Montaigne aimait et admirait fort son père, «l'âme la plus charitable et la plus populaire qu'il eût connue» (III, 10, 1006b). Mais lui, il n'est point tel ni débonnaire de nature et d'humeur à ce degré; il n'est point disposé à être, comme son père, perpétuellement agité et tourmenté des affaires de tous; il confesse ne pouvoir le suivre et l'égaler en cela; il n'est pas homme à se jeter à tout moment, comme un Curtius, dans le gouffre du bien public. Pour lui, la sagesse elle-même a ses mystères, son double sanctuaire, comme Bacchus, comme Cybèle et Cérès. Or, le secret de la sagesse est de trouver le vrai point de l'amitié que chacun se doit à soi-même, ni plus ni moins. Ce vrai point de l'amour de soi n'est ni dans l'égoïsme proprement dit, ni dans le trop de dévouement non plus. Ni sacrifice, ni égoïsme. Ce n'est pas qu'on ne puisse et qu'on ne doive même se sacrifier au besoin, une fois s'il le faut, à l'occasion et dans quelque grande circonstance; mais habituellement, non:

> Je ne veux pas qu'on refuse aux charges qu'on prend l'attention, les pas, les paroles et la sueur, et le sang au besoin [...][18]; mais c'est par emprunt et accidentalement, l'esprit se tenant toujours en repos et en santé, non pas sans action, mais sans vexation, sans passion. (III, 10, 1007b)

Cet équilibre intérieur, cette possession de soi est ce que Montaigne a à cœur plus que tout le reste. Il se loue donc d'avoir gardé la juste mesure dans l'exercice des charges publiques, de s'être donné à autrui sans s'être ôté à soi-même (III, 10, 1007c), «sans s'être départi de soi de la largeur d'un ongle» (III, 10, 1007b). On ne conduit jamais mieux la chose publique que lorsqu'on se possède ainsi. En dehors des choses sérieuses et même au jeu, cela sert de se posséder toujours. Il va plaider ainsi dans tout ce chapitre pour son propre tempérament; il fait la théorie de sa manière d'être. Que voulez-vous ! il est trop tard pour se changer, quand on a passé la plus grande partie de sa vie; «il n'est plus temps de devenir autre» (III, 10, 1010b). De propos en propos, il oublie un peu son point de départ, et il en vient, selon sa coutume, à se développer à nous et à se dévider tout entier. Il nous débite d'un trait tout son système de morale pratique. Ce ne sont que des rôles que nous jouons dans la vie; ne les prenons que comme des rôles. Que l'homme demeure sous le comédien. Sachons distinguer *la peau de la chemise* (III, 10, 1011b);

---

[18] S-B saute une citation d'Horace.

«c'est assez de s'enfariner le visage, sans s'enfariner la poitrine» (III, 10, 1011c). Lui, il juge son métier, tout en le faisant. Il juge son parti, même en s'y engageant; et, d'un camp à l'autre, il rend justice à l'adversaire. Jusque dans les brouilleries politiques où il se trouve mêlé, il réserve la santé et clarté de son entendement. Quand il faut absolument se décider pour ou contre, il y a un point principal, un *nœud* du débat qui le décide à prendre un parti plutôt qu'un autre; hors de là, il reste quasi neutre et indifférent. Et de discours en discours, revenant au propos de sa mairie, il répond à ceux qui lui ont reproché d'y avoir trop peu fait. Il leur oppose ses raisons. «J'aime le bruit, je ne m'en défends pas», disait un grand philosophe (ou professeur de philosophie) de ce temps-ci, qui est en tout le contraire de Montaigne. «Pour moi, dit à l'opposé Montaigne, je loue une vie glissante, sombre et muette» (III, 10, 1021b). Et il faut voir comme il justifie et motive son goût, cette antipathie qu'il a de toutes les parades et de tous les charlatanismes. C'est songer à sa réputation personnelle plus qu'au bien de la chose, que «{d'attendre à faire en place publique} ce qu'on peut faire en la chambre du Conseil, et de venir étaler en plein midi ce qu'on eût mieux fait la nuit précédente» (III, 10, 1022b)[19]. Il n'est pas de ceux qui pensent «que les bons règlements ne se peuvent entendre qu'au son de la trompette» (III, 10, 1022b). Et puis il s'exagère si peu l'honneur de ces postes secondaires! Passe pour l'ambition d'un Alcibiade, d'un Alexandre, d'un Achille, cela en vaut la peine; mais pour ces honneurs municipaux et ces dignités de quartier dont tout le bruit se mène d'un carrefour à l'autre, il n'y a pas de quoi s'en entêter. Montaigne se moque des maires trop orgueilleux.

En somme, il conclut juste: il n'a pas fait monts et merveilles dans sa charge, il ne s'est pas entièrement satisfait lui-même; il a fait pourtant mieux et plus qu'il n'avait promis à son entrée: il n'aura laissé après lui que de bons souvenirs et des regrets.

II

Maintenant, si nous écoutons d'autres que Montaigne, nous en saurons un peu plus, non sur l'esprit de sa conduite, mais sur ses actes mêmes, et le tout s'appuiera et se confirmera en définitive.

---

[19] S-B modifie le texte de Montaigne qui écrivait «de remettre à faire en la place» et non «d'attendre à faire en place publique»; il ajoute aussi «de venir étaler» ainsi que l'abverbe «mieux».

« Sa mairie, dit M. Grün, peut se diviser en deux périodes : la première, calme et pacifique, fut consacrée presque exclusivement aux affaires municipales, et Montaigne s'en acquitta si bien, qu'il fut réélu. La seconde période devint moins facile ; l'agitation politique s'y mêla aux soins des intérêts de la ville. »[20] Ce fut durant cette seconde mairie que Montaigne plus exposé montra à un moment beaucoup de zèle, bien de l'habileté et de l'activité, et aussi, vers la fin, quelque faiblesse ou du moins quelque lassitude.

Il est à croire (et cela a une certaine importance à cause des derniers actes qui pourraient compromettre l'honneur de la mairie de Montaigne) qu'il entra en fonction dès la fin de l'année 1581, ce qui ferait expirer sa seconde mairie à la fin de l'année 1585.

Le lieutenant général du roi en Guienne à cette époque était le maréchal de Matignon[21], bon capitaine, et encore meilleur politique, très-fin, modéré et des plus capables. Lui et Montaigne devaient naturellement s'entendre. Les lettres de Montaigne, à lui adressées, font foi d'un parfait concert entre eux.

Tout s'était bien passé pendant trois années ; Montaigne avait suffi aux affaires de la ville au dedans, aux négociations du dehors et aux sollicitations en Cour ; il était même populaire ; sa réélection, un moment contestée comme contraire aux statuts, avait été maintenue à la satisfaction générale ; on était au commencement de la quatrième année (1585) : ce fut cette fin de magistrature qui devait accumuler en quelques mois tous les ennuis et garder en quelque sorte pour le bouquet tous les genres de difficultés et de périls.

Le duc de Guise avait pris les armes ; la Ligue se formait et s'étendait : Henri III était débordé ou bien près de l'être ; Bordeaux, capitale de la province, et dont le roi de Navarre était gouverneur titulaire, devenait naturellement le point de mire des plus ardents ligueurs. Le Château-Trompette qui bridait la ville était aux mains du baron de Vaillac, qu'on savait dévoué de cœur et d'âme à la Ligue ; des prédicateurs violents et fanatiques excitaient le peuple. Pour des catholiques purement politiques tels que le maréchal de Matignon et Montaigne, la position devenait délicate et difficile.

---

[20] Alphonse Grün, *La Vie publique de Michel de Montaigne* (Paris : D'Amyot, 1855), p. 237. Sur Grün, voir *supra*, note 10 ; *infra*, note 22, ainsi que « Montaigne en voyage », *supra*, pp. 203 et 215, notes 14 et 45.

[21] Sur Jacques de Goyon, comte de Matignon, maréchal, voir les « Nouveaux documents sur Montaigne », *supra*, p. 144, note 21. Matignon succédera à Montaigne à la mairie de Bordeaux. Cf. Frame, p. 258.

Le maréchal fit preuve de grande habileté ; il fit avorter l'émeute. Il assembla chez lui dans le courant d'avril le maire, les jurats, les principaux du Parlement ; il y manda le baron de Vaillac sous prétexte d'avoir à lui communiquer quelques ordres du roi. Quand tout le monde fut réuni, le maréchal commença à discourir sur les desseins des ligueurs, sur les troubles qu'ils excitaient au cœur du royaume, et sur le danger où ils mettaient Bordeaux en particulier ; puis, se tournant brusquement vers le baron de Vaillac, il lui dit que sa fidélité était suspecte au roi, et qu'en conséquence il eût à remettre incontinent le Château-Trompette entre ses mains. Vaillac surpris essaya de se justifier et de payer de paroles ; mais le maréchal, coupant court aux beaux semblants, lui dit que, s'il n'obéissait sur l'heure et n'ordonnait à ses officiers, et à sa femme qui était dedans, de lui ouvrir et rendre le château, il le ferait pendre haut et court à la vue du château même. Et pour preuve que c'était sérieux, il fit venir à l'instant Le Londel, capitaine de ses gardes, et lui ordonna de désarmer Vaillac :

> Il s'adressa ensuite à M. de Montaigne, maire, et lui commanda de faire savoir dans toute la ville les intentions du roi et celles de son lieutenant général, afin de disposer les bourgeois, bons et fidèles serviteurs du roi, à se joindre à ses troupes pour forcer la garnison du château à se rendre, si la punition de Vaillac ne les décidait pas à se soumettre[22].

Vaillac, pressé de toutes parts, se soumit et commanda lui-même à ses gens de sortir et de rendre le château.

Brantôme[23], qui raconte le fait, se demande si toutes ces adresses et subtilités dont le maréchal de Matignon savait si bien se servir, et qui lui avaient fait une réputation à part d'homme habile autant qu'heureux, ne venaient point de quelque démon ou esprit familier qu'il avait à son service, comme le bruit en courait parmi le peuple. Nous pouvons dire, sans abuser des mots, que Montaigne, avec son bon sens, tant qu'il eut l'honneur d'être l'associé et le collaborateur du maréchal, dut être, à sa manière, l'un de ces esprits familiers, et le plus sûr.

Neuf lettres de lui au maréchal[24], écrites pendant des absences, courses ou séjours qu'ils firent l'un ou l'autre hors de Bordeaux, et toutes se rapportant aux cinq premiers mois de cette année 1585, avant

---

[22] Grün, *La Vie publique de Michel de Montaigne, cit.*, p. 306.

[23] *Œuvres complètes*, éd. L. Lalanne (Paris : Veuve J. Renouard, 1869), tome 5, pp. 159-162.

[24] Ces lettres s'étendent du 18 janvier au 27 mai 1585. Voir Montaigne, *Œuvres complètes*, éd. E. Thibaudet & M. Rat (Paris : Gallimard, 19682 [désormais *OC*], pp. 1383-93 (lettres 18 à 20, 22 à 27).

et après l'acte de vigueur du mois d'avril, marquent assez à quel point l'union de pensée et de conseil était étroite et entière entre l'habile lieutenant général et le sage maire de la cité.

Le roi de Navarre, avons-nous dit, avait titre et qualité de gouverneur de la Guienne pour le roi. Il était naturel qu'on l'informât du fait important qui venait de se passer au sujet du Château-Trompette. Mais écrire est toujours périlleux. Il y avait d'ailleurs beaucoup de mesure à observer dans ces communications avec le roi de Navarre, pour ne pas donner ombrage à l'esprit ultra-catholique et ligueur. Le maréchal de Matignon, au lieu d'écrire, aima mieux communiquer verbalement les nouvelles, et Montaigne fut chargé de les porter en personne à Bergerac, où se trouvait alors Henri. Aucun messager ne pouvait être plus agréable.

Montaigne connaissait de longue main le roi de Navarre. Quelques mois auparavant (19 décembre 1584), il avait eu l'honneur de le recevoir, de lui donner à souper et à coucher en son château de Montaigne : honneur qui se renouvellera trois ans plus tard en octobre 1587 ; il lui donnera même alors le plaisir de la chasse dans un de ses bois. Henri IV était bien le roi que Montaigne prévoyait de loin et souhaitait de tout point à la France.

Des lettres de Du Plessis-Mornay à Montaigne, d'une date antérieure à 1585, mais écrites dans le même temps de cette mairie de Bordeaux, nous montrent combien, du côté du roi de Navarre, on se fiait en lui à titre de caractère modéré et conciliant, et nous prouvent qu'on aimait en toute circonstance à le prendre pour témoin et garant des intentions, comme quelqu'un qui, « en sa tranquillité d'esprit, n'était *ni remuant ni remué pour peu de chose* »[25].

Henri III, également satisfait de la prise du Château-Trompette, en remercia le maréchal et y ajouta l'ordre de marcher sur Agen, dont la reine Marguerite prétendait se faire une place de guerre et de sûreté. Pendant cette expédition du maréchal, Montaigne se trouva seul, en qualité de premier magistrat, chargé de la police et de l'ordre de la cité (mai 1585). Il y avait dans le courant du mois une revue générale indiquée de toutes les compagnies bourgeoises, et comme qui dirait de la garde nationale de Bordeaux. Dans l'état d'agitation des esprits, on pouvait craindre non-seulement une manifestation, mais des accidents et même des coups de vengeance au milieu des salves et mousquetades des soldats citoyens. Plusieurs, parmi les magistrats municipaux, hésitaient à y paraître ; Montaigne donna le conseil très-sage de ne témoigner aucune crainte,

[25] « Lettes écrites à M. de Montaigne » in *Essais*, éd. J.-V. Le Clerc (Paris : Garnier, 1865-6), tome 4, pp. 272-280.

«de se mêler parmi les files, la tête droite et le visage ouvert» (I, 24, 131b), de demander même aux capitaines de faire faire à leur monde «les salves les plus belles et les plus gaillardes qu'il se pourrait en l'honneur des assistants, et de n'épargner la poudre» (I, 24, 131b). La prudence ici consistait à se montrer hardiment. Cette bonne contenance, que chacun tint d'après son conseil, eut son effet, et le péril fut conjuré.

La lettre mémorable de Montaigne, écrite au maréchal de Matignon et datée de la nuit du 22 mai, est déjà connue depuis une quinzaine d'années; elle a été amplement discutée et commentée par plus d'un et par moi-même[26]. Elle fait le plus grand honneur à celui qui l'a écrite. On y voit Montaigne actif, aux aguets, prêtant l'oreille à tous les bruits, ayant l'œil à tout, et à la garde des portes, et du côté de la mer au mouvement des galères, et à celui des troupes dans la campagne; informant le maréchal avec détail, avec un surcroît d'exactitude, et surtout pressant le plus possible son retour. Mais il était temps qu'une situation si tendue cessât; on l'entrevoit, pour peu qu'elle se prolonge, un peu trop forte et trop onéreuse pour Montaigne. Une autre lettre de lui au maréchal, donnée pour la première fois par M. Feuillet de Conches et datée de cinq jours après (27 mai), nous le fait voir dans cette même crise d'inquiétude et de vigilance, mais poussant décidément le cri d'alarme. Le baron de Vaillac, après sa soumission forcée et au lieu d'être allé rendre compte au roi de sa conduite, comme il s'y était engagé, continuait ses menées aux alentours de Bordeaux:

> Le voisinage de M. de Vaillac, écrivait Montaigne, nous remplit d'alarmes, et n'est jour qu'on ne m'en donne cinquante bien pressantes. Nous vous supplions très-humblement de vous en venir, incontinent que vos affaires le pourront permettre. J'ai passé toutes les nuits ou par la ville en armes, ou hors la ville sur le port; et avant votre avertissement, y avais déjà veillé une nuit sur la nouvelle d'un bateau chargé d'hommes armés qui devait passer. Nous n'avons rien vu, et avant-hier soir, y fûmes jusques après minuit, où M. de Gourgues se trouva; mais rien ne vint. Je me servis du capitaine Saintes, ayant besoin de nos soldats. Lui et Massip remplirent les trois pataches. Pour la garde du dedans de la ville, j'espère que vous la trouverez en l'état que vous nous la laissâtes. J'envoie ce matin deux jurats avertir la Cour de Parlement de tant de bruits qui courent et des hommes évidemment suspects que nous savons y être. Sur quoi, espérant que vous soyez ici demain au plus tard, je vous baise très-humblement les mains, etc.[27]

---

[26] Voir «Nouveaux documents sur Montaigne», *NDM supra*, pp. 144 sq. et Montaigne, *OC*, pp. 1390-2.

[27] Lettre du 27 mai 1585. S-B en saute les trois premières lignes, la formule de salutation et le *post scriptum*. *OC.*, pp. 1392-3.

Le maréchal revint et soulagea Montaigne de son fardeau. Approuvons en tout ceci M. le maire, mais pourtant ne l'admirons pas trop. Que l'enthousiasme pour une lettre retrouvée ne nous emporte pas. Il fit bien, il fit très-bien, et voilà tout.

III

Ici, on va le voir, finit son beau rôle, et il est à regretter pour lui que son temps de mairie n'ait pas expiré en cet été de 1585, vers ce mois de juin : il sortait de l'exercice de sa charge avec tous les honneurs de la guerre. Mais la suite et la fin sont un peu moins belles, quoique je ne voie pas que personne, en ce temps-là, lui en ait fait un sujet formel de reproche. C'est nous aujourd'hui qui sommes plus délicats et plus sévères. Quoi qu'on en pense, il restera du moins évident pour tous qu'après cet effort et ce déploiement de vigueur et de zèle pendant les six premiers mois de l'année, Montaigne avait jeté son feu ; il avait donné son coup de collier, et il se crut quitte : il retomba aisément dans cette modération naturelle, éloignée de tout héroïsme.

Il faut savoir qu'il existait à Bordeaux du côté du couchant, et non loin des jardins de l'archevêché, un marais qui exhalait pendant l'été des miasmes pestilentiels[28]. Des quartiers de la ville s'en ressentaient périodiquement et presque chaque année. En 1585, la maladie fut d'une intensité extraordinaire ; de juin jusqu'à décembre, il ne mourut pas moins de quatorze mille personnes. En de telles circonstances, le devoir d'un maire semble tout tracé : il est à son poste d'honneur au fort du danger ; il fait ce que firent, à Dreux le poëte Rotrou, victime de son zèle ; l'évêque Belzunce à Marseille, et d'autres encore ; – ce que fit le maréchal d'Ornano, maire lui-même de Bordeaux, dans une autre épidémie de 1599. Il se plonge au milieu du danger, au foyer du cloaque. Or, où est Montaigne, dont la seconde mairie expirait précisément en ces mois-là, à cette fin d'année ou de saison, – où est-il ? – Il est absent.

Quelqu'un, je le répète, lui a-t-il dans le temps reproché cette absence ? Je ne le vois pas. A-t-il cru devoir s'en justifier dans ses *Essais* ? Non. Il semble n'avoir pas pensé qu'il en fût besoin. M. Grün lui-même, en ceci le plus sévère de ses juges, prend soin de relever quelques circonstances qui sont tout à fait à sa décharge. Montaigne n'a pas quitté la ville à cause de la peste ; il est simplement absent quand la

---

[28] Le célèbre cloaque à l'ouest de Bordeaux. S-B emprunte encore ces détails à Grün, *op. cit.*, chapitre 8.

peste éclate[29]. – Ah ! il est bien vrai qu'il n'y est pas revenu. Il faut être un Malesherbes par le cœur pour s'en revenir exprès de Lausanne après le 10 août, sans nécessité, tout exprès pour offrir ses bons offices à Louis XVI et mettre sa propre tête au hasard du couteau. Montaigne était donc absent, son château au pillage, les siens en marche et à l'aventure dans une contrée également pestiférée. Il se mit à la tête de sa petite caravane. Peste, guerre et famine, Montaigne, sans les chercher, en eut sa bonne part alors, durant ces six mois de calamité.

Après cela, il est toujours singulier et un peu fâcheux que, sollicité par les jurats de venir, suivant l'usage, présider, dans les premiers jours d'août, à l'élection de son successeur et à celle des nouveaux conseillers municipaux, il n'ait pas cru devoir se hasarder jusque dans la ville, « vu le mauvais état où elle était », et qu'il ait proposé, pour preuve de dévouement et pour sacrifice extrême, de se rendre tout au plus à un petit village voisin. « Je m'approcherai mercredi le plus près de vous que je pourrai, c'est-à-dire à Feuillasse, si le mal n'y est arrivé. »[30] On voit qu'il prend toutes ses précautions avant de communiquer avec les atteints et soupçonnés de contagion. La lettre est là qui subsiste et parle plus clair qu'on ne voudrait.

Cicéron, dans une de ses plus admirables pages, se souvenant de ce sage pratique et de cet heureux épicurien, de ce voluptueux exquis et raffiné, Thorius, n'hésite pas à déclarer, ou plutôt c'est la vertu elle-même, nous dit-il, qui proclame par sa bouche que Régulus mourant dans les tourments de la faim et de l'insomnie a été plus heureux que Thorius buvant dans la rose[31]. Ce n'était pas un Thorius ni précisément un raffiné en délices que Montaigne ; c'était encore moins un Régulus. La vie et les actions se ressentent toujours de la philosophie qu'on a embrassée. Il y a un beau mot de Mirabeau : « Tout homme de courage devient un homme public le jour des fléaux. » Montaigne, homme public, n'a pas fait ni senti qu'il devait faire ce qu'eût fait un Mirabeau et d'autres, qui, dans l'habitude, valaient moins que lui[32].

---

[29] Montaigne se trouve avec Matignon à Libourne, « lieu de repli traditionnel en cas de peste », comme le rappelle Géralde Nakam dans *Montaigne et son temps. Les Événements et les « Essais »* (Paris : Nizet, 1982), p. 166, note 124.

[30] Lettre du 30 juillet 1585, adressée par Montaigne aux Jurats de Bordeaux. *OC*, p. 1394. Feuillasse ou Feuihas est de la paroisse de Floirac dans l'arrondissement de Bordeaux.

[31] *De finibus*, Livre II, xx.

[32] Ailleurs, S-B reconnaît en Mirabeau l'« orateur inné [...] qui s'agita de bonne heure sous l'écrivain. » « Mirabeau et Sophie (II) » (14 avril 1851), in *Causeries du Lundi*, tome 4, p. 33. Il ajoute : « *il n'y a que les hommes fortement passionnés capables d'aller au grand* » (p. 38).

Les excuses, encore un coup, ne manquent pas, et le bon sens les suggère. Sans parler des graves raisons qu'il avait d'être absent et éloigné, protection des siens, pillage de sa maison, il ne faisait défaut à l'appel que pour deux ou trois mois au plus, *in extremis*, pour ainsi dire, et tout à la fin d'une seconde magistrature dont il était quasi dépouillé dès lors, et où un autre, déjà nommé, l'allait remplacer. Il ne tient qu'à nous, à le voir errant à la tête de sa petite tribu et cherchant pour elle les gîtes les plus sûrs, de louer en lui un bon et courageux père de famille qui sut remplir tous ses devoirs envers ceux dont le salut lui était plus particulièrement confié.

J'entre autant que personne dans l'esprit de ces raisons, et je reconnais même dans cette conduite le véritable Montaigne tel que je me le suis toujours représenté, avec toutes ses qualités de bon esprit, de modération, de prudence, de philosophie et de parfaite sagesse ; à quoi il ne manque que ce qui n'est plus en effet de la philosophie et de la sagesse, ce qui est de la sainte folie, de la flamme et du dévouement. Et de même que, conseiller au Parlement de Bordeaux, il faisait toutes les remarques que le bon sens et l'humanité pouvaient suggérer à un aussi excellent et aussi libre esprit, témoin des chicanes, des procédures sans fin, des misères et des horreurs ; des *géhennes* et des tourments, mais sans s'attacher toutefois à une réforme, sans la prendre à cœur et s'y vouer par zèle pour l'humanité et la justice, comme il appartenait à l'âme d'un L'Hôpital[33] ; de même, en qualité de maire et de chef d'une cité, il n'avait rien d'un Eustache de Saint-Pierre[34], ou d'un Guiton[35], maire de la Rochelle, de ceux qui se sacrifient et s'immolent volontiers pour un peuple ou pour une cause. Calme, modéré, de bon conseil, actif et vigilant même quand il le fallait, mais prudent avant tout, il eût été, j'imagine, s'il eût vécu en 1814, un des chefs de cette municipalité de Paris qui consentit à capituler, après une journée de combat, plutôt que de risquer plus longtemps le salut et la sécurité d'une capitale. Honnête homme, oui ; mais grand cœur, non. Si vous l'appelez ainsi, monsieur Feuillet[36], vous allez trop loin et je vous arrête. Il suffisait, en ces meilleurs moments, de l'appeler un noble cœur, et qui avait des sentiments délicats. La grandeur et la force de Montaigne (et il en a), il faut les chercher ailleurs et où elles sont, dans les monuments de sa pensée et de son esprit.

---

[33] Michel de L'Hospital (1505-1573), qui fit tout pour calmer les haines religieuses de son temps. Il est cité dans les *Essais* (II, 17, 661a).

[34] L'un des sept bourgeois de Calais, célèbre pour son dévouement lors de la reddition de la ville à Édouard III d'Angleterre (1347).

[35] Jean Guiton (1585-1654), qui se distingua par son courage lors du siège de La Rochelle par Richelieu (1627-8).

[36] Voir Feuillet de Conches, *Causeries d'un curieux*, *op. cit.*, vol. 3 (1864), livre 3, chapitre 5, pp. 239-360. Cf. p. 217, note 1, *supra*.

INDEX

A

B

T

U - V - W- X- Y - Z

TABLE DES MATIÈRES